LEBENSHILFE DURCH PSI

Hans Geisler

LEBENSHILFE DURCH PSI

Höhere Lebensqualität durch außersinnliche Energien

Hermann Bauer Verlag KG, Freiburg i. Br.

Anschrift des Verfassers:
Hans Geisler
Tierra de Oro, Casa Solymar 2
Los Realejos / Teneriffa
Spanien / Kanarische Inseln

Geisler, Hans
Lebenshilfe durch PSI: höhere Lebensqualität
durch außersinnliche Energien.
Freiburg i. Br.: Bauer, 1977.
ISBN 3-7626-0203-4

Lektorat: Siegfried Hermann
Schutzumschlag: Strehlau & Hofe, Freiburg i. Br.
Gesamtherstellung: Salzer-Ueberreuter, Wien
ISBN 3-7626-0203-4
Printed in Austria

Inhaltsverzeichnis

1. Kapitel

PSI ist mehr!
Ein paar Worte vorab über den Sinn und Zweck dieses Buches

Der Begriff PSI (ein griechischer Buchstabe) wird seit einigen Jahren dazu verwendet, jene Energien und Strahlungen zu bezeichnen, die sich hinsichtlich ihres Ursprungs, ihres Charakters und ihrer Funktionsweisen der Diagnose und Analyse durch die Schulpsychologie, Parapsychologie und Biophysik heute noch weitgehend entziehen. PSI ist also ein Dach- oder Sammelbegriff. Die meist naturwissenschaftlich ausgerichteten Psychologen, Mediziner, Neurologen und anderen einschlägigen Forscher fassen den Begriff PSI ziemlich eng und beschränken ihn in der Regel auf die Energien und deren Funktionen, die sie bei der Telepathie (Gedankenübertragung), bei der Psychokinese (Bewegung bzw. Beeinflussung materieller Dinge durch Gedankenkraft) und ähnlichen Phänomenen als vorhanden voraussetzen. So gesehen ist der Begriff PSI zu einem wissenschaftlichen oder besser grenzwissenschaftlichen Begriff geworden, der an die Stelle der vordem verwendeten Bezeichnungen „okkulte oder geheime Kräfte" getreten ist.
Diese Begriffsklärung ist erforderlich, weil auch im Titel dieses Buches das Wort PSI erscheint, hier aber eine viel größere, umfassendere Bedeutung hat als die in den Natur- und Geisteswissenschaften übliche. Der Verfasser geht von der Erkenntnis aus, daß im Grunde genommen *alle* physika-

lisch und schulpsychologisch nicht erfaßbaren metaphysischen und metapsychischen Kräfte, Vorgänge, Entwicklungs- und Anwendungsmethoden im weitesten Sinne dem PSI-Begriff untergeordnet werden müssen, ganz gleich, ob es sich um Hellsehen, -hören und -fühlen, um Mediumismus, magische oder mystische Praktiken oder um Bewußtseinszustände handelt. Schließlich wird niemand bestreiten können, daß die einfachsten Denk- und Bewußtseinsvorgänge im Menschen (teilweise auch beim Tier) trotz jahrhundertelanger Forschungen und Experimente immer noch viel mehr unbeantwortete als beantwortete Fragen aufwerfen. Die Physiologie (die Lehre von den normalen Lebensvorgängen) weiß trotz gründlicher Kenntnis der Gehirn- und Nervenstrukturen nicht, wie die von den fünf Sinnen empfangenen und weitergeleiteten Signale schließlich im Bewußtsein des Menschen zu bildhaften oder Gefühle auslösenden konkreten oder abstrakten Ideen und Vorstellungen werden. Es gibt diesbezüglich nur Hypothesen.

Die vom Marxismus bzw. vom dialektischen und historischen Materialismus (die ideologische Grundlage des Kommunismus) vertretene These, daß das gesamte Geistes- und Gefühlsleben des Menschen lediglich eine elektromagnetisch-chemische Funktion des stofflichen Gehirns sei, ist zwar längst durch Experimente widerlegt, doch hat sich an der Tatsache, daß ein Großteil der Menschheit diese marxistisch-leninistische Grundthese immer noch als der Wahrheit letzten Schluß betrachtet, nicht viel geändert. Es ist bestürzend, ja erschreckend zu beobachten, wie viele unserer Zeitgenossen sich noch zu einer rein materialistischen Welt- und Lebensauffassung bekennen, zu Ansichten, die aus dem 19. Jahrhundert stammen, also alles andere als zeitgemäß sind. Zum Glück wird jedoch der Kreis derjenigen, die die Unzulänglichkeiten und Absurditäten des „Vulgär- und

Milchmädchen-Realismus" erkannt haben, immer größer. Wer heute noch meint oder gar überzeugt behauptet, daß es Gedankenübertragung, hypnotische und magische Fernwirkungen, Hellsehen über Raum und Zeit, Psychokinese, Spukphänomene, Geist- und Glaubensheilungen, echtes mystisches Erleben und echte Prophetie nicht gäbe, daß all das nur Einbildung und projiziertes Wunschdenken psychisch labiler und abseitig veranlagter Menschen sei, der beweist damit, daß er von den Ergebnissen der modernen und globalen PSI-Forschung keine Ahnung bzw. das nicht richtig verstanden hat (oder nicht verstehen will), was darüber immer häufiger in allen möglichen Zeitungen und Illustrierten zu lesen ist. Denn die aus Nord- und Südamerika auf uns Europäer zurollende „Okkultwelle" hat zur Folge, daß es die Zeitungs- und Zeitschriftenredaktionen heute nicht mehr – wie noch vor einigen Jahren – für unter ihrer Würde halten, Artikel über Parapsychologie, Spiritismus, Magie und allgemeinen Okkultismus zu bringen. Ein kleiner, aber doch begrüßenswerter Fortschritt.

Es gibt in deutscher Sprache bereits eine ganze Reihe interessanter und wertvoller Bücher und Broschüren, die die Erforschung und Anwendung von PSI-Kräften zum Inhalt haben. Ihnen allen – und auch dem vorliegenden Buch – liegt die simple Einsicht zugrunde, daß ein gesundes, harmonisches, einigermaßen glückliches und erfolgreiches Leben auf diesem Planeten ohne das Wissen um die übersinnlichen, transzendenten Geistes- und Bewußtseinsenergien und ihre praktischen Anwendungsmöglichkeiten ausgeschlossen ist. Das menschliche Leben in all seinen Aspekten ist in erster Linie ein *geistig-seelischer Vorgang*, innerhalb dessen die von der Physik auf dem irdisch-materiellen Plan beobachteten, registrierten und gedeuteten Vorgänge nur einen Teil der Wirklichkeit ausmachen, und nicht einmal den wichtigsten.

Die jahrtausendealte Erkenntnis, die das gesamte menschliche Leben einschließlich seiner Umwelt als einen „Vorgang im individualisierten Bewußtsein" bezeichnet, ist heute noch ebenso wahr, wie sie von jeher wahr gewesen ist und auch in Zukunft wahr sein wird. Und auch diese so verschiedenen Bewußtseins-, Wachheits-, Unterscheidungs- und Urteilsfähigkeiten, insbesondere auch der Intelligenzfaktor, gehören in den Bereich der PSI-Energien; denn kein Anthropologe und Biophysiker dieser Erde ist – genau wie bezüglich der Elektrizität, des Magnetismus, des Äthers usw. – in der Lage zu sagen, worum es sich dabei eigentlich handelt. Da undefinierbare, ihrem Ursprung und Charakter nach mit den Mitteln und Methoden der exakten Naturwissenschaften nicht faßbaren Energien und Vorgänge dem Begriff PSI unterzuordnen sind, gibt es praktisch kaum eine Lebens-, Bewußtseins- und Intelligenzäußerung im menschlichen Bereich, die außerhalb des PSI-Bereiches in unserem erweiterten Sinne vor sich geht.
Der Verfasser dieses Buches hat sich rund fünf Jahrzehnte hindurch als freier Schriftsteller und Redakteur grenzwissenschaftlicher und esoterischer Zeitschriften intensiv mit allen PSI-Phänomenen befaßt, nicht nur theoretisch, sondern auch praktisch. Er weiß daher aus langer Erfahrung, welche Fragen und Probleme es hauptsächlich sind, die einen Menschen dazu bewegen, ein Buch mit dem Titel „Lebenshilfe durch PSI" zu lesen. Das tut man eigentlich nur dann, wenn man im Laufe eines mehr oder weniger langen Lebens entweder auf dem leidvollen Weg der Erfahrung oder auf dem leichteren und kürzeren Weg der erkennenden Einsicht dahintergekommen ist, daß Lebensbewältigung, Lebenssicherheit und -erfolg von der eigenen inneren geistig-seelischen Einstellung und Verfassung abhängig sind, viel weniger von der konkreten Materie und

den sogenannten „harten Fakten“, die in Wirklichkeit gar nicht so hart sind.
Wenn es wirklich so ist – und es ist so! –, daß der Geist der Materie, die Bewußtheit der Unbewußtheit, die höhere Schwingung der niederen, das Feinstoffliche (Jenseitige) dem Grobstofflichen (Diesseitigen) überlegen und übergeordnet ist, dann liegt es klar auf der Hand, daß Lebenskunst, wie sie der esoterische Glücks- und Wahrheitssucher versteht, eben nur erreichbar sein kann durch Kenntnis und Anwendung jener geistigen und übersinnlichen Gesetze, die den bekannten und zum Teil noch unbekannten Naturgesetzen des irdisch-materiellen Planes zugrunde liegen und sie steuern. Das ist auch der Grund, weshalb sich der Verfasser dieses Buches bemüht, alle von ihm gemachten Aussagen auf jene kosmisch-universellen Gesetzmäßigkeiten und Zusammenhänge zurückzuführen, die letztlich alle Existenzformen und -möglichkeiten der Erscheinungswelten schufen und sie mittels ständiger Veränderung erhalten.
Der diesem Buch zugrunde liegende PSI-Begriff überschreitet also die ihm von der wissenschaftlichen Parapsychologie gezogenen Grenzen, stößt hin und wieder sogar in die Bereiche des Höherdimensionalen, des Überzeitlichen, Überräumlichen und Akausalen vor. Dieses Buch nimmt keine Rücksicht auf den gegenwärtigen Stand der wissenschaftlichen Parapsychologie, die infolge ihrer Jugend (oder besser gesagt ihres Säuglingsalters) noch recht unsicher umhertappt und der es vor Schüchternheit die Röte ins Gesicht treibt, wenn man von ihr eine klare und deutliche Stellungnahme zu irgendeinem PSI-Phänomen verlangt. Nichtsdestoweniger ist diese wissenschaftliche Parapsychologie in letzter Zeit immerhin so mutig geworden zuzugeben, daß sie die meisten anstehenden Fragen und Probleme nicht zu beantworten oder zu lösen vermag. Und sie sagt mit

Recht – zumindest gegenwärtig –, daß dies auch gar nicht ihre Aufgabe sei. Der obenerwähnte esoterische Glücks- und Wahrheitssucher hat also von der akademischen Parapsychologie nichts oder nur herzlich wenig zu erwarten in bezug auf seine persönlichen Lebensprobleme und deren Bewältigung durch höhere Geisteskräfte.

Da soeben das Wort „esoterisch" gebraucht wurde und in den folgenden Kapiteln auch hier und da verwendet werden wird, hier eine Definition dessen, was darunter im Sinne dieses Buches zu verstehen ist. Nach dem Duden ist ein Esoteriker ein „in die Geheimlehren Eingeweihter", ein „innerlicher Mensch" im Gegensatz zum Exoteriker, dem mehr „äußerlichen Menschen". Der griechische Wortstamm „eso" bedeutet „innerlich, innen, inwendig", und somit wäre ein Esoteriker ein zu den inneren, normalerweise verborgenen Geheimnissen einer Religion, einer Lehre oder Weisheitsschule Zugelassener und ein mit deren dem bloßen Außenmenschen unzugänglichen Wissen und Können Vertrauter. Es gab und gibt auch heute noch in fast allen religiösen und erkenntnisphilosophischen Gruppen (Logen, Orden, Bünden, Sekten usw.) und sogar in den verschiedenen natur- und geisteswissenschaftlichen Disziplinen bestimmte Personen, die auf ihrem Fachgebiet eine Erkenntnishöhe und -weite erreicht haben, die vielen anderen unerreichbar ist und deshalb eine Art Geheimwissen darstellt. (Denken wir nur an die Einsteinsche spezielle und allgemeine Relativitätstheorie und die Feldtheorie, von denen es heißt, daß nur wenige Physiker und Mathematiker imstande seien, die ihnen zugrunde liegenden Gedankengänge und die Ableitungen daraus nachzuvollziehen und in ihrer ganzen Tiefe und Tragweite zu verstehen. Für die meisten Menschen sind und bleiben die Einsteinschen Originalschriften „versiegelte Geheimschriften".

Im Laufe der Jahrhunderte, also seit den griechischen und altägyptischen Mysterienschulen mit ihren strengen Geheimhaltungsvorschriften hat sich natürlich vieles geändert. Was früher geheim war und was, wenn es Exoterikern (also Außenstehenden) verraten wurde, sogar die Todesstrafe nach sich zog, ist heutzutage keineswegs mehr geheim, sondern praktisch jedem zugänglich, der lesen kann. So haben auch die Worte „esoterisch" und „Esoteriker" im Laufe der Zeit eine etwas andere Bedeutung angenommen. Heute bezeichnet man als Esoteriker einen Menschen, der sich mit der bloßen Außenseite der Dinge und Vorgänge, also mit den Erscheinungsformen der Umwelt, nicht zufrieden gibt, sondern wie Faust ergründen will, was die Welt *im Innersten* zusammenhält.

Anders ausgedrückt: ein Esoteriker ist ein Mensch, den nicht nur das bunte Treiben auf der „Operettenbühne des Lebens" interessiert, sondern der auch hinter die Kulissen dieses tragikomischen Welttheaters schauen möchte. Er sagt sich ganz richtig, daß der Autor der aufgeführten Tragikomödie, der Regisseur, Dramaturg, Inspizient, die Kostüm- und Maskenbildner und die vielen anderen normalerweise dem Theaterbesucher unsichtbaren Hilfskräfte interessanter und auch wichtiger sind als das, was offiziell im Rampenlicht vor sich geht. Er möchte Genaueres über die Beweggründe, Absichten und Ziele des Autors erfahren und über die Motive, die Dramaturgie und Regie veranlaßten, die Inszenierung des Stückes gerade in dieser Weise und nicht in einer anderen vorzunehmen. Am liebsten möchte der echte Esoteriker mit dem unsichtbaren Autor, mit dem Intendanten, dem Dramaturgen und Regisseur persönlich sprechen, um ihnen die Auskünfte über die inneren Geheimnisse ihres Unternehmens „aus der Nase zu ziehen", wie der Volksmund sagt. So gesehen kann man einen Menschen, der grenzwissenschaftliche und esoterische Bücher und Zeitschriften kauft und liest, sich also mit hintergründigen, geheimwissenschaftlichen Themen und Problemen beschäftigt, mit den der Außenwelt zugrunde liegenden inneren, geistigen Impulsen, durchaus einen Esoteriker nennen. Es kommt weniger darauf an, ob er nun wirklich den Grad eines in die innersten Geheimnisse der Weltbühne Eingeweihten erreicht hat, sondern entscheidend ist, daß er danach sucht, daß er am liebsten selbst einen Blick in das Textbuch des großen Autors mit seinen Anmerkungen und Regieanweisungen werfen möchte.

Die meisten Menschen sind – leider könnte man sagen – an den unsichtbaren, geheimen Unter- und Hintergründen des Welttheaters und an den Vorgängen hinter den Kulissen gar nicht oder nur so nebenher interessiert. Das wären dann, laut Duden, eben die Exoteriker, die sich mit der Betrachtung und evtl. Kommentierung des Gebotenen zufriedengeben, die als Realisten, wie sie sich nennen, den „harten Tatsachen" – also dem, was auf offener Bühne zu sehen und zu hören ist – entscheidende Wichtigkeit beimessen und nicht verstehen können, daß es Leute gibt, die Dramaturgie und Regie, Kulissenschieber, Beleuchter, Chor und Statisterie für interessanter und wichtiger halten als die paar Schauspieler oder Sänger, die ein paar Minuten gerade auf den „Brettern, die die Welt bedeuten" agieren und das zahlende Publikum zum Lachen bringen oder zu Tränen rühren.

Ein Mann oder eine Frau, die also ein Buch wie dieses lesen, *sind Esoteriker!* Wären sie es nicht, gäben sie sich, wie gesagt, mit der augenscheinlichen, sogenannten realen Oberfläche des Bühnengeschehens zufrieden, würden sie nicht zu einem Buch wie diesem greifen und es sogar lesen. Sie wären dann eben Exoteriker, was keinesfalls etwa ein abwertendes

Urteil ist. Wir alle sind früher einmal solche Exoteriker gewesen und waren wahrscheinlich sogar recht stolz auf unsere tatsachengerechte Einstellung gegenüber den Realitäten des Lebens. In der Regel muß der Mensch erst eine gewisse Reife erreicht haben, bevor er imstande ist, überhaupt erkenntnisphilosophische Fragen zu stellen, bevor er erkennt, daß eine Intelligenz und Macht existiert und existieren muß, die für das so turbulente Welttheater letztlich verantwortlich zeichnet. Es gibt natürlich auch Menschen, die von Kind oder von Jugend an erkenntnisphilosophische Fragesteller sind, die die Neigung dazu schon mitgebracht haben, vielleicht aus vergangenen Inkarnationen.

Nun – wie dem auch sei: die Esoteriker im hier definierten Sinn sind „die Hoffnung der Welt“, sind verstandes- und vernunftbegabte Wesen, die erkannt haben und davon überzeugt sind, daß es außer dem von unseren fünf Sinnen signalisierten Daseins- und Erlebnisplan noch andere gibt, von denen aus unter gewissen Umständen eine Beeinflussung und Korrektur irdischer Geschehensabläufe möglich ist.

Auf eine Art Formel gebracht: ein Esoteriker ist ein Mensch, der mehr *von innen nach außen* lebt, in Richtung Bewußtsein-Umwelt, weniger umgekehrt wie der erklärte Realist und Materialist, bei dem die Wahrnehmungs- und Erkenntnisenergien sich in Richtung Umwelt-Bewußtsein bewegen. Noch anders ausgedrückt: wenn nach marxistisch-leninistischer Definition das Sein das Bewußtsein bestimmt und formt, erkennt im Gegensatz dazu der Esoteriker, der Innenmensch, die Abhängigkeit des Seins vom Bewußtsein. Und wenn er dieses sein individuelles Bewußtsein zu beeinflussen und zu verändern vermag – was das Hauptanliegen der Esoterik ist –, wird er auch seine Umwelt und die ihm darin zugewiesene Rolle zu verändern vermögen.

Soweit die Erläuterung der Worte „esoterisch“ und „Esoteriker“.
Dieses Buch ist und will nicht wissenschaftlich im hergebrachten Sinne sein, nicht einmal populärwissenschaftlich. Es bringt Erlebnis- und Erfahrungsberichte aus dem unermeßlichen Reich des Bewußt-Lebendigen und zieht daraus die lebenspraktischen und nicht zuletzt auch erkenntnisphilosophischen Folgerungen, ohne auf ein zustimmendes Nikken oder ein ablehnendes Kopfschütteln der Naturwissenschaftler zu warten. Der Geist, das heißt die Gesamtheit der PSI-Energien, die Bewußtheit, die Intelligenz, der Wille, sind der organischen wie anorganischen Materie übergeordnet. Das zu begründen und nach Möglichkeit zu beweisen, ist *das Hauptanliegen dieses Buches.*

2. Kapitel

Die Rolle und Aufgabe unseres Planeten im Kosmos

Wenn wir esoterische Wahrheits- und Wirklichkeitssucher sind oder sein wollen, sollten wir uns davor hüten, uns in frommes Wunschdenken oder haltlose Phantastereien zu verlieren. Man macht den Leuten, die sich – berechtigt oder unberechtigt – Esoteriker nennen, sowieso häufig genug den Vorwurf, daß sie dazu neigten, die im vorigen Kapitel erwähnten „harten Tatsachen des Weltendramas auf der Lebensbühne" entweder ganz zu übersehen oder sie in einem die Fakten verdrehenden Sinne zu interpretieren. Hin und wieder erscheint dieser Vorwurf durchaus angebracht; und das ist der Grund, weshalb wir uns in diesem zweiten Kapitel die Frage stellen wollen – ja meines Erachtens stellen *müssen* –, welche Rolle der das Menschengeschlecht tragende Planet Erde im Rahmen des großen Ganzen überhaupt spielt. Diese Erde ist nun mal für die Zeit, da wir auf ihr leben, unsere Wohn- und Wirkstätte. Auch die niederen, erdnahen Grade des sogenannten Jenseits (die unteren und mittleren Astralwelten) sind noch ein Teil dieser Wohnung.

Um festzustellen, daß unsere Erde für ihre menschlichen (und tierischen) Bewohner alles andere als ein Paradies ist, dazu gehört keine besondere Intelligenz. Nicht nur machtpolitisch herrschen rund um den Erdball recht chaotische Zustände, sondern auch in Wirtschaft, Wissenschaft und Kultur finden wir ein schier undurchschaubares und unentwirrbares Durcheinander und Gegeneinander. Und selbst der größte Optimist wird nicht bestreiten können, daß eine sachliche Diagnose der Gegenwart eine rasch zunehmende Verschlechterung der allgemeinen Verhältnisse erkennen läßt. Die allgemeine Existenz- und Zukunftsangst hat einen Grad erreicht, der es den einzelnen Menschen nahezu unmöglich macht, überhaupt noch eine friedliche und vernünftige Lösung der Menschheitsprobleme zu erwarten. Auch die Prognosen und Hochrechnungen (Komputerprophezeiungen) von streng wissenschaftlicher Seite sind alles andere als optimistisch. Man könnte manchmal bei der Betrachtung der Zeitungsinhalte und des Charakters des von den anderen Massenmedien Gebotenen den Verdacht haben, daß die Menschheit aller Kontinente eine gewisse Befriedigung empfindet, mit Gedanken an ihren eigenen Untergang und ihre Selbstzerstörung zu spielen. Fast könnte man meinen, der allem Lebendigen von Natur aus innewohnende Selbsterhaltungstrieb verwandle sich immer mehr in sein Gegenteil, den Selbstzerstörungstrieb.

Wenn wir ganz nüchtern und sachlich die Entwicklung der Atom- und Wasserstoffbomben-Technik, die der anderen physikalischen und chemischen Superwaffen, die steil ansteigende Kurve der Kriminalität in fast allen Ländern, die Selbstmordquote, die Boden-, Luft- und Wasserverseuchung, den zunehmenden Terrorismus und Fanatismus und all die unzähligen anderen Spannungs- und Krisenherde betrachten, ist zu optimistischen Zukunftshoffnungen wahrlich wenig Veranlassung. Und wenn ein amerikanischer Soziologe und Umweltschützer verkündet, daß es für das Beschreiten des Weges heraus aus dem Schlamassel bereits zu spät sei, so dürfte es nur wenige Zeitgenossen geben, die an der Richtigkeit dieser Aussage zu zweifeln wagen. Das Gesamtbild unserer Welt ist derzeit erschreckend negativ.

„Das stimmt!“ hören wir von religiöser Seite sagen, „aber die Ursachen zu diesem Marsch in den Abgrund der Selbstzerstörung sind in der Sündhaftigkeit der Menschen, in seiner ständigen Verletzung der Göttlichen Gebote und der geistig-universellen Gesetze zu suchen. Würden die Menschen einander lieben und verzeihen, anstatt sich zu hassen und zu bekämpfen, wären sie keine krassen Egoisten, sondern verständnisbereite und opferwillige Altruisten im Sinne Christi, dann wäre alles anders. Das Übel, die Not, der Schmerz und der Tod seien, so heißt es, nicht gottgewollt, sondern die Produkte der aus dem Einheits- oder Gottesbewußtsein herausgefallenen Menschen, die sich von Satan bzw. Luzifer haben in die Irre führen lassen. Gehet in euch und tuet Buße, dann wird doch noch alles gut werden!“
Nun – diese und inhaltlich gleichwertige Ermahnungen und Warnungen prasselten seit Jahrtausenden auf die Menschheit nieder, und selbst an konkreten Rezepten zur Herstellung einigermaßen geordneter Verhältnisse auf Erden mit religiösen, ideologischen, soziologischen und politisch-militärischen Vorzeichen hat es nie gefehlt. Nur war eben die Menschheit bisher offensichtlich nicht imstande, die gewonnenen Erkenntnisse und Einsichten in die Praxis umzusetzen. Der Wille war wohl da, aber das Können fehlte.
Warum war und ist das so?
Der Esoteriker, der, wie schon gesagt, das große Welttheater nicht nur nach dem beurteilt, was öffentlich auf der Bühne vor sich geht, sondern nach den unsichtbaren, dem äußeren Geschehen übergeordneten Regie-Intelligenzen sucht, wird und kann sich mit einer bloßen Diagnose der zur Zeit herrschenden Zustände nicht zufriedengeben. Er weiß – und das mit Sicherheit! –, daß das auf offener Lebensbühne vor sich Gehende *Wirkungen* sind von Ursachen, die nicht offen

zutage liegen. Und er weiß ebenso, daß, wenn Wirkungen geändert und korrigiert werden sollen, bei den ihnen zugrunde liegenden geheimen Ursachen angesetzt werden muß.

Wir Menschen können, wenn wir uns nicht als Einsiedler in die Berge zurückziehen oder in Höhlen verkriechen wollen, uns von der uns umklammernden Umgebung nicht ganz freimachen. Wenn also einer für sich persönlich und seinen engeren Familien- oder Freundeskreis Friede, Harmonie, Gerechtigkeit und Glück sucht, dann sollte er erkennen, daß er sich von den Einwirkungen der herrschenden Zeitströmungen nie ganz absondern kann, auch nicht in „geheimen" Logen, Bruderschaften, Orden oder Sekten. Der Mensch ist eben von Natur aus ein Gemeinschaftswesen (biologisch ein Herdentier). Da er aber zugleich ein verstandes- und vernunftbegabtes Wesen ist, stellt er sich natürlich die Frage, inwieweit sein individuelles Leben mit dem seiner Zeitgenossen und seiner näheren oder weiteren Umwelt verbunden ist und ob es überhaupt vernünftig und möglich ist, in einer außer Rand und Band geratenen Umwelt wie der jetzigen „esoterische Lebenskunst unter Anwendung der PSI-Kräfte" zu praktizieren. Denn es könnte ja sein, daß die unsichtbaren Dramaturgen und Regisseure sich entschlossen haben, aus irgendwelchen Gründen die Turbulenzen und Absurditäten der gerade ablaufenden szenischen Handlung des Stückes beizubehalten, also die Schauspieler und Statisten energisch aus dem Spiel zu nehmen (von der Bühne verschwinden zu lassen), die den „Blödsinn" des blutigen Menschheitsdramas nicht mitmachen wollen und die Regieanweisungen von hinten und oben boykottieren.

Es hat im Laufe der Jahrtausende der überschaubaren Menschheitsgeschichte genügend hochentwickelte, erleuchtete und wirklich weise Menschen gegeben, die unmißver-

ständlich gesagt haben, was die Menschen zu tun und zu lassen haben, um auf diesem Planeten für sich persönlich und für das Menschheitsganze zumindest erträgliche, menschenwürdige Zustände herzustellen. Einige der Kultur- und Religionskritiker gingen sogar so weit, zu sagen, daß es für einen mit etwas „göttlicher Supermächtigkeit“ ausgestatteten Menschen eine Kleinigkeit sei, auf der Erde dauerhafte paradiesische Zustände im Sinne der Religionen, Philosophien, Soziologien und Ideologien herzustellen. Er brauchte nur seinen gesunden Menschenverstand, gepaart mit etwas göttlicher Vollmacht, anzuwenden und dafür zu sorgen, daß Friedens- und Harmoniestörer, krankhaft, anomal und kriminell Veranlagte ausgeschaltet bzw. gar nicht erst geboren werden und daß die Heranwachsenden von Kindesbeinen an die längst bestens bekannten Grundprinzipien des liebevollen Miteinander und Füreinander gelehrt und vorgelebt bekommen. Eine ganz einfache Sache! Dieser Bevollmächtigte brauchte nur die höchstentwickelten, moralisch und ethisch gereiftesten religiösen und philosophischen Genies (die es ja auch unter uns gibt) zu Lehrern und Herrschern zu machen und sie mit der nötigen Durchsetzungskraft ausstatten. Dann wären allerhöchstens zwei bis drei Generationen erforderlich, um die bisherige blutige und widersinnige Tragikomödie der Gegenwart in ein lieblich-romantisches Paradiesidyll zu verwandeln.
Wer von uns hätte ganz im stillen nicht schon einmal zu sich gesagt: „Wenn ich könnte, wie ich wollte, wenn mir die nötige überlegene Fernbeeinflussungs- und Fernbefehlsgewalt zur Verfügung stände, würde ich im Handumdrehen das globale Menschheitsgeschehen in Ordnung bringen und dafür sorgen, daß nur noch Gerechtigkeit, Toleranz, Liebes- und Verständnisbereitschaft herrschen und daß jeder, der dieses göttliche Konzept zu stören beabsichtigt, liquidiert

wird." Bei einigem Nachdenken aber stellt uns eine ganz leise innere Stimme die Frage: „Weißt du denn, lieber Freund, ob dein menschlich-allzumenschliches Weltrettungskonzept mit dem größeren Konzept der göttlichen Intelligenz und deren Regieanweisungen für unseren Planeten übereinstimmt? Könnte es nicht sein, daß aus irgendwelchen Gründen die sich auf unserer Erde abspielenden blutigen Tragödien genau den Absichten der geistigen Führung entsprechen? Könnte es nicht sein, daß die ‚Theaterleitung' ganz bewußt jeden von der Weltbühne weist, der sich erdreistet, den im höheren Auftrag tätigen Regisseur ins Handwerk zu pfuschen?"

Und vielleicht, wenn du ein wenig bibelfest bist, steigen aus deinem Unterbewußtsein Sprüche auf wie: „Ich sah an alles Tun, das unter der Sonne geschieht, und siehe, es war alles eitel und Haschen nach dem Wind." (Pred. Sal. 1/14); oder: „Es ist ein elend jämmerlich Ding um aller Menschen Leben" (Sirach 40/1); oder: „Da aber der Herr sah, daß der Menschen Bosheit groß war auf Erden und alles Dichten und Trachten ihres Herzens nur böse war immerdar, da reute es ihn, daß er die Menschen gemacht hatte auf Erden, und es bekümmerte ihn in seinem Herzen; und er sprach: ‚Ich will die Menschen, die ich geschaffen habe, vertilgen von der Erde, vom Menschen an bis auf das Vieh und bis auf das Gewürm und bis auf die Vögel unter dem Himmel; denn es reut mich, daß ich sie gemacht habe ..." Ähnliche Aussprüche lassen sich an noch anderen Stellen des Alten wie des Neuen Testamentes finden.

Und hier sind wir genau bei der Frage, um die es in diesem Kapitel geht: Sind die Zustände, unter denen wir als Teil der Menschheit zu leiden haben, in die wir hineingeboren sind, von hoher oder höchster Instanz vielleicht als Teil eines Schulungs-, Erziehungs- und Übungsprogrammes vorgesehen bzw. vorprogrammiert? Sind also alle Bemühungen der Menschen, aus dieser irdischen Schulungs-, Erziehungs-, Trainings- und Bewährungsstätte einen genüßlichen „Freudengarten“ zu machen von vornherein unerwünscht oder gar verboten?

In der gängigen philosophisch-esoterischen Literatur ist auf diese klare Frage nur höchst selten eine plausible Antwort zu finden. Das liegt wohl hauptsächlich daran, daß insonderheit die christliche Religion eine solche Fragestellung als gotteslästerlich und „vom Teufel eingeblasen“ betrachtet und sich weigert, darauf eine Antwort zu geben. Einem Esoteriker, der von Natur aus kein bedingungsloser Allesgläubiger ist, ist mit dem Hinweis auf den „unerforschlichen Ratschluß Gottes“ nicht gedient. Es gehört zum Wesen des Esoterikers, unliebsame, ja provokatorische Fragen zu stellen.

Ausgerechnet in dem Buch „Katechismus der Uraniden“ von Prof. Hermann Oberth, Ventla-Verlag, Wiesbaden-Schierstein 1966, (dem „Vater der Weltraumfahrt“ und Lehrer Prof. Wernher von Brauns) finden sich im zehnten Kapitel bemerkenswerte Aussagen, die man als Antwort auf unsere Fragen gelten lassen könnte. Es sei hier vorausgeschickt, daß die folgenden Feststellungen laut den Angaben Prof. Oberths von einer außerirdischen Intelligenz, das heißt von einem Angehörigen uns weit überlegener Zivilisationen stammen. Der Professor betrachtet diese Aussagen, die ihm durch ein Medium übermittelt wurden, keineswegs als der Weisheit letzten Schluß, sondern als Arbeitshypothesen, die es dem nach Wahrheit und Erkenntnis strebenden Menschen erleichtern können, die richtige Marschrichtung einzuschlagen und nicht erst in die Irre zu laufen. Es empfiehlt sich, daß auch wir die Äußerungen der unsichtbaren Intelligenz in gleicher Weise als Arbeitshypothese und Denkimpuls betrachten. Professor Oberth hat die Durchgaben des außerirdischen Wesens in sieben Kernsätzen zusammengefaßt, die mir so bedeutsam erscheinen, daß ich sie hier im Wortlaut wiedergeben möchte:

1. Die Seele überlebt ihren derzeitigen Körper und ist allem Anschein nach überhaupt unsterblich.

2. Geübt wird im Grunde die Seele und nicht der Körper; und die Übung dauert über den Tod hinaus an, so daß wir in einem späteren Leben dasjenige leichter lernen, was wir schon einmal gekonnt haben. (Die Gruppe von Wesenheiten, zu der der unsichtbare Sprecher und Lehrer gehört, scheint also die wiederholten Verkörperungen des Menschen auf Erden als selbstverständliche Tatsache vorauszusetzen. – H. Geisler)

3. Die Entwicklung der Welt strebt vom Chaos zum Kosmos, vom Anorganischen zum Organischen, vom Kampf aller gegen alle zur sinnvollen Zusammenarbeit aller.

4. Diese Entwicklung wird von einer Vorsehung gelenkt, und diese Vorsehung braucht Seelen, die in der Beeinflussung der Materie geübt sind und eine harmonische Welt wünschen. Wie wir uns die Vorsehung vorzustellen haben, als Einzelperson, als Arbeitsgemeinschaft göttlicher Wesen oder wie sonst, das wurde nicht klar gesagt. Vielleicht handelt es sich hier um einen jener Begriffe, die die Fassungskraft unserer Gehirne übersteigt.

5. Die Vorsehung ist nicht schlechterdings allmächtig. Sie kann zwar jedes Ziel erreichen, das sie erreichen will und jeden Weg gehen, den sie gehen will. Sie kann aber nicht jedes Ziel auf jedem Weg erreichen.

6. Zur Weiterentwicklung bedient sich die Vorsehung der Übung der Seelen. Die sozialen Triebe der Geschöpfe im allgemeinen und der irdischen Menschheit im besonderen müssen durch Übung gekräftigt werden.

7. *Die Vorsehung schaltet sich jedesmal in den Ablauf unserer Geschichte ein, wenn das Geschehen einen Weg einschlägt, der die Erde ihrem Zweck als Besserungs- und Übungsplanet entfremden könnte.*"

Und einige Seiten später gibt Professor OBERTH noch einen speziellen Kommentar zu dem Punkt 7, der ja für unsere Überlegungen besonders wichtig ist. Er schreibt auf Seite 137 des genannten Buches:

„Weiter muß ich hier mit ein paar Worten der Unwahrscheinlichkeit der Weltgeschichte gedenken. Wenn es keine Vorsehung gäbe, so würde die Weltgeschichte so abrollen, daß im allgemeinen das geschieht, was bei der betreffenden Kräftekonstellation das Wahrscheinlichste ist, und die Abweichungen von dieser Mitte wären wahllos. Hauen sie dagegen alle in dieselbe Kerbe, so spricht das für die Existenz einer gelenkten Vorsehung.

Nun hat die Vorsehung unsere Erde zum Straf- und Besserungsplaneten ausersehen. Seelen, die sich anderswo nicht bewährt haben, sollen sich hier aneinander abschleifen und aus eigenem Erleben sich darin üben, das Gute zu lieben und das Böse zu hassen, und selbst sehen, was richtiger ist: Kampf aller gegen alle oder Liebe und Eintracht. Dabei ist mit diesem einen Leben auf der Erde noch nicht alles aus. Es gibt Dinge, die erst unter verschiedenen Verhältnissen und bei der Auswertung der Erinnerungen im Jenseits erlernbar sind. Ich erwähne als Beispiel die Tatsache, daß eine glückliche Kindheit, gefolgt von angenehmen Lebensverhältnissen, den Menschen freundlich und hilfsbereit macht, während das Leiden ihn meist feige, doppelzüngig und boshaft werden läßt. Daß man das nicht immer in einem einzigen Leben erlernen kann, beweisen zahlreiche deutsche Philosophen und Theologen mit ihrer blödsinnigen Behauptung vom veredelnden Einfluß des Leidens.

Wenn nun die Menschheit dabei ist, etwas zu tun, was die Erde diesem Zweck als Entwicklungsplanet entfremden könnte, so geschieht etwas Unwahrscheinliches in dem Sinne, daß die Erde wieder auf dies Niveau zurückgeworfen wird. Eine Besserungsanstalt darf kein Paradies sein.

Solange es noch besserungsbedürftige Zöglinge gibt, muß die Besserungsanstalt eine bleiben, was allerdings nicht ausschließt, Zöglinge, die sich bewährt haben, zu entlassen oder in weniger strenge Abteilungen zu stecken.

Ich kann hierüber nicht ausführlicher sprechen. Erstens wäre der Rahmen dazu zu eng, und zweitens ist es auch *noch nicht erlaubt, gewisse Dinge so zu schildern, wie sie wirklich sind. Ich bin hier sowieso bis an die Grenze des* (tatsächlich) *Möglichen gegangen.*"

Soweit die wörtliche Zitierung Prof. Oberths.

Dazu möchte ich als Verfasser des vorliegenden Buches zunächst nur sagen, daß sich meine in diesem (und wahrscheinlich in früheren) Leben gemachten Erfahrungen und gesammelten Erkenntnisse mit den obigen Aussagen decken.

Professor Oberth führt in seinem erwähnten Buch eine Reihe von Beispielen an, die zeigen sollen, welche Unwahrscheinlichkeiten, um nicht zu sagen Absurditäten im Laufe der Geschichte eintraten, wenn die Menschheit drauf und dran war, mittels einer Art „Zuchthausrevolte" ihre mißliche Lage zu verbessern. Von gesundem Menschenverstand, Logik, Folgerichtigkeit, Vernunft und korrekter Einschätzung der jeweiligen Lage ist im Verlauf der Geschichte kaum eine Spur zu finden. Der „große Autor" des Dramas und seine Regisseure lassen sich eben nicht von uns Menschlein vorschreiben, wie die Handlungen auf der Bühne des Lebens weiterzugehen haben.

Überdenken wir im folgenden Kapitel einmal die Konsequenzen, die sich für den Esoteriker ergeben, wenn die vom Medium Professor OBERTHS empfangenen Durchgaben den Tatsachen entsprechen.

3. Kapitel

Folgerungen, die sich aus dem Charakter unserer Erde als Schulungs-, Erziehungs- und Strafvollzugsplanet ergeben

Im Anschluß an die von Professor OBERTH wiedergegebenen Äußerungen einer außerirdischen Intelligenz, daß unsere Erde zur Zeit als Schulungs- und Bewährungsplanet für zurückgebliebene und in die Irre gegangene Wesenheiten fungiere, liegt es nahe, an die Hypothesen eines ERICH VON DÄNIKEN, ROBERT CHARROUX, KARL KOHLENBERG, PETER KOLOSIMO, PETER KRASSA, JOCHIM PAHL, ANDREW TOMAS, EDGAR CAYCE und anderer zu denken, die es für möglich, ja sogar wahrscheinlich halten, daß unser Planet so etwas wie eine *Kolonie* höherentwickelter Menschheiten anderer Planeten bzw. Sonnensysteme war und vielleicht heute noch ist. Manche Umstände deuten tatsächlich darauf hin, daß Angehörige oder Abgesandte (oder auch Flüchtlinge) außerirdischer Zivilisationen vor vielen Tausenden von Jahren an verschiedenen Stellen der Erde landeten, sich längere Zeit hier aufhielten und die ursprünglich auf Erden heimische Menschheit mit Intelligenz quasi „impften". In der Tat sprechen die Sagen, Mythen und sonstigen Überlieferungen nahezu aller Völker und Rassen rund um den Erdball davon, daß dereinst ihre Vorfahren, das heißt die ersten Gründer und Kulturbringer, vom Himmel auf die Erde kamen und nach ihrer Abreise meist steinerne Zeugen ihrer Anwesenheit hinterließen, denen die offizielle Archäologie und Vorgeschichtsforschung ratlos gegenübersteht.

Wer sich für diese nicht schulmäßige Deutung der Menschheitsentwicklung interessiert, dem sei geraten, die einschlägigen Werke zu studieren und aus dem vorliegenden Material selbst seine Schlußfolgerungen zu ziehen. Man kann, so meine ich, dieses Material bzw. diese „Beweisstücke“ nicht einfach mit einer geringschätzigen Handbewegung vom Tisch wischen, genausowenig, wie man die internationale UFO-Forschung als Hirngespinste unbedarfter Phantasten und blindgläubiger Erlösungssüchtiger bezeichnen kann. Vor undurchdachten, vorschnellen und voreingenommenen Urteilen sollte sich der Esoteriker hüten, denn gerade auch die Geschichte der exakten Wissenschaften zeigt, daß man mit dem Begriff „unmöglich“ sehr vorsichtig umgehen sollte.
Uns interessieren in diesem Buch die esoterische Vorgeschichtsforschung, die Ufologie und die damit zusammenhängenden Dinge nur insofern, als in der Tat vieles darauf hindeutet, daß zumindest die Inspiratoren und Führer versunkener Kulturen (Atlantis, Lemurien, Hyperborea, das Mayareich usw.) in hohem Maße jene PSI-Kräfte bereits kannten und beherrschten, um die es uns geht. Und die Folgerung ist zulässig, daß das, was dereinst gewußt und gekonnt wurde, grundsätzlich auch heute gewußt und gekonnt werden kann.
Diese Erkenntnis ist wichtig, weil, wie schon gesagt, der einzelne Mensch als Kind seiner Zeit sich auch als praktizierender Esoteriker jenen allgemeinen Gegebenheiten anpassen muß, in die er hineingestellt ist. Der Begriff *Lebenskunst* setzt die Erreichung jenes Intelligenzgrades voraus, der verhindert, daß einer aus Gefühlsimpulsen heraus – und seien diese scheinbar noch so begründet und berechtigt – zum Kulturrevolutionär, zum Anarchisten, Nihilisten oder gar Kamikaze-Terroristen wird. Wenn man den Begriff

Intelligenz definieren will, könnte man sagen, daß Intelligenz eine unvoreingenommene, möglichst sachliche Einschätzung der jeweils gegebenen Situation umfassen muß. Da es nun gegenwärtig mit dem allgemeinen Intelligenzniveau (nicht zu verwechseln mit dem intellektuellen Niveau!) nicht zum besten steht, liegt es auf der Hand, daß *Genies,* die ihrer Zeit wissenschaftlich, technisch oder künstlerisch zu weit voraus sind, sich automatisch in Gegensatz zu ihrer Umwelt setzen und als Störenfriede empfunden werden. Wenn sie das nicht wissen und sich nicht klug verhalten, werden sie nie Lebenskünstler in unserem Sinne sein und werden können.

Dieses Buch beabsichtigt nicht, Rezepte oder Empfehlungen für die Lösung globaler wirtschaftlicher, politischer und wissenschaftlicher Probleme anzubieten, sondern dem Einzelmenschen – nämlich dem Leser dieses Buches – Hinweise zu geben, wie er inmitten einer turbulent-chaotischen Umwelt als Persönlichkeit und Individuum zufrieden, glücklich und harmonisch leben kann, soweit das auf diesem kuriosen Planeten Erde überhaupt möglich ist. Das setzt jedoch voraus, daß er den Charakter und die Aufgabe seiner vorübergehenden Wohnstätte richtig erkennt und sich in ein vernünftig angepaßtes, intelligentes Verhältnis zu den Tendenzen und Vorgängen setzt, die um ihn herum im Kleinen wie im Großen geschehen.

Wenn wir in dieser Verbindung das im vorigen Kapitel Gesagte überdenken, ergibt sich als erstes die Einsicht, daß es unintelligent, ja kindisch-naiv wäre, mit faulen Eiern, Stinkbomben oder gar Handgranaten und Brandsätzen nach den Akteuren (Schauspielern, Musikern und Statisten) zu werfen, die laut Manuskript des Großen Autors und seines Regiestabes gerade eine bestimmte Szene aufzuführen haben. Es nützt ja doch nichts, da die Macht der unsichtbaren Theaterleitung entschieden größer ist als die eines Rebellen oder einer Rebellengruppe aus dem Publikum. Auch die „Saalordner“ bzw. „Rausschmeißer“ haben die übergeordnete Gewalt der Theaterleitung hinter sich und waren und sind nie zimperlich, wenn es darum geht, die gerade laufende Szene programmgemäß zu Ende zu führen. *Besäßen die Skandalmacher ein wenig mehr echte Intelligenz, würden sie das wissen und nicht ihre blinde Wut an den total unschuldigen Schauspielern auslassen, denen ja oft selber ihre Rolle, in die sie hineingesteckt wurden, gar nicht paßt.*

Hier muß die Frage aufgeworfen werden, woher dieser Mangel an echter Intelligenz und die damit verbundene falsche Einschätzung der Dinge rühren, die heute überall um uns herum zu beobachten sind. Da wäre zunächst einmal die Feststellung zur Kenntnis zu nehmen, daß unsere Erde als Ganzes noch ein ausgesprochen unterentwickelter Planet ist, eine Art „kosmischer Kindergarten“ oder, wie Professor Oberth zitiert, eine Hilfsschule für schwererziehbare und geistig unterentwickelte Wesenheiten. Und die Zöglinge eines solchen Institutes sind nun mal keine Intelligenzleuchten, keine Weisen und keine logisch-vernünftigen Denker. Andernfalls wären sie nämlich nicht hier.

Aber diese Feststellung, die sowohl in der Bibel wie in anderen heiligen Schriften mehr oder weniger deutlich ausgesprochen wird, genügt uns nicht. Schauen wir uns um, ob es noch andere Erklärungsmöglichkeiten gibt.

Da gibt es unter anderem die Hypothese, die zum Beispiel von Oscar Kiss Maerth in seinem Buch „Der Anfang war das Ende“ (Der Mensch entstand durch Kannibalismus – Intelligenz ist eßbar) vorgetragen wird, daß nämlich infolge einer verfehlten Entwicklung (einer falschen Weichenstellung) vor Hunderttausenden oder gar Millionen von Jahren

die Vorgänger bzw. Urahnen des heutigen Homo sapiens die Ausbildung ihres Intellektes und ihrer Sexualität so sehr beschleunigten, daß die biologische Entwicklung damit nicht Schritt halten konnte. Demnach wäre die Menschheit eine oder einige Millionen Jahre zu früh intelligent bzw. intellektuell geworden. Deshalb muß sie heute noch einen tierischen Körper mit all seinen starken Trieben, Emotionen und animalischen Reaktionsweisen mit sich schleppen, ohne fähig zu sein, diesen Körper mittels der Intelligenz und höheren Vernunft so zu beherrschen, wie es der Evolutionsordnung bzw. -reihenfolge entspricht. („Der Geist ist willig, aber das Fleisch ist schwach." MATTH. 26/41. Oder: „Das Gute, das ich will, das tue ich nicht, sondern das Böse, das ich nicht will, das tue ich." Röm. 7/19.)
Wenn wir einen Blick zurück auf die von uns überschaubare Menschheitsgeschichte werfen (die sechs- bis höchstens siebentausend Jahre sind nur ein Sekundenbruchteil der Erdgeschichte), finden wir, daß es eigentlich niemals geistliche und weltliche Herrscher gegeben hat, die sich von vornherein vorgenommen hatten, ihr eigenes Volk und die Nachbarvölker vorsätzlich und bewußt in Not und Tod zu stürzen. Selbst den Kaisern, Königen, Diktatoren, Heerführern, Spitzenpolitikern und Wirtschaftskapitänen der jüngeren Vergangenheit und der Gegenwart kann man nicht nachsagen, daß sie *bewußt* in die Irre führen oder zerstören wollten. *Alle* wollten sie – und daran ist kaum zu zweifeln – ihrer Meinung und ihrem Intelligenzniveau entsprechend „das Beste". Aber sie haben es alle nicht gekonnt, weil eben offensichtlich ihr Intelligenzgrad nicht ausreichte, die jeweilige Situation richtig zu beurteilen und weil sie außerdem nicht erkennen wollten und konnten, daß sie Schachfiguren auf der Weltbühne waren, die gegen ihren Willen und gegen ihr Wissen von den geistigen Führungskräften höherer

Instanz daran gehindert wurden, das zu verwirklichen, was sie sich vorgenommen hatten. *Offensichtlich paßten ihre Absichten nicht in das große Konzept der Welttheaterleitung, die, wie dem Professor* Oberth *gesagt wurde, bis auf weiteres den Zuchthaus- und Hilfsschulcharakter der Erde beibehalten will. Und gegen diesen „Ratschluß von oben" ist augenscheinlich nichts zu machen, wie uns jeder Blick in die Zeitungen und auf den Fernsehschirm bestätigen wird.*

Auch nach Oscar Kiss Maerth kann dabei von einer eigentlichen Schuld der Menschheit an ihrer Fehlentwicklung nicht gesprochen werden. Die geistige Führung hat es zumindest zugelassen und nicht verhindert, daß die Verhältnisse so wurden, wie sie heute sind. Menschliche Irrtümer (menschliches Versagen) und mangelnde Intelligenz in Form unentwickelter und irregeleiteter Urteils- und Entscheidungskraft sind nicht einmal im Sinne irdischer Justiz ausreichend, um einen Menschen schuldig zu sprechen. Vom Standpunkt eines vernünftigen, das heißt echt intelligenten und ausreichend informierten Betrachters des Geschehens auf der Weltbühne ist dieses eine Kette von Absurditäten und sinnlosen „Kalauern", die genau im Gegensatz zu dem stehen, was die religiösen und philosophischen Genies, die großen Weisen und Erleuchteten aller Zeiten gesagt, geschrieben und vorgelebt haben. Anscheinend hatte Schopenhauer recht, als er sagte, daß der Mensch zwar tun und lassen könne, was er will, *daß er aber nicht wollen kann, was er will.* Und dieser Willensimpuls, der immer der eigentlichen Willensäußerung bzw. dem Willensentschluß als Veranlassung vorausgeht, unterliegt nicht der freien Entscheidung des Menschen, sondern wird von der unsichtbaren Theaterleitung „befohlen", ist letztlich doch auf den „unerforschlichen Ratschluß Gottes" zurückzuführen.

Ja, so sieht die Sache aus, wenn wir sie von außen, vom

Zuschauerraum des Welttheaters aus betrachten. Diejenigen, die gerade zum Mitspielen auf der Bühne aufgerufen (gezwungen) wurden, haben zu erkenntnisphilosophischen Betrachtungen des Stückes, an dem sie mitwirken, weder Zeit noch Neigung. Sie werden in dem blutigen Drama herumgewirbelt, daß ihnen Hören und Sehen vergeht und sie heilfroh sind, wenn sie zwischendurch mal ein bißchen abspannen und frische Luft schnappen können. Das ist einer der Gründe, weshalb die wirklich Weisen und Erleuchteten sich nie zu Königen und weltlichen Herrschern haben machen lassen, sondern lieber in die Berge oder Urwälder gingen, um von dort aus einen „direkten Draht" zur Theaterleitung zu legen und so aus erster Quelle zu erfahren, was mit dem abrollenden Bühnenstück letztlich beabsichtigt sei.

Eine ganze Reihe dieser Weisen und Erleuchteten haben auf ihre Fragen schlüssige Antworten bekommen, die sie manchmal an ihre Schüler und andere dafür aufnahmewillige Menschen weitergaben. Diese ausgesprochenen oder niedergeschriebenen Belehrungen und Verheißungen waren und sind es schließlich, die uns Menschen trotz der blödsinnigen Tragikomödien um uns herum immer erneut Zuversicht, Mut und Hoffnungen gaben und uns das harte Schulungs- und Trainingsprogramm überhaupt ertragen ließen. Wenn einer *weiß* – nicht nur glaubt –, daß all das scheinbar irrsinnige Durch- und Gegeneinander letztlich doch zu einem guten Ende im Sinne der obersten Leitung führen wird, ist für ihn die ganze Angelegenheit halb so schlimm, wird er kaum Verzweiflungs- und Kurzschlußhandlungen begehen. Er betrachtet sein Leben auf Erden von höherer Warte aus und weiß, daß der Theaterdirektor und sein Regiestab die Lösung aller Konflikte schon kennen und auch verwirklichen werden. Ein um diese Zusammenhänge Wissender wird sich nicht wie ein zehnjähriger Schulbub benehmen, der seine Lehrer und Erzieher als persönliche Feinde empfindet und wünscht oder sogar darum betet, daß der Klassenlehrer die Treppe hinunterfällt und sich das Genick bricht, weil es dann ja ein Weilchen schulfrei gäbe. Die Vorsehung (um diesen Ausdruck des „Uraniden" nach Professor OBERTH zu gebrauchen) hat genug Ersatzlehrer und Ersatzprogramme, so daß die ganze Schule nicht ihren Betrieb einzustellen braucht, wenn sich wirklich ein Lehrer das Genick bricht oder von der Schülerschar gewaltsam am Betreten des Schulgebäudes gehindert wird.

Man braucht sich in bezug auf das in dunkler Vergangenheit erfolgte Beschreiten eines falschen Entwicklungsweges der Menschheit keineswegs auf die doch recht anfechtbare Hypothese von OSCAR KISS MAERTH zu stützen. Wenn ERICH VON DÄNIKEN und seine „Mitstreiter" recht haben – und manches spricht dafür –, dann hat es in gar nicht so dunkler Vorzeit, nur von einigen Tausenden oder Zehntausenden von Jahren, Landungen außerirdischer Wesenheiten menschlicher oder menschenähnlicher Gestalt gegeben, von denen ebenfalls vermutet wird, daß sie einen Teil der damaligen einheimischen Erdbevölkerung *mit Intelligenz „impften"*, eine Weile „göttliche" Herrscherrollen ausübten und dann wieder von der Erde verschwanden. Der Tatbestand, daß dadurch die noch sehr unentwickelte Menschheit mit einer ihr entwicklungsmäßig noch nicht zustehenden Intelligenz (vielleicht auch nur Intellekt) ausgestattet wurde, bleibt grundsätzlich derselbe wie bei KISS MAERTH. In der Tat können wir nicht abstreiten, daß wir Menschen innerlich recht zerrissene, unausgeglichene Wesen sind, denen es, wie schon PAULUS feststellte, schwerfällt, die fleischlichen Triebe, Gewohnheiten und Süchte in den Griff zu bekommen, das noch Tierische oder Halbtierische in uns mittels

unserer besseren Einsichten und unseres „gesunden Menschenverstandes“ zu beherrschen. Genauso müßte es auch sein, wenn die eigentlich programmwidrige Intelligenzspritze seitens Außerirdischer einer Menschheit verabreicht worden wäre, die dazu biologisch und evolutionsgemäß einfach noch nicht reif war und nun ständig zwischen dem göttlichen und dem tierischen Teil in sich hin und her pendelt, wobei meist der letztere obsiegt.
Viele über dem allgemeinen Durchschnitt hinaus entwickelte Menschen haben tatsächlich eine Direktverbindung zum Weltenlenker und seinen Vollzugsorganen hergestellt und den Menschen ihrer Zeit gesagt, worauf es im Leben hauptsächlich ankommt, wie man das Wesentliche vom Unwesentlichen unterscheidet und weshalb man die äußeren Abläufe des Bühnengeschehens nicht überbewerten soll. Aber in der Regel hat man diese Lehrer und Warner, die man durchaus als „gesandte“ Lehrer und Erzieher betrachten kann, entweder nicht beachtet oder ihren Sinn derart entstellt, daß von den ursprünglich gegebenen Wahrheiten nicht mehr viel übriggeblieben ist.
Eine weitere Antwort auf die Frage, woher der offensichtliche Mangel der Menschheit an echter Intelligenz stammt, ist: Seit die höherentwickelten Außerirdischen, die Schöpfer und ersten Inspiratoren der versunkenen Hochkulturen (die „Söhne der Götter“ laut Bibel) uns wieder verlassen haben, der irdische Kindergarten also ohne „Tanten“ ist, hat sich die Menschheit zurückentwickelt, ist sie degeneriert. Hauptsächlich dadurch, daß sie in unzähligen Kriegen immer die besten und gesündesten Exemplare ihrer Rasse hinmetzelte und nur die Kranken und biologisch Minderwertigen übrig ließ. Will wirklich jemand bestreiten, daß dem so war und heute noch ist? Außerdem hat die Durchschnittsmenschheit, die mengenmäßig immer in der Überzahl ist, ihre geistig und

bewußtseinsmäßig fortgeschrittensten Vertreter nie gut behandelt, da diese Einsichten und Verhaltensweisen forderten, die besagte Masse Mensch nie gern zur Kenntnis nahm. Gestrenge Lehrer und Erzieher sind bei ihren Zöglingen nie sehr beliebt gewesen im Gegensatz zu jenen, die dem Volke „nach dem Maul reden".

Der alte PLATON hatte schon recht, als er sagte, daß es mit der Menschheit erst besser werden könne, wenn die geistigen und weltlichen Herrscher und Führer weise und erleuchtete Philosophen sind. Aber das ist ja die Tragödie, daß gerade die Besten der Menschheit es ablehnen, Kindergartentanten zu spielen und sich statt dessen mit den wirklich wesentlichen und entscheidenden Dingen des Lebens befassen. Sie zogen es vor, in Mysterienstätten, Geheimorden und Tempeln zu jenen wenigen zu sprechen, die von sich aus nach Wahrheit und Erkenntnis suchten (die Ohren hatten zu hören und Augen zu sehen) und die das Gelernte dann entweder weitergaben oder – verschwiegen.

Zusammengefaßt: Wenn unser Planet Erde tatsächlich eine kosmische Schulungs-, Übungs-, Bewährungs- und in manchen Fällen sogar eine Strafvollzugsstätte ist – und die Tatsachen deuten darauf hin, daß dem so ist –, dann sollte sich der um diesen Tatbestand wissende Esoteriker nicht um Illusionen von einem irdischen Paradies und in frommes Wunschdenken (von friedlich auf grüner Wiese zusammen weidenden Löwen und Schäflein) verlieren. Er wird und muß einsehen, daß das Flickschustern an den rein äußeren Dingen und Zuständen bis auf weiteres ein hoffnungsloses, weil von oben nicht zugelassenes, ja unerwünschtes Unterfangen ist, zumindest so lange, wie die Erde ihren Charakter als kosmische Hilfsschulklasse und Strafkolonie beizubehalten hat.

Da nun aber alles im in Erscheinung getretenen Universum dem Evolutionsprinzip untersteht, ist damit zu rechnen, daß der Status quo unseres Planeten nicht für ewige Zeiten so bleibt, sondern daß er sich auch als planetarische Einheit (kosmische Individualität, Planetengeist oder -seele) weiterentwickelt und eines Tages zu einem höheren Status befördert wird. Dann könnte unser Planet durchaus zu einer Stätte werden, die im Vergleich zu jetzt ein Paradies genannt werden könnte. Aber wann wird das sein? Vom Absoluten her, das nach Aussagen der Mystiker Raum und Zeit nicht kennt, sind Datumsangaben nicht zu erwarten.
Ziehen wir zum Schluß dieses Kapitels noch eine Folgerung: Wenn die jahrtausendealte Lehre von der Reinkarnation, also von den wiederholten Erdenleben des Menschen wenigstens in ihren Grundzügen den Tatsachen entspricht – und darin ist kaum noch zu zweifeln –, dann ist es sicher so, daß die Menschenseelen, die das irdische Klassenpensum bewältigt haben, entlassen bzw. in höhere Klassen versetzt werden, also nicht wieder auf unserem Planeten inkarnieren. Die besten, intelligentesten und reifsten Seelen gehen somit quasi der Menschheit verloren, während unentwickelte, unreife und mehr oder weniger noch im Tierischen verhaftete Seelen von unten nachrücken. Auch das ist ein Grund, weshalb in absehbarer Zeit sich die Zustände auf unserer Erde kaum entscheidend verbessern werden.
Werfen wir nur einen Blick auf die Verhältnisse im Schul-, Erziehungs- und Ausbildungswesen, von dem ja alle Kinder und Jugendlichen – ob sie wollen oder nicht – erfaßt werden. (Es handelt sich ja hier um die besagten „Nachrückenden“.) Von einer klaren Konzeption und von einer Aussicht, auch nur die anstehenden dringendsten Schulungs- und Bildungsprobleme zu lösen, ist wenig zu spüren. Unbestritten: die älteren Generationen, die in die beiden Weltkriege unseres

Jahrhunderts hineingerieten, haben schwere Fehler gemacht und in vieler Hinsicht versagt. Aber: besteht die einigermaßen begründbare Hoffnung, daß es die jüngeren Generationen, die nach und nach die Führungsrollen auf allen Gebieten übernehmen werden, besser machen? Es dürfte zumindest erlaubt sein, daran zu zweifeln.

Gewiß – es hat eine weltweite Gammler-, eine Hippie-, eine Jesus-People- und eine Anti-Konsumsklaven-Bewegung gegeben (und gibt sie hier und da auch heute noch), die sich aus jüngeren Menschen zusammensetzt, die zumindest intuitiv und gefühlsmäßig erkannten, daß in unserer gesamten Welt- und Lebensordnung „der Wurm drin ist". Doch es waren ihrer zu wenige; ihre Kräfte, die Dinge wirklich zu ändern, reichten nicht aus. Und früher oder später blieb ihnen – wenn sie nicht auf irgendeine Weise den Freitod suchen wollten – nichts anderes übrig, als sich dem herrschenden Lebensstil ihrer Umgebung anzupassen. Es ist eben offenbar die Zeit noch nicht gekommen, da es „von oben" erlaubt ist, die bestehenden Zustände gründlich zu ändern.

Wer Gelegenheit hatte, mit jugendlichen „Rebellen" und Systemverächtern zu sprechen, der bekam zu hören, daß die jungen Leute selber nicht klar wissen, was sie eigentlich wollen und was sie an die Stelle des bekämpften kranken Systems setzen wollen. Diese Unklarheit und Ratlosigkeit, ja diese Verzweiflung angesichts der ihrer Meinung nach nicht rasch genug korrigierbaren Zustände und eine sich daraus ergebende bittere Resignation sind die typischen Kennzeichen vieler Jugendlicher, insbesondere auch Studenten.

Ob sie begreifen, warum es so ist und auf nicht absehbare Zeit voraussichtlich auch so bleiben wird? Oder ob sie weiterhin auf die projizierten Bilder der „Weltkinoleinwand" schießen werden?

Weit verbreitet ist das Erwarten einer „großen Weltenwende“, begleitet von folgenschweren geologischen, politischen, wirtschaftlichen und nicht zuletzt kriegerischen Katastrophen. Eine ganze Menge von nach dem letzten Krieg erschienenen Büchern und Zeitschriften schürten und schüren diese Katastrophenpsychose, weil sie – bewußt oder unbewußt – genau in die Kerbe hauen, die der Mentalität und den Gefühlstendenzen unserer Zeitgenossen entspricht. („So wie es jetzt ist, kann es unmöglich weitergehen!“) Und aus religiösen und sektiererischen Kreisen hört man immer wieder, daß die Menschheit erst dann gut, einsichtig und wirklich fromm werde, wenn die große Katastrophe vorüber sei und die Menschen aus dem schier unerträglichen Leid gelernt und die Konsequenzen gezogen hätten. Denn das Leid sei die wirkungsvollste Entwicklungspeitsche.
Stimmt das? Ist der Weg des Leidens (des Kreuztragens) wirklich der einzige, der ein Volk oder die ganze Menschheit zu bessern und erkenntnismäßig vorwärtszubringen vermag? Professor OBERTH spricht in seinem erwähnten Buch von der blödsinnigen Behauptung zahlreicher deutscher Philosophen und Theologen, daß der Einfluß des Leidens ein veredelnder, erhebender sei.
Um das zu kontrollieren brauchen wir gar nicht weit zurückzugreifen und brauchen auch keine philosophischen und psychosoziologischen Erwägungen anzustellen. Wir brauchen uns nur die Lage des deutschen Volkes nach dem letzten Krieg in die Erinnerung zurückzurufen. Im großen gesehen kann einem Volke – ob selbstverschuldet oder nicht, ist hier nebensächlich – nichts Schlimmeres geschehen, als es den Deutschen geschehen ist. Ein größeres Maß an persönlichem und familiären Leid, als es die Kriegsjahre und die Zeit nach dem Zusammenbruch des Hitlerregimes gebracht haben, ist kaum denkbar, wobei ich das unermeßliche Leid

der in den Krieg verwickelten anderen Völker miteinschließe. Wenn nun die Philosophen und Theologen mit ihrer These vom veredelnden Einfluß des Leidens recht hätten, wäre anzunehmen gewesen, daß im besonderen wir Deutschen in uns gegangen, bereut und gebüßt und uns geschworen hätten, die gemachten Fehler und Irrtümer niemals zu wiederholen.

Tatsächlich aber war von einer echten Wandlung der Deutschen im Sinne einer Hinwendung zu inneren, geistig-seelischen, moralischen und ethischen ewigen Werten nur wenig, bei den meisten gar nichts zu spüren. Anstatt sich von dem ertragenen Leid veredeln zu lassen, haben die Überlebenden in die Hände gespuckt und ab der Stunde Null zugepackt wie die sprichwörtlichen Berserker, haben verbissen und zielbewußt regelrecht gewühlt und geschuftet, um das wiederzubekommen, was sie verloren hatten. Und siehe da: nach nicht einmal fünfzehn Jahren war die klein gewordene Bundesrepublik Deutschland wieder eins der reichsten und wirtschaftlich stärksten Länder der Erde und ist es heute noch. Wir Deutschen durchliefen in wenigen Jahren eine Anschaffungs- bzw. Einrichtungswelle, einen Gründungs- und Bauboom, eine Motorrad-, Auto-, Spar-, Reise- und Sexwelle und noch ein paar Nebenwellen und hatten gar keine Zeit und Neigung, in uns zu gehen und uns von dem erduldeten Leid veredeln zu lassen.

Nehmen wir nun einmal an, daß wirklich, wie gewisse Unheilspropheten ankündigen, zwei Drittel der Menschheit bei den kommenden Großkatastrophen „abgeräumt" würden. Dann ist 1000 gegen 1 zu wetten, daß die Überlebenden nach dem ersten Schock Dankgottesdienste abhalten und ziemlich stolz darauf sind, daß der Herrgott sie zum Weiterleben auserwählt hat. Aber dann würden sie genau im gewohnten „alten Stiefel" weitermachen, weil ihnen – wie

1945 uns Deutschen – gar nichts anderes übrigblieb, weil für Eltern das Heranschaffen von Nahrung für sich und die Kinder wichtiger ist als eine Seelenwandlung. Man würde bestimmt nicht den ganzen Tag beten, meditieren und Dankeshymnen singen, sondern ebenfalls in die Hände spucken und energisch zupacken, um die dringendsten physischen Lebensbedürfnisse zu befriedigen. Wer etwas anderes glaubt oder erwartet und auf eine „Erlösung durch Leid" hofft, ist ein Träumer und Illusionist, der sich selber etwas vormacht.

Es sei denn, daß – wie oben gesagt – das ganze Lebenskonzept, der grundlegende Charakter unseres Planeten von der „obersten Leitung" geändert würde. Das zu glauben, kann und soll man niemandem verbieten. Doch auch der festeste Glaube schützt nicht vor Irrtümern, wie die Menschheitsgeschichte an unzähligen Beispielen gezeigt hat.

4. Kapitel

Alles hängt vom Bewußtsein ab

Wir hatten festgestellt, daß alles Umweltgeschehen letztlich auf „Vorgänge in unserem Bewußtsein“ zurückzuführen ist, auf jene Instanz, die „ich bin, ich erlebe“ sagt. Und weil dieses Bewußtsein von so zentraler Bedeutung für das gesamte Geistes- und Gefühlsleben des Menschen ist, sollten wir uns darüber soweit als möglich Klarheit verschaffen.
Es gibt eine hübsche Story aus der Zeit, da der amerikanische Westen von den Weißen besiedelt (bzw. erobert) wurde und da jene Verhältnisse herrschten, die man heute in Wildwestfilmen im Kino und am Fernsehschirm vorgesetzt bekommt. Damals soll es öfters vorgekommen sein, daß bei den unter recht primitiven Umständen in Saloons, Scheunen oder Bretterbuden vorgeführten Streifen der Filmbösewicht, der den edlen Helden oder die hilflose Jungfrau arg bedrängte, von den anwesenden Jägern, Farmern, Fallenstellern und Cowboys beschossen wurde. Die lieben Zuschauer, denen die „lebenden Bilder“ noch neu und ungewohnt waren, nahmen innerlich so heftig Anteil am Filmgeschehen, daß sie einfach nicht ruhig zusehen konnten, wie der Filmschurke ungestört seine Untaten vollbrachte. Und die Westmänner waren höchst enttäuscht, ja empört über die Tatsache, daß sich der Bösewicht um die Kugeln gar nicht kümmerte, sondern daß die Handlung weiterlief. Das einzige, was die Schüsse bewirkten, waren ein paar Löcher in der Leinwand.

Wenn wir uns nun die Vorgänge auf der „Weltbühne“ nicht als Theateraufführung vorstellen, sondern als einen Film, dann wird das, was wir bisher festgestellt haben, noch deutlicher. Wir Heutigen wissen, daß es sinn- und zwecklos ist, auf uns widerwärtig erscheinende Handlungen von Filmschauspielern mit Schüssen oder Steinwürfen auf die Leinwand zu reagieren. Die biederen Westler zu Anfang unseres Jahrhunderts wußten es noch nicht und taten das, wozu ihr Gefühl sie drängte. Wir wissen heute, daß der Filmautor, der Produzent und der Regisseur die Verantwortung für den Inhalt des Filmes tragen und wissen auch, daß wir uns mit unserem Lob oder unserem Tadel an sie wenden müssen.

Die ideologisch-politischen Weltverbesserer, Systemumwandler, Untergrundrebellen und Terroristen unserer Tage gleichen jenen Westmännern von dermaleinst, indem sie glauben, durch Anwendung äußerer Gewalt, also durch Schüsse, Bombenattentate, Flugzeugentführungen, Banküberfälle und dergleichen den Ablauf der Filmhandlung ändern zu können. Und sie sind erbost, wenn die Vorführung trotz dem bißchen Unruhe im Zuschauerraum ungestört weitergeht und sie selber im Gefängnis oder auf dem elektrischen Stuhl enden.

So geht es nicht! So ist es nie gegangen und so wird es nie gehen!

Ja, werden die Leser hier sagen, wo sind denn nun dein Autor, dein Dramaturg, dein Regisseur und das andere Hilfspersonal hinter den Kulissen der Weltbühne bzw. des Filmstudios zu finden?

Die Antwort darauf ist jahrtausendealt und überall in den echten heiligen Schriften aller Völker und Rassen zu finden: Die Hauptverantwortlichen für die jeweils gespielte Tragikomödie sitzen *in dir*, in deinem individuellen Bewußtsein.

Willst du die Welt und ihre Erscheinungen – im Großen wie im Kleinsten – ändern und verbessern, dann gibt es nur den einzigen Ansatzpunkt: *Fang bei dir selber, bei deinem eigenen Bewußtsein an! Denn die ganze Umwelt einschließlich der darin handelnden Personen ist, wie gesagt, nur eine Projektion deines Bewußtseins, ist ein Echophänomen. So wie du in den Wald hineinrufst, so wird es widerhallen.*

Es scheint mir erforderlich, diese Behauptung näher zu begründen, wobei ich sogar die Erkenntnisse der exakten Naturwissenschaften mit zu Hilfe nehmen kann. Wir erleben bzw. empfinden die Umwelt mittels unserer fünf Sinne. (Kant: „All unser Erkennen hebt von den Sinnen an, geht von da zum Verstand und endigt bei der Vernunft.") An dieser Tatsache haben weder die Denker des Altertums noch die Erkenntnisphilosophen unserer Zeit gezweifelt. Man braucht nicht unbedingt Kant, Wundt, Schopenhauer, Bergson und Berkeley und die ganz modernen Erkenntniskritiker gelesen zu haben, um zu begreifen, worum es sich handelt.

Nehmen wir ein ganz einfaches Beispiel: Ich sitze am Fenster und schaue auf die Straße hinaus. Ich sehe die Häuser mit ihrem Drum und Dran, die Fahrzeuge und die Menschen. Was geschieht dabei in Wirklichkeit? Die Sonne (oder bei Nacht die elektrischen Lampen) werfen ihr Licht auf die verschiedenen Dinge, die es wieder zurückwerfen, und zwar durch die Pupille auf die Netzhaut meiner Augen. Wie jeder zugeben wird, sind die ins Auge dringenden Lichtstrahlen nicht die eigentlichen Dinge selber, sondern zunächst nur Lichtstrahlen bzw. Ätherschwingungen. Auf oder in der Netzhaut werden die dort befindlichen Stäbchen und Zäpfchen erregt (den genauen Vorgang brauchen wir hier nicht zu beschreiben) und leiten die empfangenen Impulse an die zum Gehirn führenden Augennerven weiter, die die Erregung in Form eines neuerlichen Impulses an das sogenannte Sehzentrum weitergeben. Man kann nun wirklich nicht sagen, daß die Erregung der Netzhaut und die Augennervenimpulse die wahrgenommenen Dinge selber seien. Man kann die Sache drehen, wie man will: es kann sich nur um die von den Lichtstrahlen übermittelten *Signale* handeln, die erst in unserem Bewußtsein (keineswegs nur im Sehzentrum des Gehirns) zu der Straße mit ihren Häusern, Fahrzeugen und Menschen werden. Denn wenn ich die Lichtstrahlen abschirme, etwa indem ich die Hände vor die Augen halte, würden die Dinge auf der Straße aus meiner Sicht verschwinden. (Und wenn ich von Geburt an blind wäre, könnte ich nicht einmal annähernd eine Vorstellung haben, was die Straße ist und was auf ihr vorgeht. Die über die anderen Sinne einströmenden Signale und Informationen reichen nicht aus, den fehlenden Gesichtssinn zu ersetzen.)

Derselbe Vorgang vollzieht sich beim Hören, Tasten, Riechen und Schmecken wie auch bei den sogenannten Nebensinnen, dem Temperatur-, Gleichgewichts- und Organempfindungssinn. Es sind in jedem Fall eben nur *Signale*, die auf dem Wege über unsere Sinnesapparaturen unser Bewußtsein erreichen und erst dort zu Bildern, Tönen und Geräuschen, Druck-, Riech- und Geschmacksempfindungen werden, zu den Dingen also, die wir wahrnehmen, die für uns „Sinnes-Wahrheiten" sind. Die Dinge selbst (das Kantsche „Ding an sich"), den Urimpulsgeber der verschiedenen Sinnesreize, vermag der Mensch, so wie er biologisch konstruiert ist, nicht unmittelbar wahrzunehmen. (Wiederum KANT: „Eine Erkenntnis des Transzendenten, Metaphysischen ist unmöglich.")

Man kann sich, auch ohne Erkenntnisphilosophie studiert zu haben, gut vorstellen, wie es um unser Wahrnehmungsvermögen bzw. um unser Weltbild bestellt wäre, wenn unsere Sinnesapparatur anders konstruiert wäre als jetzt. Vermöchten wir die infraroten und ultravioletten Schwingungen, von denen unser sichtbares Spektrum nur ein winziger Ausschnitt ist, ebenfalls als Signale für unseren Gesichtssinn wahrzunehmen, wäre die Welt um uns völlig anders. Dasselbe wäre der Fall, wenn wir die elektromagnetischen Rundfunk- und Fernsehwellen unmittelbar mittels unseres Gehörsinnes empfangen könnten.

Kurz und gut: unser derzeitiges Weltbild ist abhängig von der Funktion unserer fünf Sinne, so wie sie nun mal sind, und ist deshalb zwangsläufig beschränkt auf deren Sensitivität bzw. Sensibilität, auf deren Reiz- oder Wahrnehmungsschwelle. Unendlich viele andere Weltbilder und Erlebnisformen sind möglich und bis zu einem gewissen Grad sogar denkbar, je nach Art und Konstruktion der Sinnesapparatur, die einem wahrnehmenden und empfindenden Bewußtsein zur Verfügung steht.

Es erhebt sich nun die Frage, wo denn das Bewußtsein im Menschen zu suchen ist. Die materialistisch eingestellte Wissenschaft (insbesondere der Ostblockländer mit ihrem dialektischen Materialismus als Grundideologie) betrachtet das Bewußtsein des Menschen als eine Funktion des stofflichen Gehirns, was aber ganz sicher *nicht stimmt.* Doch auch die Psychologen, Physiologen, Biologen, Anthropologen und schließlich auch die meisten Philosophen des Westens vermögen die Frage nach dem Sitz des menschlichen Bewußtseins nicht zu beantworten. Es gibt eine ganze Reihe von Vermutungen und Hypothesen, etwa die, daß die Zirbeldrüse und die Hirnanhangdrüse eine Art Relaisstation für das Selbst- und Umweltbewußtsein seien. Fernöstliche Lehren verlegen das Bewußtsein und das Erkenntnisvermögen sogar in die Herzgegend.

Nach allem, was der fragenden, forschenden und experimentierenden Menschheit bisher bekanntgeworden ist, scheint es so zu sein, daß das menschliche Individualbewußtsein Teil eines umfassenden, ewigen und unendlichen Allbewußtseins (des Urbewußtheitsprinzips) ist, also anatomisch überhaupt nicht lokalisierbar ist. Aussprüche alter und neuzeitlicher Denker und Erkenntnisphilosophen sagen es recht deutlich: *Die einzige Realität im gesamten Universum ist die Bewußtheit,* die in unendlich vielen Formen und Graden auf sich selbst einwirkt und dadurch die Welt (das Universum) schafft und erhält. (ALAN LEO: „Die Schöpfung ist ein Spiel des göttlichen Urbewußtseins mit sich selber.")
Daß das menschliche Bewußtsein nicht vom stofflichen Gehirn abhängig oder gar mit ihm identisch ist, geht unter anderem daraus hervor, daß die sogenannten Mental- oder Astralwanderer, die ihre feinstofflichen Körper von ihrer grobstofflichen Hülle vorübergehend zu lösen vermögen (aus ihrem Körper „aussteigen"), ohne Mitnahme ihres fleischlichen Gehirns vollbewußt sind und sogar ihren zurückgelassenen Leib (mit dem stofflichen Gehirn natürlich) auf dem Bett liegen sehen. An der Tatsache, daß Mental- und Astralwandern möglich ist, werden diejenigen nicht mehr zweifeln, die die einschlägige gute Fachliteratur gelesen haben. Es gibt sogar Methoden, das Astralwandern bei sich selbst zu entwickeln, aber ich möchte in diesem Buch nicht näher darauf eingehen, weil wir ja nicht Jenseitsforschung treiben wollen, sondern Mittel und Wege suchen wollen, unser Leben innerhalb der irdischen Umwelt besser in den Griff zu bekommen.
Bei den Naturvölkern, deren Weltschau sich vorwiegend aus eigenen Erfahrungen gebildet hat und zusammensetzt, steht die Existenz eines vom fleischlichen Körper unabhängigen „Seelenleibes" außer Frage. Wer mit den fernöstlichen

Religionen ein wenig vertraut ist, wird sich erinnern, daß dort von mehreren sich gegenseitig durchdringenden feinstofflichen bzw. seelisch-geistigen Körpern (Bewußtseinsträgern) verschieden hoher Schwingungsfrequenzen die Rede ist. Es besteht kein Grund, an diesen jahrtausendealten Erfahrungen und Erkenntnissen von vornherein zu zweifeln, nur weil die Schulpsychologie des marxistischen Ostens wie auch des Westens nicht zustimmt.

Das eigentliche höhere Leben des Menschen, das heißt sein bewußtes Denken, Fühlen, Vorstellen, Sich-Erinnern, Schlußfolgern und Entscheiden geht also in diesem anatomisch nicht lokalisierbaren Bewußtsein vor sich. Bei den meisten Menschen werden diese Vorgänge angeregt bzw. ausgelöst durch die Signale, die mittels der fünf Sinne empfangen werden. Die Folge ist ein Weltbild, daß die von außen, von der Umwelt auf uns einströmenden Sinnessignale zur Ursache hat, weshalb die Weisheitslehren einen solchen Menschen, der sich über die Entstehung seines eigenen Weltbildes nicht im klaren ist, einen Exoteriker, einen Außenmenschen, nennen. Und da wiederum die meisten Menschen diese Signale von draußen, von dem nach Kant unerkennbaren „Ding an sich" in gleicher oder ähnlicher Weise empfangen, hat sich im Laufe der Zeit jenes auf Sinnes-Tatsachen beruhende Weltbild geformt, das als „harte Wirklichkeit" betrachtet wird und das die Grundlage für den vorherrschenden weltanschaulichen und vor allem für den dialektischen Materialismus liefert. (Es existiert nur, was ich sehen, hören, greifen und mit den mir zur Verfügung stehenden Wahrnehmungsapparaten oder deren Verlängerung bzw. Verfeinerungen [Meßgeräten, Mikroskop und Teleskop] analysieren, registrieren und miteinander vergleichen kann.)

Die Esoterik und die PSI-Forschung geben sich jedoch mit

dieser Art von Wirklichkeitsschau nicht zufrieden. Sie weiß ja – ebenfalls aus Erfahrung –, daß das Wesentliche beim Erleben nicht die verschiedenen empfangenen Signale sind, sondern die Art und Weise, wie das Bewußtsein sie aufnimmt und verarbeitet. Sie weiß, daß jeder Mensch ein vom anderen unterschiedliches Persönlichkeitsbewußtsein hat und die empfangenen Signale anders verarbeitet und seinem Erinnerungsschatz einverleibt. *Daraus ergibt sich für den Esoteriker die Erkenntnis, daß er mit der Veränderung oder Korrektur der Umwelt bei sich selbst, also in seinem eigenen Bewußtsein, beginnen muß.*

Hier sei mir eine kurze Abschweifung erlaubt: Das Wesen der Genialität besteht darin, daß ein genialer Mensch (bedeutender Wissenschaftler, Erfinder, Entdecker, Künstler) *viel mehr* aus den von ihm empfangenen Sinnessignalen herausholt als der sogenannte Durchschnittsmensch (zunächst einmal abgesehen von seinen unter Umständen besser entwickelten und geübten Fähigkeiten der außersinnlichen Wahrnehmung). An sich stehen auch dem genialen Menschen normalerweise nur die fünf Körpersinne als Informationsquellen zur Verfügung, aber sein verarbeitendes Bewußtsein ist besser entwickelt und „erweiterter" als das des Durchschnittsmenschen. Während den letzteren in ihrer Umgebung meist nur die Alltäglichkeiten bewußt werden, die alle anderen auch wahrnehmen, arbeitet das Bewußtsein eines Genies feiner und oft auch schneller, sieht, hört und fühlt Dinge und Vorgänge, für die das Bewußtsein eines Durchschnittsmenschen entweder überhaupt keine oder nur eine unterentwickelte Antenne hat. Deshalb gerät das Genie oft automatisch in Gegensatz zur Welt- und Lebensanschauung der großen Masse, die sich darauf geeinigt hat, die Umwelt so wahrzunehmen und zu deuten, wie es dem Bewußtseinsgrad der großen Masse entspricht.

Die Weltgeschichte zeigt, daß es wirklich so war und heute noch ist, daß nämlich Genies auf irgendeinem Gebiet es schwer hatten und haben, sich mit ihren dem herrschenden Zeitgeist vorauseilenden und daher oft schockierenden Ideen durchzusetzen. Durchschnittsmenschen empfinden es in der Regel als Störung ihres (vermeintlich bewiesenen und gesicherten) Weltbildes, wenn einer daherkommt und behauptet, daß die gängige Weltsicht in dem oder jenem wesentlichen Punkt falsch sei. Besonders die Akademiker reagieren meist sauer, wenn ein nicht aus ihren Kreisen stammendes Genie (also nach unserer Definition ein „Mehr-Wahrnehmer") Kritik am jeweils herrschenden wissenschaftlichen Status quo übt. Auch mit Genies, die aus den schulwissenschaftlichen Kreisen selbst hervorgegangen sind, sind die lieben Kollegen häufig nicht sehr fein und tolerant umgegangen. Es gibt eine ganze Reihe kulturkritischer Werke, die es sich zur Aufgabe gemacht haben, die Fehlinterpretationen, Irrtümer, gehässigen Meinungskämpfe und die Sturheit der jeweils tonangebenden Wissenschaftspäpste aufzudecken, weshalb wir hier davon absehen können, Beispiele zu bringen. Fast jeder von uns, der sich für die hintergründigen Dinge des Lebens interessiert, also okkultistische oder esoterische Literatur liest, wird in seinem eigenen Familien-, Freundes- und Bekanntenkreis eigene diesbezügliche Erfahrungen gemacht haben.

Wir sollten das nicht tragisch nehmen. Das Bewußtsein eines Menschen kann nur das fassen und verarbeiten, was seinem Intelligenzniveau und seiner Aufnahmekapazität gemäß ist. Diese hängen weitgehend vom Alter der Seele ab, das heißt von der Zahl und Qualität der in mehr oder weniger vielen Inkarnationen gemachten Erfahrungen und den daraus resultierenden Erkenntnissen, die zu jenen Schätzen gehören, die nicht von Motten und vom Rost gefressen werden können, sondern ewiger Besitz des Individuums bleiben. Es wäre ja auch heller Blödsinn, von einem ABC-Schützen zu erwarten oder zu verlangen, daß er den Darlegungen eines Professors für theoretische Physik folgen und sie verstehen soll. *Die Menschheit hat immer aus fortgeschrittenen, mittelmäßigen und zurückgebliebenen Bewußtseinsträgern bestanden, und so wird es wohl bleiben. Die hier gemeinte Seelenreife (Intelligenz) und der unter Umständen hochgezüchtete Intellekt sind, das sei ausdrücklich wiederholt, nicht dasselbe.*

Aus dem Gesagten ergibt sich logischerweise, daß nicht nur die Quantität und Qualität unserer Umwelt davon abhängt, wie unser persönliches Bewußtsein die empfangenen Signale wahrnimmt und verarbeitet, sondern daß auch die geistig-seelische Höherentwicklung des Einzelmenschen von der Qualität und Funktionsweise seines Bewußtseins abhängig ist. Und hier kann festgestellt werden, daß *alle* Religionen, Philosophien, Ideologien, Geheimlehren und PSI-Trainingsmethoden auf irgendeine Weise Bewußtseinsveränderungen anstreben, insbesondere eine *Bewußtseinserweiterung*. Ein Bewußtsein hat der normale Mensch ja immer, nur ist es eben – wie beim Kinde – noch mehr oder weniger eng und unentwickelt oder erweitert und feiner empfindlich. Es gibt, wie wir alle wissen, hochsensible, auf die feinsten Schwingungen reagierende Menschen wie auch solche, von denen der Volksmund sagt, sie hätten ein Gemüt wie ein Fleischerhund. Nun – vielleicht haben wir alle im Laufe unserer geistig-seelischen Entwicklung zu dem, was wir heute sind, auch einmal so ein „Fleischerhundgemüt" gehabt, waren Menschen, die nur rein realistisch-materialistisch zu denken und zu reagieren vermochten. Wer aber zu einem Buch wie dem vorliegenden greift und imstande ist, die darin enthaltenen Gedankengänge nachzuvollziehen, zeigt damit schon, daß er bewußtseinsmäßig der Kindheits- oder Flegeljahr-Phase entwachsen ist, und begreift, daß die Welt und wir in ihr doch nicht ganz so einfach sind, wie sich das die Mehrzahl unserer Zeitgenossen vorstellt, für die ein sechsstelliges Bankkonto, Karriere, gutes Essen und Trinken usw. Hauptinhalt ihres Lebens sind. Allein von der Tatsache, daß der Mensch nach seinem leiblichen Tode bewußt in einer anderen Welt weiterlebt, daß sich die Art und Qualität seines Jenseitslebens in hohem Maße danach richtet, wieviel Erkenntnis- und Erfahrungsschätze er auf Erden gesammelt und bewußt verarbeitet hat, stößt bei den reinen Materialisten und Realisten auf offenen Spott und energische Ablehnung. Durchaus verständlich.

Der ausreichend informierte Esoteriker aber weiß, daß es Möglichkeiten gibt, sein Bewußtsein nicht nur mit den durch die fünf fleischlichen Sinne vermittelten Signalen zu versorgen, sondern daß es Erfahrungs- und Erkenntnismöglichkeiten über- und außersinnlicher Art gibt. Die Energien und Schwingungen, um die es sich hier handelt, sind unter dem Dachbegriff PSI-Kräfte zusammengefaßt.

Und wenn an dieser Stelle der Leser fragt: ist es denn dem Menschen überhaupt möglich, willentlich auf sein eigenes Bewußtsein einzuwirken, hat die Antwort zu lauten: „Jawohl, das ist möglich!" Die großen Weisen, Erleuchteten, die philosophischen und religiösen Genies haben es übereinstimmend behauptet und zum Teil auch vorgelebt. Es ist sogar so, daß man von marxistisch-leninistischen Ideologen immer wieder zu hören bekommt (der Verfasser weiß das aus persönlicher Erfahrung), daß es darum gehe, „das Bewußtsein der arbeitenden Klasse zu verändern". Nur beschränkt sich eben die marxistisch-leninistische Beeinflussung des Bewußtseins auf die Signale, die aus der vermeintlich „einzig realen Umwelt" stammen, also sichtbar (z. B.

lesbar) und hörbar sind. Daß es über- und außersinnliche, also aus nicht materiellen Schwingungssphären stammende Beeinflussungsimpulse gibt, lehnt der dialektische Materialismus (Diamat) rundweg ab. Und wenn in den letzten Jahren – wie unter anderem in dem Buch „PSI" von OSTRANDER-SCHROEDER zu lesen ist – eine ganze Reihe staatlich unterstützter Experimental- und Studiengruppen in der Sowjetunion geschaffen wurden, um die außersinnliche Wahrnehmung (ASW) und verwandte Phänomene zu erforschen und sie praktisch anwenden zu können, so heißt das noch lange nicht, daß die marxistisch-leninistische Parapsychologie einen vom materiellen Körper unabhängigen Geist oder auch nur einen feinstofflichen Körper (Bewußtseinsträger) zu akzeptieren bereit wäre. Für den Materialismus marxistischer Prägung ist es ausschließlich die uns signalisierte materielle Umwelt, außer der es nichts Reales gibt, die das Bewußtsein des Menschen bildet.

Zusammengefaßt: Bewußtseinsbeeinflussungen und -veränderungen *sind möglich*, insbesondere mit Hilfe der PSI-Kräfte, die eine höhere und deshalb wirkungsvollere Schwingungsfrequenz haben als die normalerweise aus der materiellen Umwelt empfangenen Signale. Und wie man diese normalerweise überlegenen Energien erkennen und für sein persönliches Leben (nicht für globale Weltrettungsaktionen!) nutzbar machen kann, dafür will dieses Buch einige brauchbare Hinweise und Praktiken vermitteln.

5. Kapitel

Wie steht es mit unserer Willensfreiheit?

Ehe wir zum praktischen Teil dieses Buches übergehen, halte ich es für unbedingt erforderlich, das Problem des freien Willens wenigstens kurz zu beleuchten. Das ist unbestritten das philosophische und erkenntniskritische Problem Nummer 1. Professor HERMANN OBERTH schreibt in seinem erwähnten Buch darüber unter anderem folgendes:

„Ich bin überzeugt, daß es auf der Erde keine fünfzig Weißen und keine zweihundert Inder gibt, die die Tatsache, daß unser Wille frei ist, daß wir für unsere Taten verantwortlich sind und die Pflicht haben, das zu tun, was die Menschheit bessert und fördert, innerlich in Einklang bringen können mit der Tatsache, daß Wille und Verantwortungsgefühl trotzdem vorherbestimmt sind und daß die Zukunft bereits festliegt, und die erkennen, daß beide Tatsachen zueinander etwa im gleichen Verhältnis stehen wie ein Gegenstand und seine Beschreibung. Sie stören sich nicht, sondern sie ergänzen einander."

Schon aus diesem Satz ist zu spüren, wie außerordentlich kompliziert das Problem der menschlichen Willensfreiheit bzw. -gebundenheit ist. Es wäre meines Erachtens sinnlos, hier die einzelnen Hypothesen der verschiedenen Religionen und philosophischen Schulen gegenüberzustellen und zu vergleichen. Es käme garantiert für den Leser nichts dabei heraus.

Ich will versuchen, die Sache so einfach darzustellen, daß auch der nicht im erkenntnisphilosophischen Denken Geübte begreift, wie die Dinge liegen. Es handelt sich um Schlußfolgerungen, die sich aus selbsterlebten, beobachteten und meditativ-intuitiv als richtig erkannten Tatsachen ergeben.

Wer wenigstens einen Teil der einschlägigen Literatur kennt, hat von scharf nachkontrollierten und damit einwandfrei bewiesenen Fällen erfahren, bei denen sich mittels über- und außersinnlichen Fähigkeiten vorausgesagte Ereignisse persönlicher Art haargenau erfüllt haben. Die gesamte Prophetie beruht auf der im Universum feststellbaren Voraussetzung, daß auf unserer dreidimensionalen und dem Ursache-Wirkungs-Gesetz unterliegenden Erlebnisebene die Gegenwart und die Zukunft ein Produkt der Vergangenheit sind. Der Begriff Karma, der in den religiösen und philosophischen Lehren des Ostens und neuerdings auch des Westens eine so große Rolle spielt, ist weiter nichts als die Auswirkung des universellen Ursache-Wirkungs-Prinzips auf das Leben des einzelnen wie der Menschheit als Ganzes.

Ohne uns in Gedankenakrobatik zu verlieren, können wir die Tatsache akzeptieren, daß auf der materiellen Ebene *jeder* Vorgang die zwangsläufige Folge ihm vorausgegangener Vorgänge ist und selbst wieder zur Zwischenursache zukünftiger Wirkungen wird. Auf die Existenz einer Ursache, eines Beginns der Kausalitätsketten können wir nur logisch schließen, vermögen sie aber nicht zu erkennen bzw. ihr bestimmte Absichten oder Willensrichtungen zuzuschreiben. Wenn es also einen Menschen gäbe, der mit einem umfassenden Blick die Kausalitätsketten, das heißt die Ursache-Wirkungs-Zusammenhänge alles bisherigen Geschehens auf Erden überschauen könnte, dann wäre er in der Lage, die weiteren *äußeren* Abläufe präzis vorherzusa-

gen. Aber einen solchen Menschen gibt es nicht, nur hin und wieder solche Mystiker, die aufgrund ihres geistigen Reifegrades in der Lage sind, gelegentlich einen kurzen Blick in die der Dreidimensionalität übergeordneten raum- und zeitlosen Seinszustände zu werfen. Doch auch von dort aus können diese Mystiker (zum Beispiel Meister ECKHART), da sie ihre Aussagen „als Mensch" machen müssen, nur die Dinge voraussagen, die sich bereits als zwangsläufiges Folgegeschehen auf der irdischen Ebene kristallisiert haben oder im Kristallisierungsprozeß begriffen sind.
Grundsätzlich ist zu sagen, daß es dem Menschen von seiner geistigen Führung aus nicht erlaubt ist (infolge des Grundcharakters seines Planeten als Schulungs-, Erziehungs- und Bewährungsstätte), präzise Blicke in die Zukunft zu werfen (dem großen Regisseur ins Drehbuch zu schauen). Er soll der Meinung sein und bis auf weiteres zu Übungszwecken auch bleiben, daß er in bezug auf den Ablauf der Umweltgeschehnisse einen freien Willen habe, denn unser gegenwärtiges gesamtes Weltbild (um hier nur das Justizwesen zu nennen) ist darauf aufgebaut. Der Esoteriker aber sollte wissen oder um dieses Wissen bemüht sein, daß die *äußeren* Geschehnisse der Gegenwart und Zukunft sich aus den *äußeren* Geschehnissen der gesamten Vergangenheit herleiten, also nicht durch Eingriffe seines Willens beliebig korrigierbar sind, wenn diese Korrekturen von der dreidimensional-kausalen menschlichen Ebene aus vorgenommen werden. Das Karmagesetz (die Ursache-Wirkungs-Verknüpfungen) ist, wie gesagt, ein universelles Gesetz und läßt sich *von unten her* nicht beeinflussen. Ergo: *ein Mensch, dessen Weltbild und gesamte Lebensauffassung materialistisch fundiert ist, wird eben dadurch an die materiellen Gegebenheiten und die ihnen zugrunde liegenden jeweiligen Kausalitätsketten gebunden sein. Ein solcher wird und kann*

nicht „frei" im erkenntnisphilosophischen Sinne sein, und wenn er hundertmal seine individuelle Souveränität, Wahl- und Entscheidungsfreiheit verkündet.

Nehmen wir als Beispiel oder Gleichnis die sprichwörtliche Kreuzwegsituation, vor die sich jeder Mensch oft im Leben gestellt sieht. Er hat, wenn er die Wegekreuzung erreicht, seiner Meinung nach die völlig freie Wahl, entweder geradeaus oder nach links oder rechts zu gehen. Ein anderer Mensch nun, der den Betreffenden sehr gut kennt und durch Veranlagung oder Übung die Fähigkeit besitzt, Deduktionsschlüsse aus dem Verhalten der Person in der Vergangenheit zu ziehen und PSI-Impulse zu Hilfe zu nehmen, wird in der Lage sein, mit Sicherheit vorherzusagen, welche Richtung der Betreffende einschlagen wird, einschlagen *muß*, da er gar nicht anders kann, da er entsprechend vorprogrammiert ist.

Die Menschheitsgeschichte kann uns in überreichem Maße Beispiele dafür liefern, daß persönliche Entscheidungen und deren direkte Folgen in Form von bestimmten Handlungen in besagter Weise vorprogrammiert sind. Selbst eine simple Kartenlegerin oder Kaffeesatzdeuterin ist, wenn sie medial, hellseherisch oder gar mystisch veranlagt ist, durchaus imstande, in der Luft liegende Ereignisse und deren Auswirkungen für eine kürzere oder längere Zeitspanne vorauszusagen. Aber eben nur Dinge persönlicher Art, nicht solche politischen, allgemein wirtschaftlichen oder militärischen Charakters. Der Grund ist, daß bei den die ganze Menschheit oder auch nur einen Erdteil oder ein Volk betreffenden Dingen die vorangegangenen, sich in Zukunft auswirkenden Kausalitätsketten mit ihren tausenderlei Nebenimpulsen für das menschliche Bewußtsein (auch ein schon etwas erweitertes) zu kompliziert und unübersichtlich sind, so daß derartige Vorhersagen nur in sehr nebelhafter Weise bzw. überhaupt nicht möglich sind. Selbst die biblischen Prophezeiungen und die anderer weltbekannt gewordenen Propheten und Hellseher (NOSTRADAMUS, JEANE DIXON, EDGAR CAYCE, IRLMEIER und wie sie alle hießen und heißen) kranken an Ungenauigkeit und Vieldeutigkeit, so daß man damit kaum etwas anfangen kann. Wenn also ein Hellseher oder Wahrsager ab und zu in der Lage ist, einem Einzelmenschen einigermaßen exakt die nächste Zukunft vorherzusagen, so ist der Schluß keineswegs zulässig, daß auch seine Vorhersagen globaler Art stimmen müssen.

Bei den tatsächlich oder angeblich von außer- oder überirdischen Intelligenzen stammenden Weissagungen ist es genauso. Persönliches stimmt oft oder manchmal, Kollektives oder gar Weltumfassendes nie. Das gleiche gilt, mutatis mutandis, auch für die Astrologie. Sie kann ziemlich genau für einen Einzelmenschen, wenn sie dessen Geburtsminute kennt, Angaben machen in bezug auf Veranlagungen, Schicksalstendenzen und allgemeine und spezielle Charaktereigenschaften, kann daraufhin sogar seine Lebensbahn in großen Zügen umreißen, versagt aber in der Regel bei Voraussagen globaler Natur. Das liegt, wie gesagt, nicht etwa daran, daß sich die Dinge nicht streng folgerichtig aus den in der Vergangenheit liegenden Ursachen und Zwischenursachen ergeben würden, sondern an der Beschränktheit des menschlichen Bewußtseins, die nicht erlaubt, Tausende oder Millionen von kausalen Verkettungsimpulsen zu überschauen und die sich daraus ergebenden Wirkungen zu kombinieren.

Es gibt allerdings (auch unter uns) wirklich große erleuchtete Mystiker und Gottmenschen, die wenigstens hin und wieder Blicke in das „Filmdrehbuch“ des großen Autors und seiner Regisseure werfen dürfen; doch diese Leute *schweigen*. Und sie wissen warum.

Für uns einfache Menschen genügt es zu wissen, daß die auf dem irdischen Plan abrollenden Geschehnisse durch die in der Vergangenheit individuell oder kollektiv geschaffenen Ursachen sich in bestimmter, von der *irdischen Ebene aus nicht korrigierbarer Weise* auswirken, also vorbestimmt sind. Wenn uns also der sprichwörtliche Dachziegel auf den Kopf fiele, so wissen wir, daß daran nichts zu ändern ist. So gesehen haben wir also *keine* Willens- und Entscheidungsfreiheit, können die immer selbstgeschaffenen Kausalitätsketten weder unterbrechen noch abbrechen. („Ich sage dir wahrlich, du wirst nicht von dannen herauskommen, bis du auch den letzten Heller bezahlest." MATTH. 5/26.)
Ich habe betont: *nicht korrigierbar von der irdischen Ebene aus oder aus einer materialistischen Geisteshaltung heraus.* Es gibt aber nun, wie wir wissen, überirdische bzw. übersinnliche Bewußtseins- und Erlebnispläne, die den menschlich-irdischen Zuständen überlegen sind und auf denen die Dimensionsgebundenheit nicht so stark oder (ganz oben) überhaupt nicht mehr vorhanden ist. Die zwei Worte „ganz oben" besagen, daß es im Universum praktisch nur eine einzige Instanz gibt, die absolute Willens- und Entscheidungsfreiheit hat, nämlich die Gottheit selbst, der Autor des Welttheaters oder -films. Alle ihm untergeordneten Instanzen und Träger eines Teilbewußtseins haben *keine volle* Freiheit, sondern nur eine ihrem Entfernungsgrad vom Gottesbewußtsein entsprechende Teilfreiheit. *Alle* großen Mystiker und religiösen Genies sagten übereinstimmend, daß *alles* Geschaffene – vom Atom oder Elektron angefangen bis zum Erzengel oder zur Führungsintelligenz eines galaktischen Systems – *Bewußtsein hat,* nur eben in verschiedenen Graden. Wenn man überhaupt dem Absoluten (der Gottheit) Eigenschaften zugestehen will, dann wären es Allbewußtheit, Allgegenwart und Allintelligenz. Und je

höher ein individualisiertes Bewußtsein auf der Entwicklungsleiter steigt, um so freier wird es, obwohl es sich auch dann immer nur um eine relative Freiheit handelt, solange, bis die volle Verschmelzung mit dem göttlichen All- und Urbewußtsein erfolgt.

Hier wieder eine kleine Rand-Überlegung: Wer sich mit der Astrologie eingehender beschäftigt hat, wird (vielleicht) festgestellt haben, daß es (stark vereinfacht) drei verschiedene Menschentypen gibt:

1. Völlig oder fast völlig horoskopabhängige Menschen, bei denen sich praktisch auf die Stunde genau vorhersagen läßt, wenn sie einen Unfall haben oder ein sonstiges angenehmes oder unangenehmes Ereignis eintritt.
2. Nur teilweise horoskopabhängige Menschen, bei denen einige gemäß Horoskop zu erwartende äußere Ereignisse entweder überhaupt nicht oder nur in stark abgewandelter Form eintreten.
3. Menschen, die man als horoskopunabhängig bezeichnen kann (spirituelle Meister, Adepten, Erleuchtete oder wie man sie nennen will). Diese Wesenheiten sind solche, die den Status eines normalen Menschen weit überschritten haben und daher eine relativ große Willens- und Entscheidungsfreiheit gewonnen haben, wenn auch noch nicht die absolute. Daß die Vertreter der letzteren Gruppe an den Fingern abzuzählen sind, ist klar.

Schlußfolgerung: *Wenn wir selbst eine größere Willens- und Entscheidungsfreiheit gewinnen wollen, bleibt uns kein anderer Weg, als unser kleines persönliches Bewußtsein in Richtung des göttlichen Allbewußtseins zu erhöhen bzw. zu erweitern.* Mit den uns als Alltagsmenschen zur Verfügung stehenden Beeinflussungsmöglichkeiten auf die materielle Umwelt schaffen wir das nicht. Was „da draußen" geschieht, ist vorprogrammiert, und wir wissen jetzt, daß es sinn- und zwecklos wäre, mit Molotowcocktails nach der Kinoleinwand zu werfen. *Wir wissen aber zugleich, daß wir die Möglichkeit haben, auf unser eigenes Bewußtsein einzuwirken und es willentlich zu verändern, wenn uns klargeworden ist, wie wir das anzufangen haben.*

Konkret gesprochen: Will jemand meiner Leser bestreiten, daß es einem Menschen möglich ist, etwa angesichts eines wirtschaftlichen Ruins entweder zur Pistole oder zum Strick zu greifen oder ... lächelnd festzustellen, daß er aus der gemachten Pleite viel gelernt hat, dafür dankbar ist und sich sagt: „Gut, die Sache ist aus diesen oder jenen Gründen schiefgegangen; fangen wir also mit etwas anderem von vorn an. Was tausend andere überwunden und erneut geschafft haben, werde auch ich überwinden." Oder halten es meine Leser für von vornherein unmöglich, daß zwei Mütter, denen ein geliebtes Kind gestorben ist, am Rande des Grabes angesichts der Worte des Pfarrers in folgender extrem entgegengesetzter Weise reagieren können?: Die eine wirft sich am Grabe ihres Kindes zu Boden oder will dem Sarg nachspringen, schreit herzerschütternd, verflucht Gott und die Welt, weil diese ihr das Liebste entrissen haben. Sie ist völlig verzweifelt und „am Ende". – Die andere Mutter dagegen sagt ruhig: „Alles was geschieht, geschieht folgerichtig und gemäß dem guten und auf das erhabene Endziel gerichteten Willen der Ur- und Allintelligenz Gottes. So wie es ist, ist es gut und richtig, auch wenn ich jetzt als kleiner Mensch die Gründe und Absichten Gottes in bezug auf das mir Widerfahrene noch nicht verstehen kann. Wer weiß, was meinem Kind durch seinen frühen Tod alles erspart geblieben ist? Wen die Götter lieben, den lassen sie jung sterben, verurteilen ihn nicht dazu, siebzig oder noch mehr Jahre auf diesem Zuchthausplaneten zuzubringen. Und da es überhaupt keinen Tod gibt, nur ewige Wandlung von einem

Bewußtseinszustand in den anderen, lebt mein Kind weiter in höheren und besseren Sphären."
Noch einmal die Frage: Hält das jemand für unmöglich? Ich nicht! Ich kenne genug Mütter, die im Krieg und danach fünf und mehr Kinder verloren haben, dennoch aber nicht verzweifelt und kapituliert haben.
Und damit will ich auf den Punkt eingehen, den ich bei dem ganzen Problem der Willensfreiheit und -unfreiheit für den wichtigsten halte: *Wir haben zwar keine Willensfreiheit in bezug auf äußere Dinge und Geschehensabläufe, wohl aber eine Willensfreiheit in bezug auf unsere innere Haltung, auf unser Bewußtsein. Ich kann, ganz gleich, was mit mir oder in meiner Umwelt geschieht, entweder in Proteste oder Verurteilungen ausbrechen oder gleichmütig darüber lächeln.* Anders ausgedrückt: ich habe immer die *wirklich freie Wahl,* auf ein nicht korrigierbares äußeres Ereignis innerlich in vielfach unterschiedlicher Weise zu reagieren; allerdings nur dann, wenn ich über das Problem der Willensfreiheit und -unfreiheit ernstlich nachgedacht und zu dem gleichen Ergebnis gekommen bin, wie ich es hier darzustellen versucht habe.
Der reine Materialist wird die Möglichkeit, auf seine innere, bewußtseinsmäßige Verfassung einzuwirken und sie willentlich zu verändern, ablehnen und wird angesichts eines äußeren Geschehnisses eben so reagieren, wie es die Mentalität seiner gleichfalls materialistischen Umwelt als „normal und üblich" erwartet. Er wird angesichts eines Bankrottes niedergedrückt oder verzweifelt sein, angesichts eines Todesfalles traurig, angesichts eines Verbrechens entsetzt, angesichts der allgemeinen politischen und militärischen Zustände besorgt, angesichts eines höheren Lottogewinnes erfreut und bei einer „duften Party" lustig und vergnügt. Kurz und gut: er wird sich *programmgemäß* benehmen.

Esoteriker aber sind nun mal Menschen, die sich mit dem jeweils laufenden Kinoprogramm aus höherer Einsicht heraus zwar abfinden (also nicht auf die Leinwand schießen), zugleich jedoch wissen, daß die gesamte Außenwelt aus Vorgängen im eigenen Bewußtsein besteht und daß es möglich ist, durch Erkenntnis, Übung und Gewöhnung auf dieses Bewußtsein und seine Wirkungen Einfluß zu nehmen, *und zwar von innen heraus mittels Bewußtseinsschärfung, -erweiterung und -erhöhung.* Dazu ist der Weg der Betrachtung und Analyse des eigenen Selbstbewußtseins als Teil des Allbewußtseins der rascheste, der den Menschen befähigt, die Dinge in Zukunft anders zu sehen und zu erleben, als er es bisher getan hat. *Diese Freiheit wird und kann ihm niemand nehmen, denn es ist ja das Ziel der gesamten Schöpfung, die individualisierten Teilbewußtheiten wieder ins Ur- und Allbewußtsein zurückzuführen, ausgestattet mit jener Erfahrungs-Intelligenz, die nur „auf dem Gang durchs Leben" gewonnen werden kann.*

Das ist meine Antwort auf die Frage, inwieweit der Mensch frei ist und inwieweit nicht. Daß dabei das Alter der Seele und ihr Reifegrad eine große Rolle spielen, ist klar, aber grundsätzlich stehen *jedem* vernunftbegabten Wesen die höheren, im gewissen Sinne übermenschlichen Erkenntnis- und Wirkkräfte (PSI-Kräfte) zur Verfügung. Und wer wollte bestreiten, daß selbst die primitivsten Australneger auf ihre Weise diese übergeordneten Kräfte anerkennen und versuchen, sie in ihr Leben einzubauen?

Hierher gehört unter anderem auch die Einsicht, daß eben *nicht* alle Menschen gleich sind, sondern daß es praktisch so viele verschiedene Bewußtseins- und Reifegrade gibt als es Menschen gibt.

Zum Schluß dieses Kapitels noch eine grundsätzliche Feststellung, die das Verständnis des bisher Gesagten erleichtert:

Das Universum mit seinen unzähligen Lebens- und Bewußtseinsträgern ist *hierarchisch* aufgebaut. Das heißt: der bewußtseinsmäßig höher Entwickelte und Gereiftere hat den weniger Entwickelten und Unreiferen zu belehren und zu führen. Der Starke hat den Schwächeren zu schützen und ihm beizustehen, der Intelligentere dem weniger Intelligenten. Dieses Prinzip des Belehrens und Führens *von oben nach unten* ist ein universelles Grundprinzip. *Also hat sich auch der Mensch, wenn er richtig belehrt und geführt werden will, an ihm übergeordnete Kräfte und Intelligenzen zu wenden, nicht an untergeordnete.*
Diesem Prinzip ist ein anderes zu- oder beigeordnet, nämlich das Gesetz, daß die höheren Kräfte und Mächte nur dann antworten und helfen, wenn sie *darum gebeten* werden. Sie werden nie ihren Rat oder ihre Hilfe jemandem aufdrängen, der nicht darum gebeten hat. *Nur wer fragt, dem wird geantwortet; nur wer anklopft, dem wird aufgetan; nur wer bittet, dem wird gegeben; nur wer sucht, der wird finden.*
Denken wir auch daran, daß der große Sri Ramana Maharishi, wie er selbst gesagt haben soll, seine spirituelle Entwicklung damit begann, daß er immer wieder über die Frage nachsann: „Wer bin ich?“ Es war das eine Frage an sein Selbstbewußtsein, also an jenen Teil seines Wesens, das göttlich und absolut ist. Die Antwort war die Erleuchtung.
Warum sollte nicht jeder von uns das gleiche tun können?

6. Kapitel

Bewußtseinserhöhung und -erweiterung
A. Die deduktive Methode

Wenn, wie wir gesehen haben, die göttliche Allbewußtheit die Grundlage alles Seins ist, jene Ureinheit, die nach den Aussagen aller Mystiker nicht beschrieben und definiert, sondern nur *erlebt* werden kann, dann ist es klar, daß wir irgendwo versuchen müssen, uns dieser allumfassenden Urbewußtheit zu nähern. Denn alle PSI-Energien, um deren Kenntnis und Beherrschung es in diesem Buch geht, können keine andere Quelle haben. So unendlich viele Arten von individualisierten Teilbewußtheiten es im Universum gibt, so viele Wege und Methoden gibt es auch, diese Annäherung zu vollziehen. Daraus ergibt sich, daß der nach wahrer Lebenskunst, Harmonie und Zufriedenheit Strebende zunächst einmal einsehen muß, daß sein persönliches Bewußtsein, so wie es im Moment ist, die *Startrampe* ist, von der aus der Höhenflug zu beginnen hat. Die Feststellung „*Ich bin mir meiner selbst bewußt; ich weiß, daß ich existiere*" ist jener Ausgangspunkt, dessen Vorhandensein von keinem selbstbewußten menschlichen Wesen bestritten werden kann. Auch Ramana Maharishi, einer der wirklichen spirituellen Meister, hat ja, wie oben gesagt, dieses Suchen nach der Ich-bin-Quelle zum Ansatzpunkt seines Vorstoßes ins Absolute genommen, hat sich also *nach innen* gewandt.

Dieses Sich-nach-innen-Wenden wird allgemein Meditation

oder Kontemplation (Versenkung) genannt. Es existieren allein in deutscher Sprache Hunderte von Büchern und Broschüren über Meditation. Viele davon basieren auf den Meditationspraktiken des Fernen Ostens und verlangen vom Praktizierenden bestimmte Körperstellungen und gedankliche wie gefühlsmäßige Vorbereitungen, die für einen Europäer nicht leicht auszuführen sind. Dennoch ist es kein Fehler, wenn sich ein Erkenntnis- und Wahrheitssucher mit diesen östlichen Systemen ein wenig vertraut macht. Was die Adepten und spirituellen Meister Asiens in Jahrtausenden bei ihrem Streben nach der letzten Wahrheit gefunden und erprobt haben, ist es wert, sich damit zu beschäftigen. Nur gibt es verhältnismäßig wenige Europäer, die unter den gegenwärtigen Verhältnissen die Zeit, die Konzentration und die Ausdauer haben, die zur Durchführung dieser Versenkungsübungen nach Vorschrift Voraussetzung sind. Die Menschen allerdings, die aus ihren Vorinkarnationen eine „fernöstliche Seelen- bzw. Geisteshaltung" schon mitgebracht haben, können den Weg der indischen, tibetischen, chinesischen oder japanischen Mystiker mit Erfolg beschreiten.

Das Anliegen dieses Buches ist es, dem Leser Meditations- und Versenkungsübungen zu zeigen, die auch ein mitten im aufreibenden Berufsleben stehender Europäer ausführen kann, ohne täglich stundenlang in Asanas (Yogastellungen) zu sitzen. Es ist nun einmal so, daß der Mensch des Westens eine grundsätzlich andere Geisteshaltung sich selbst und seiner Umwelt gegenüber hat als der Inder, der Chinese, Japaner, Mongole usw.

Es gibt eine *Grundmeditation*, die für alle normalen Menschen durchführbar ist, ganz gleich, zu welcher Rasse sie gehören und in welchem Erdteil sie wohnen. Das Entscheidende ist lediglich, daß sie sich mit jenen Fundamentalgesetzen und -prinzipien vertraut gemacht haben, die in den bisherigen Kapiteln dieses Buches umrissen worden sind und daß sie diese zunächst einmal als „vorläufig richtig“ akzeptieren. Ob sie wirklich richtig sind und zu dem ins Auge gefaßten Ziele führen, kann und wird die Praxis zeigen. Auch der Studierende irgendeiner exakten Schulwissenschaft muß ja erst einmal das, was ihm von seinen Lehrern, Professoren oder Dozenten gesagt wird, als richtig hinnehmen, darf nicht der Überzeugung sein, daß er von ihnen ständig belogen und an der Nase herumgeführt wird. Wenn er bei seinen Studien und Versuchen die nötigen Fortschritte gemacht und ausreichende Erfahrungen gesammelt hat, kommt er ganz von selbst dahinter, was von dem ihm übermittelten Lehrstoff richtig, teilweise richtig oder falsch ist. Ein gewisses Vertrauen in die Ehrlichkeit und den guten Willen des Lehrers ist im Anfang unbedingt erforderlich.

Dennoch werden wir Europäer als „geborene Skeptiker“ nicht so weit gehen wie die fernöstlichen Schüler und Jünger eines Gurus, die ihrem erkorenen Meister totalen Gehorsam entgegenbringen, selbst dann, wenn sie ihm gedanklich nicht mehr zu folgen vermögen. Die inbrünstige Verehrung und Anbetung besonders indischer Mahatmas und spiritueller Meister durch Hunderte oder gar Tausende hingebungsvoller Gläubiger läßt eine Geisteshaltung erkennen, die dem Europäer fremd ist und ihn sogar manchmal abstößt. Man könnte zwei Extreme einander gegenüberstellen: für den im wissenschaftlichen materialistischen Denken erzogenen Europäer sind „der Zweifel und das Mißtrauen der Vater alles Wissens“; für den indischen bzw. fernöstlichen Chela ist vorbehaltloses und kritikloses Zutrauen zu den Worten seines Meisters selbstverständlich.

Es gibt beim Bemühen, sich dem allbewußten und allintelligenten Urquell alles Seins zu nähern, zwei grundsätzlich verschiedene Wege. Der eine ist der *deduktive* Weg, der „von oben nach unten". Konkret gesprochen: daß das Absolute (die Gottheit, das All-Eine) existiert und daß alles Vorhandene im in Erscheinung getretenen Universum aus diesem Absoluten stammt und wieder zu ihm zurückkehrt, wird als *Axiom* (als Grundsatz, der keines Beweises bedarf) akzeptiert. „Da ich bin, muß es ein ‚Sein' geben, innerhalb dessen ich bin." Wer diesem Axiom zustimmen kann, dem ist die Beschreitung des deduktiven Weges möglich. *Er versucht, in der Meditation, mittels Versenkung in den Bewußtseinskern seines persönlichen Ichs die „allumfassende ICHHEIT des Absoluten" auf direktem Wege, durch einfache Identifikation mit ihm zu erreichen.*

Alle Religionen der Erde, die eine Mystik gefunden und entwickelt haben, kennen die Identifikations-Versenkung und sagen ihren Anhängern mehr oder weniger deutlich, wie sie es anzufangen haben, die Verschmelzung mit dem Absoluten anzustreben bzw. zu erreichen. Die fernöstlichen Methoden sind nun, wie schon gesagt, für den Europäer ziemlich kompliziert, obwohl diese Kompliziertheit eigentlich gar nicht notwendig wäre. Im Grunde genommen genügt es völlig zu wissen, daß wir mit der absoluten Allbewußtheit und Allintelligenz (die zugleich Allgegenwart, Alliebe, Allgesundheit, Allharmonie und Allglückseligkeit ist) *eins* sind, wenn wir dieses Einheitsbewußtsein in uns herstellen bzw. in und durch uns wirken lassen.

Das größte Hindernis, das zwischen dem Absoluten und seiner menschlichen Teilbewußtheit liegt, ist der Glaube, ja die Überzeugung, daß zwischen beiden eine Verschiedenheit, eine Kluft bestehe, die nur mittels äußerst anstrengender und sogar gefährlicher „spiritueller Kletterkünste" zu überwinden sei. Die Begriffe Überwindung, sehnsüchtiges

Streben, Kämpfen, Ringen usw. sind in fast allen Religionen und Mysterienkulten zu finden und suggerieren dem Menschen, daß es ungeheuer schwer und mühevoll sei, die Verschmelzung mit der göttlichen Allbewußtheit zu erreichen. Auch die christliche Bibel spricht im Alten wie im Neuen Testament immer wieder von der Sündhaftigkeit und Verworfenheit des Menschen, von seiner ständigen Versuchung durch das Böse und den Bösen, spricht von der Erde als Jammertal. Diese jahrtausendealten Suggestionen sitzen so tief im Bewußtsein und Unterbewußtsein der Menschen, daß nur wenige die Kraft haben, sich davon freizumachen und zu erkennen, daß das Absolute sich nicht deshalb in die Erscheinung (in das geschaffene Universum) projiziert hat, um seine Teilwesenheiten, seine Kinder, unter Leid, Schmerz und Enttäuschung stöhnen und zerbrechen zu lassen. Die Aussagen der großen Erleuchteten, der Adepten und aufgestiegenen Meister lassen erkennen, daß das von der Gottheit „gedachte" Universum *in und an sich vollkommen* ist, daß der Absolutheitszustand apolarer Natur ist, also nicht die Gegensatzspannung zwischen Plus und Minus, Ja und Nein hat.
Die großen Mystiker geben aber auch zu, daß es so gut wie unmöglich ist, überhaupt eine Aussage über jenes Absolute zu machen. Die menschliche Sprache und das menschliche Denk- und Vorstellungsvermögen sind dazu einfach nicht ausreichend. Deshalb haben die mystischen Lehrer den Ausweg gewählt, ihren Schülern und Jüngern zu sagen, was der Absolutheitszustand (das Nirwana, das höchste Samadhi, Satori, die Unio mystica oder die Unio Dei) *nicht* ist. Das erweckt oft bei den an gegenständliches Denken gewöhnten Menschen den Eindruck, als handle es sich dabei um die völlige Leere, das absolute Nichts. Es wird aber zugleich immer wieder gesagt, daß dieser als Leere und

Nichts bezeichnete Zustand doch „etwas“ ist, nur eben für das sinnengebundene menschliche Individualbewußtsein nicht beschreibbar, sondern ausschließlich *erlebbar.*
Der deduktive Erkenntnisweg besteht deshalb aus dem Beiseiteräumen der gewohnten und überkommenen Denk- und Gefühlsschablonen, die die Existenz von Unvollkommenheiten, Leiden und Schmerzen als selbstverständlich und gottgegeben voraussetzen. Dieses vorprogrammierte Denken und Fühlen ist es nämlich gerade, das diese Unvollkommenheiten aller Arten erst schafft. Wenn aber ein Mensch einsieht, daß die Gottheit im Prinzip kein Zuchthausdirektor oder Raubtierdompteur ist, der sich am Leiden der von ihm geschaffenen Wesen freut, dann ist das Haupthindernis beseitigt.
Die Meditation eines solchen Menschen würde etwa, in menschliche Worte gefaßt, lauten: „*Alles ist vollkommen, hier und jetzt. Die absolute Vollkommenheit erlebt und betätigt sich durch mich wie durch einen Kanal für die vom Schöpfer beabsichtigte Allbewußtheit, Allintelligenz und Allglückseligkeit. Ich danke dir, absolute Vollkommenheit, daß alles so ist, wie es ist, denn so ist es gut und richtig, auch wenn ich es im Moment mit meinem menschlich begrenzten Bewußtsein noch nicht verstehe.*“
Im Grunde genommen sind diese oder auch andere ähnliche Wortformulierungen gar nicht nötig, sondern das Ganze ist ein reiner Bewußtseinsakt, eine Art „*innere Umschaltung*“. Es ist dazu auch keineswegs ein geschulter Intellekt erforderlich oder gar ein Studium der Religionspsychologie und der Erkenntniskritik. Man kann sogar sagen, daß es einem ganz einfachen, intellektuell ungebildeten (unverbildeten) Menschen leichter wird, diese innere Bewußtseinsumschaltung zu vollziehen, die oft *Glaube* genannt wird, aber mit dem bloßen Fürwahrhalten von etwas im menschlichen

Sinne wenig zu tun hat. Es ist mehr eine *innere Gewißheit, ja unerschütterliche Überzeugung*, daß die Quelle alles Seins, der Schöpfer, *gut ist und nur gut sein kann.*
Da aber die individualisierten Teile seiner Allbewußtheit auch zugleich Teile seiner *Allfreiheit* sind und sein müssen, hat jeder dieser Teile die Freiheit, sich in seinem Bewußtsein ein eigenes Universum zu schaffen, das entweder mit dem Urguten und absolut Vollkommenen in Übereinstimmung ist oder nicht. Im letzteren Falle ist eben das aus der Identität mit dem Absoluten infolge Unwissenheit herausgefallene Teilbewußtsein der Schöpfer eines leiderfüllten Daseins, und zwar solange, bis die Übereinstimmung mit dem Allguten wiederhergestellt ist.
Daß dem so ist (zumindest sein kann), zeigen die Wundertaten, Wunderheilungen und plötzlichen Erleuchtungen, die immer stattgefunden haben und auch heute noch stattfinden. Und jene Menschen, durch die die absolute Vollkommenheit wirkt und sich zugleich „erlebt", verfügen in der Regel (abgesehen von den wenigen Ausnahmen) *nicht* über einen hochgezüchteten Intellekt, der meist nur ein Hindernis darstellt. Je einfacher und unbelasteter der Bewußtseinsbereich eines Menschen ist, um so leichter fällt es ihm, die Tür zur göttlichen Allintelligenz und Allbewußtheit aufzustoßen und diese durch sich wirken zu lassen. Man könnte sagen, daß es sich um einen Akt *absoluter Vertrauensseligkeit* handelt, der den Begriff Zweifel oder gar Mißtrauen nicht kennt. In Worten formuliert etwa so: „*Du, Schöpfer des Universums, du gute Allmacht und Allintelligenz, der du über Raum, Zeit und Kausalität erhaben bist, du weißt und kannst alles besser als ich. Ich verlasse mich voll und ganz auf dich und überantworte dir alles, was ich bin und habe.*"
Wenn der Betreffende sich zum Christentum bekennt, mag er hinzufügen: „*Ich nehme deine in der Bibel zu lesenden*

Verheißungen wörtlich: ‚Und es soll geschehen, ehe sie rufen, so will ich antworten; wenn sie noch reden, will ich hören." Oder: „*Alles, was ihr erbittet im Gebet, so ihr glaubt, werdet ihr es empfangen.*" Oder: „*Euer Vater weiß, was ihr bedürfet, ehe denn ihr bittet.*" Solche und ähnliche Feststellungen gibt es nicht nur in der christlichen Bibel sehr viele, sondern auch in der Bhagavadgita, in den Veden und Upanishaden, im Koran und vielen anderen heiligen Schriften.

In moderner Sprache ausgedrückt ließe sich formulieren: Wenn du bereit und darin geübt bist, dein menschliches begrenztes Teilbewußtsein in das göttliche Allbewußtsein zu integrieren und letzteres durch dich wirken zu lassen, können und werden Glück, Harmonie, Gesundheit, Erfolg und Reichtum die Folge sein, da die allbewußte Urvollkommenheit anderes nicht kennt.

Nun werden natürlich viele Leser sagen, daß diese Vollkommenheits-Behauptung mit der nackten, nüchternen Wirklichkeit des alltäglichen Menschenlebens nicht übereinstimmt. Das Maß an Leid und Schmerz sei überall um uns im Zunehmen anstatt im Abnehmen begriffen. Und wenn einer mit peinvollen Schmerzen auf dem Krankenbett liege, dann sei ihm mit solchen Belehrungen nicht gedient. Pillen oder Spritzen seien höchstwahrscheinlich wirksamer. Krankheit, Sorgen, Kummer und Unglück seien „harte Tatsachen", die nicht einfach weggeglaubt oder weggedacht werden könnten. Wer so etwas sagt, der hat die innere bewußtseinsmäßige Übergabe an die absolute Vollkommenheit noch nicht versucht, noch nicht im Experiment erprobt. Denn wenn er das getan hätte, wüßte er, daß die Allmacht und Allintelligenz des Absoluten tatsächlich existiert und immer nur darauf wartet, in ihren und durch ihre Geschöpfe in Tätigkeit zu treten in Form des Erwünschten und Erbetenen, sofern dieses Erwünschte und Erbetene mit dem Schöpfungskonzept in Einklang steht. *Es sind dazu keine umständlichen Rituale, feierlichen Zeremonien und Andachten nötig, sondern es handelt sich um eine prinzipielle Geistes- und Gemütshaltung, die von der Art der jeweiligen Umgebung und der Verhältnisse unabhängig ist.*

Wie gewaltig solche direkten Eingriffe in das Bewußtsein eines Menschen seitens der absoluten Vollkommenheit sein können, dafür nur zwei Beispiele:

Durch Zeitungen, Broschüren oder durchs Fernsehen haben die meisten von uns etwas über die sogenannte Jesus-People-Bewegung erfahren. Es handelt sich meist um junge Leute, die dem Rauschgift oder dem Alkohol verfallen waren und deren existenzieller Ruin vorauszusehen war. Es ist ja bekannt, daß es äußerst schwer ist, einem an harte Drogen Gewöhnten von seiner Sucht zu befreien. Diese Einsicht haben die Betroffenen in den Pausen zwischen ihren Rauschgiftekstasen natürlich selbst und wissen, daß ihr persönlicher Wille zu schwach ist, ihre Sucht zu überwinden. Es kommt früher oder später der Moment, da der Süchtige „am Ende ist" und ihm praktisch nur der Selbstmord übrigbleibt, zumal er den körperlichen Tod für den „befreienden Plumps ins große Nichts" hält. Solche menschlichen Wracks sind in nahezu allen Großstädten der Welt zu finden. Um an ihre Drogen und die benötigten Geldmittel heranzukommen, scheuen sie nicht vor den brutalsten Verbrechen zurück. Sie rechnen sowieso mit ihrem baldigen Tod und stehen deshalb außerhalb der herrschenden Gesellschaftsordnung und ihrer moralischen und sittlichen Normen. Die meisten von ihnen sind krasse Materialisten und Atheisten. (SCHOPENHAUER: „Ein konsequenter Materialismus muß zwangsläufig zum Bestialismus führen".)

Es geschah und geschieht nun hin und wieder, daß einer jener jungen Menschen den „untersten Endpunkt" erreicht hat, wo es für ihn nach menschlichem Ermessen keine Hilfe und Rettung mehr gibt. Da *kann* es sein, daß er alles, was er ist und hat, rigoros abstreift und sich nur noch als „nackte Kreatur in äußerster Not und Verlassenheit" empfindet. Wenn er sich dann hinstellt und sagt: „*Ich bin am Ende! Ich und kein anderer Mensch können mir helfen. Wenn es einen Gott und einen Gottessohn Jesus gibt, dann sollen die jetzt mal zeigen, was sie können, ob sie überhaupt existieren oder nur eine Erfindung machtlüsterner Kirchenbeamter sind. Ich wende mich an euch, Gott und Jesus, nehme euch beim Wort und erwarte eure Hilfe. Entweder – oder . . .*"
Und dann kann es geschehen, daß wie ein Blitz die höchste und stärkste aller PSI-Kräfte ihn durchzuckt und er von einem Moment zum anderen zu einem völlig neuen Menschen wird. Die Rauschgiftsucht ist verschwunden und mit ihr alle sonstigen, bisher für unlösbar gehaltenen Probleme. Der oder die Betreffende ordnen sich bereitwillig in die bestehende Gesellschaftsordnung wieder ein, üben einen Beruf aus, setzen ihr Studium fort, gründen eine Familie usw.

Wer die Bekenntnisse von Jesus-People-Anhängern gelesen oder gar mit einigen von ihnen gesprochen hat, der weiß, daß sich der Umwandlungsvorgang in dieser oder ähnlicher Weise schon öfters ereignet hat. Es handelt sich dabei um einen Einbruch und Durchbruch jener mächtigen Kräfte, die infolge ihrer Überlegenheit irdische und persönliche Unvollkommenheiten und scheinbar unlösbare Probleme in Ordnung bringen.

Diese Art von PSI-Kräften sind auch am Werke, wenn es sich um plötzliche, medizinisch unerklärbare Heilungen, um geniale Einfälle und Ideen, um wunderbare Errettungen aus

Todesgefahr und überhaupt um Vorgänge handelt, die für das grundlegende weitere Weltgeschehen in politischer, militärischer und wissenschaftlicher Hinsicht die Weichen stellen.
Hier werden viele Leser einwenden: Wenn das so ist, warum geschieht das so selten, warum greift deine absolute Vollkommenheit nicht bei allen Krankheiten ein, warum bringt sie nicht das gesamte Welt- und Menschheitsgeschehen mit einem gewaltigen Einbruch der überlegenen PSI-Energien in Ordnung? Hier muß ich auf den weiter vorn im Buch erwähnten Umstand verweisen, daß unsere Erde eben zur Zeit noch als Schulungs-, Bewährungs- und Erziehungsplanet fungiert und daß es gegenwärtig unmöglich ist, dem Großteil unserer Zeitgenossen die universellen geistigen Grundgesetze verständlich zu machen. Sie müssen eben den Weg der bitteren Erfahrung gehen, müssen vielleicht erst jenen „totalen Nullpunkt" selbst erleben, der sie befähigt, die hilfswilligen PSI-Energien überhaupt anzunehmen.
Hier muß auch wiederholt werden, daß die höheren Geisteskräfte nur in Tätigkeit treten, wenn sie anerkannt und bewußt gerufen werden. Und wer von unseren Zeitgenossen ist beim gegenwärtigen Stand der Dinge schon bereit, sich die erforderlichen Erkenntnisse und Einsichten anzueignen, die damit verbundene Bewußtseinsumstellung in sich selbst zu bewirken und die höheren Kräfte um Hilfe zu rufen? Abgesehen von einigen reifen, tiefreligiösen und erkenntnisstarken Seelen verlassen sich die meisten auf menschlich begrenztes Wissen und Können. Die Folgen davon sind auch dementsprechend. Daß die sonntäglichen Kirchenbesuche nicht ausreichend sind, dürfte ebenfalls einleuchten.
Ich kannte sehr gut einen Soldaten, der fast vier Jahre während des letzten Krieges ständig in Fronteinsatz war, im Westen wie im Osten. Er war unzählige Male in Gefahr,

doch da er jenes Vertrauen zur absoluten göttlichen Vollkommenheit hatte, die ich hier zu erklären versuche, ist ihm nie auch nur das geringste geschehen. Er wurde nie verwundet und war nur ganz kurze Zeit bei den Engländern in Gefangenschaft, hat samt seiner Familie den Krieg praktisch ohne einen blauen Fleck und ohne Verlust an Hab und Gut überstanden. Obwohl er durchaus kein „frommer" Mensch im herkömmlichen Sinne des Wortes war. Seine Bewußtseinshaltung, daß ihm nichts Übles geschehen könne und werde, war das Ausschlaggebende.
Ich kenne noch mehrere andere Leute, die dieses absolute Vertrauen in die höchste Führungsintelligenz als Bewußtseinsgrundhaltung haben und die nie mit jenen hunderterlei Schwierigkeiten und Problemen konfrontiert wurden, die den meisten Menschen das Leben so verbittern. Sie sind insofern wahre Lebenskünstler, als sie den Mut haben, ihr Leben und das ihrer Angehörigen jenen höheren Mächten zu überantworten, die denjenigen, die felsenfest auf sie bauen, nie enttäuschen oder gar im Stich lassen. Es ist nicht erforderlich, daß die Angehörigen oder die Freunde von dieser ganz im stillen praktizierten Lebenskunst etwas erfahren. *Nicht aufs Reden kommt es an, sondern auf die ständige, zur Gewohnheit gewordene Bewußtseinshaltung.*
Zugegeben: es ist nicht leicht, in unserer technisierten und dem Materialismus verschriebenen Umwelt zur „Gottheit in uns", zu etwas Unsichtbarem und Ungreifbaren volles Vertrauen zu haben. Der christlich bzw. kirchlich Erzogene hat es ein wenig leichter, den richtigen Ansatzpunkt zu finden, besonders dann, wenn er nicht die Dogmen seiner Glaubensgemeinschaft für unfehlbar hält, sondern sich intuitiv für das Einströmen der höheren Intelligenzenergien und PSI-Kräfte offenhält. Die absolute Vollkommenheit, die

das Universum und uns geschaffen hat und erhält, bevorzugt nicht die eine oder andere Religion. Das kleinkarierte Dogmen- und Sektendenken und die aus der Scholastik herrührende Definitionsakrobatik vermögen einen Esoteriker nicht zu beeindrucken. Sie geben ihm höchstens ein Beispiel dafür, wie die Bewußtseinsumschaltung *nicht* vollzogen werden sollte.

Das und nichts anderes ist der Weg der deduktiven Bewußtseinserhöhung und -erweiterung. Für einen, der das richtig begriffen hat, ist die Praktizierung spielend leicht, denn im Grunde genommen braucht er selbst gar nicht zu kämpfen oder ein asketisches Leben zu führen, sondern er braucht nur die hohen PSI-Intelligenzen und -kräfte frei durch sich wirken zu lassen, braucht nur ständig mittels seiner Bewußtseinshaltung den Zuflußkanal offenzuhalten.

Die fernöstlichen Religionen und Philosophien sagen das viel deutlicher als die christlichen Lehren, die ja von vornherein von einer Selbsterlösung des Menschen ohne Zwischenschaltung der Kirche und ihrer Sakramente nichts wissen wollen. Tatsächlich ist aber jede Erlösung – besser: Befreiung vom bisherigen Falschdenken – *immer* eine Selbsterlösung, weshalb sie sich auch nicht von einem Menschen auf den andern übertragen läßt. Entweder ein Mensch begreift die großen Zusammenhänge oder er begreift sie nicht. Im letzteren Falle muß er warten, bis eines Tages auch bei ihm „der Groschen gefallen ist". Bis dahin kann und wird er kein Lebenskünstler in unserem Sinne sein, auch wenn er Multimillionär, Königskind, Topmanager oder Universitätsprofessor ist.

Die ganze Praxis besteht nur darin, möglichst oft die Worte „*Alles ist vollkommen und gut, hier und jetzt!*" innerlich zu sprechen, was nur Sekunden erfordert und zwischen zwei Atemzügen geschehen kann. Mit der Zeit wird einem dieses

Vollkommenheitsbewußtsein in Fleisch und Blut übergehen. Der Betreffende wird dann feststellen, daß das hier Gesagte keine graue Theorie ist, sondern die geistig-seelische Grundhaltung aller höherentwickelten vernunftbegabten Wesenheiten im Universum. Auch die sogenannten Außerirdischen, von denen behauptet wird, daß sie uns Irdischen kulturell und technisch-zivilisatorisch weit überlegen seien, sagen in ihren Belehrungen und Botschaften genau das, was ich hier begreiflich zu machen versucht habe.

Wer diese prinzipielle Geistes- und Bewußtseinshaltung in sich zu entwickeln und aufrechtzuerhalten vermag, hat das Ziel des irdischen Schulungs- und Arbeitshauses erreicht und braucht nicht wieder auf unserem Planeten inkarniert zu werden. Mehr als die Erkenntnis der Urwahrheit und das Bemühen, ihr im Leben Ausdruck zu geben, wird von keinem Menschen verlangt.

7. Kapitel

Bewußtseinserhöhung und -erweiterung
B. Die induktive Methode

Ich habe in mehr als fünfzig Jahren Umgang mit esoterisch, parapsychologisch, religiös und philosophisch interessierten Männern und Frauen gelernt, daß wir eins *auf keinen Fall tun sollten: missionieren!* – das heißt unsere Erkenntnisse und Einsichten anderen aufzudrängen oder gar damit „hausieren zu gehen“. Wer sich ernsthaft die Frage nach dem Sinn und Zweck des Lebens stellt – was auch das höhere Tier offensichtlich nicht kann –, wird irgendwie versuchen, Antworten zu finden, entweder in Büchern oder im Gespräch mit Menschen, von denen er annimmt, daß sie über gewisse Erfahrungen auf diesen Gebieten verfügen. Erst wenn er direkt gefragt bzw. gebeten wird, zu lebenswichtigen Fragen und Problemen von esoterischen Gesichtspunkten aus Stellung zu nehmen, wird er nicht zögern, seine Meinung zu sagen, soweit er es für angemessen hält. In dieser Hinsicht unterscheidet sich der Esoteriker von fast allen Kirchen- und Sektenanhängern, die glauben, das von ihnen für wahr und gut Gehaltene anderen aufdrängen zu müssen, auch wenn sich diese gar nicht dafür interessieren. Wer keine Antenne hat für geistige und esoterisch-philosophische Gedankengänge, der ist für solche Dinge nicht ansprechbar, selbst wenn man ihn „mit Engelszungen“ zu überreden versuchte.

Doch selbst Menschen, die Interesse an solchen Dingen

erkennen lassen, sollte man nicht überfordern, sollte nicht einfach voraussetzen, daß ihr Bewußtsein in der Lage sei, zum Beispiel das im sechsten Kapitel Gesagte richtig zu erfassen. Es dreht sich dabei nicht ums Wollen, sondern ums Können. Die Reife der Seele spielt eine große Rolle. Auch der fortgeschrittene Philosoph und Esoteriker wird zugeben, daß sein Entwicklungsweg nicht in Sprüngen, sondern kontinuierlich vor sich ging.

Das ist der Grund, weshalb ich im folgenden einige Methoden beschreiben will, die nach und nach eine Bewußtseinserweiterung bzw. -erhöhung *von unten her* ermöglichen, also auf dem induktiven Weg. Diese Methoden gehen nicht, wie bei der Deduktion, von einem gesetzten, naturwissenschaftlich nicht beweisbaren Axiom aus, sondern führen schrittweise vom Bekannten zum Unbekannten, vom Sichtbaren und Greifbaren zum Unsichtbaren, vom Konkreten zum Abstrakten. Diese Methoden sind für Anfänger, die sich noch nicht in erkenntnisphilosophische Gedankengänge vertieft haben, besser geeignet.

Das ist nicht zuletzt der Grund, weshalb sowohl die antiken Mysterienschulen wie auch die modernen Freimaurerlogen, geheimen Bruderschaften, Orden und dergleichen, neue Anwärter und Mitglieder schrittweise, Stufe für Stufe, höher führen, sie nicht gleich von Anfang an mit dem Geheimwissen der Eingeweihten konfrontieren. Auch im Neuen Testament finden sich die Jesusworte: „Ich habe euch noch viel zu sagen, aber ihr könnt es jetzt nicht tragen. Wenn aber jener, der Geist der Wahrheit, kommen wird, der wird euch in alle Wahrheit leiten."

Gehen wir also aus von dem nicht bestreitbaren Ich-bin-Bewußtsein, das jeder normale Mensch hat und das Wach- oder Tagesbewußtsein genannt wird. Daß es daneben noch ein Traumbewußtsein gibt, wird wohl auch niemand abstreiten, denn es gibt nur wenige Menschen, die nicht wenigstens hin und wieder träumen und während des Traumes sich entweder als stille Beobachter oder als aktiv Mitwirkende an der Traumhandlung empfinden. Wer von sich behauptet, nie zu träumen bzw. geträumt zu haben, läßt damit lediglich erkennen, daß es ihm bisher noch nicht gelang, die Gedächtnis-Verbindungsbrücke zwischen den inneren astralen Erlebnisbereichen und dem äußeren Alltagsbewußtsein zu bauen. Wie man diesen Brückenbau vornimmt, das zu klären ist Anliegen dieses Kapitels.

Hier ist zunächst die Feststellung erforderlich, daß Bewußtheit und Gedächtnis (Erinnerungsvermögen) immer Hand in Hand gehen, denn ein Bewußtsein ohne Erinnerungskontinuität wäre nicht das, was wir unter hell- oder vollbewußt verstehen, bestände nur aus dem von einem dreidimensional-kausal konstruierten Wesen nicht faßbaren abstrakten *Jetzt* ohne Vergangenheit und Zukunft. Wahrscheinlich arbeitet das Bewußtsein der Tiere in dieser Art. Damit soll nicht gesagt sein, daß es eine Existenz im absoluten Jetzt und Hier etwa nicht gäbe. Es ist sogar so, daß das Erleben dieses „*ewigen Jetzt und Hier*" das Haupt- und Zentralerlebnis der großen Mystiker in ihren Versenkungs- bzw. Ekstasezuständen ist. Aber sobald sie sich aus diesem kosmischen oder mystischen Bewußtseinszustand lösen, müssen sie wieder auf die irdische Erlebnisebene mit Vergangenheit und Zukunft zurück. Es ist ohne weiteres denkbar, daß es vernunftbegabte Wesenheiten im unermeßlichen Universum gibt, die einen völlig anderen Raum- und Zeitbegriff haben als wir.

Wir wollen aber, wie gesagt, von den uns bekannten Wach- und Traumbewußtseinszuständen ausgehen, wollen uns hier nicht mit Spekulationen abgeben. Da ist zunächst festzustellen, daß es für *jeden* Menschen möglich ist, die erwähnte

Erinnerungsbrücke zwischen Traumerleben und Wachbewußtsein zu bauen. Es gibt eine ganze Menge Bücher und Schriften, die sich damit befassen und Empfehlungen bzw. Rezepte geben, wie der Bau dieser Gedächtnisbrücke zweckmäßig und mit Erfolg vor sich zu gehen habe. Das Wichtigste aus diesen Erkenntnissen, die zum Teil aus der modernen parapsychologischen Traumforschung stammen, sei hier zusammengefaßt.

1. *Jeder* normale Mensch träumt.

2. Die Traumerlebnisebene, die – von Ausnahmen abgesehen – in der Regel den niederen, noch erdnahen Astralplänen entspricht, ist jener Bewußtseinszustand, der dem menschlichen Tagesbewußtsein am nächsten liegt.

3. Übungen, die das vollbewußte Träumen mit lückenloser Erinnerung zum Ziel haben, sind erwiesenermaßen der einfachste Weg zur ersten Bewußtseinserweiterung und -erhöhung nach oben, denn die Astralwelten als Ganzes liegen schwingungsmäßig *über* der irdisch-materiellen Ebene.

4. Das bewußte Träumen schafft die Möglichkeit, mit den Seelen verstorbener Angehöriger oder anderer Wesenheiten in direkten Kontakt zu kommen. (Das Wort „Seelen“ steht hier für „feinstoffliche Bewußtseinsträger“, spirits im Englischen.) Es handelt sich hierbei um Seh-, Hör- und Gefühlskontakte, die herbeizuführen mit dem normalen Sinnes- und Gehirnbewußtsein nicht möglich ist, es sei denn, die betreffende Person sei ein Medium, also ein Mensch, der in Trance oder Halbtrance die Fähigkeit besitzt, ins erdnahe Astralreich hinüberzuschauen und als eine Art Dolmetscher zwischen den beiden Ebenen zu fungieren.

5. Auch die Wesenheiten aus den höheren Astralwelten (geistige Lehrer und Führer) haben die Möglichkeit, zur Durchführung bestimmter Aufgaben oder zur Überbrin-

gung von Botschaften auf die erdnächste Astralsphäre herabzusteigen und dort Verbindung mit einem noch verkörperten Menschen aufzunehmen. Ein direktes Einwirken dieser höheren Geistwesen auf die irdisch-materielle Ebene ist, von gewissen Ausnahmefällen (Visionen, Erscheinungen, Denkimpulsübermittlungen) abgesehen, nur unter Überwindung von Schwierigkeiten und sehr selten möglich.

6. Das bewußte Sichbewegen auf den erdnahen Astralebenen bietet die Möglichkeit, den in der Dunkelheit der Ungewißheit und des Irrtums herumtappenden entkörperten Menschenseelen (rein materiell eingestellt gewesenen Unfalltoten, im Kriege Gefallenen, Selbstmördern usw.) wirksame Hilfe durch Aufklärung über ihren Zustand zu leisten.

7. Von den niederen Astralstufen aus sind die höhergelegenen Lehr- und Schulungsstätten erreichbar, die ein Wissen vermitteln können, das das normalerweise auf Erden zur Verfügung stehende Wissen überschreitet. Die dort lebenden höherentwickelten Menschenseelen oder Devas (personifizierte Naturgeister oder -intelligenzen) sind gern bereit, ihr Wissen mitzuteilen, wenn sie darum gebeten werden. Gemäß dem bereits erwähnten hierarchischen Aufbau des gesamten Universums ist es völlig in Ordnung, daß der Höherstehende und geistig Reifere seine Hilfen dem in der Evolution unter ihm Stehenden gewährt, soweit es die noch höheren Instanzen erlauben. Dasselbe ist, mutatis mutandis, der Fall, wenn ein mit den geistigen Gesetzen einigermaßen Vertrauter bei seinen Wanderungen durch die niedrigen, erdnahen Bereiche die dort lebenden Seelen belehrt, weil diese ja in bezug auf Intelligenz und Bewußtseinsgrad unter ihm stehen.

8. Das bewußte Träumen ist die Vorstufe zum eigentlichen vollbewußten Astralwandern. An der Tatsache, daß das

Herauslösen des feinstofflichen astralen Körpers grundsätzlich möglich ist, kann nicht mehr gezweifelt werden, denn es gibt unter uns genug Menschen, die diese Fähigkeit systematisch entwickelt haben und willentlich imstande sind, aus ihrer fleischlichen Hülle vorübergehend für längere oder kürzere Zeit auszusteigen. Dabei können sie ihren grobstofflichen Körper im Bett liegen oder im Lehnstuhl sitzen sehen und wissen daraufhin, daß ihr Bewußtsein mit allen geistigen Fähigkeiten nicht an das Vorhandensein der „fleischlichen Verpackung" gebunden ist, sonder unabhängig von dieser zu fungieren vermag. Es gibt auch in deutscher Sprache eine ganze Reihe guter und ernst zu nehmender Bücher mit Erlebnisberichten von Astralwanderern, die im wesentlichen alle miteinander übereinstimmen. Diese Berichte sind als Beweise für die Existenz eines vom Körper unabhängigen feinstofflichen, normalerweise unsichtbaren Bewußtseinsträgers von größtem Wert, auch wenn zur Zeit die wissenschaftliche Parapsychologie noch nichts davon wissen will.

9. Es gibt eine ganze Reihe von Berichten über bereits klinisch Tote, die mittels der modernsten Wiederbelebungsmethoden ins irdische Leben zurückgeholt wurden. Nicht immer, aber in manchen Fällen waren die „Geretteten" imstande, von ihrem Erleben während der Todesspanne zu erzählen, was teilweise von interessierten Ärzten zu Protokoll genommen wurde. Nahezu übereinstimmend berichten diese bereits tot Gewesenen, daß sie nach dem Verlassen ihres fleischlichen Körpers eine auffallende Bewußtseinserweiterung bzw. -schärfung, verbunden mit einem Glücks- und Befreiungsgefühl, erfuhren, daß sie verstorbene Angehörige oder Freunde sahen und mit ihnen sprachen und daß sie keinesfalls erfreut darüber waren, daß sie von den Ärzten wieder ins Erdenleben zurückgerissen wurden. „Drüben" sei es viel, viel schöner gewesen.

10. Dem Durchschnittsmenschen (nicht als Wertungsbegriff gemeint), dessen Neigungen und Interessen sich ausschließlich auf die Vorgänge der irdisch-materiellen Welt konzentrieren, ist es normalerweise nicht erlaubt, längere bewußte Blicke in das höhere und schönere Jenseits zu werfen, da die logische Folge davon wäre, daß er sein beschwerliches Erdendasein so rasch wie möglich wegwerfen würde, das heißt sich selbst entleibte. Aber genau das will die geistige Führung unseres Planeten unbedingt vermeiden, weil dadurch der Charakter der Erde als Bewährungs-, Erziehungs- und in gewisser Weise sogar Strafvollzugsplanet in Frage gestellt würde.

Hier noch ein Zitat aus Professor HERMANN OBERTHS Buch „Katechismus der Uraniden“: „Mit Gottes Absicht, uns zu erziehen, hängt es auch zusammen, daß wir über Lohn und Strafe im Jenseits keine völlige Gewißheit erhalten. Hätten wir diese, dann hätten gute Werke psychologisch nur noch den Charakter einer Anleihe auf Wucherzinsen. Wir sollen aber unseren Altruismus und unseren Trieb nach Licht üben und lernen, das Gute um seiner selbst willen zu lieben. – Es ist keine bloße Redensart, wenn ich bei meinen Raketenvorträgen frommen Gegnern des technischen Fortschritts hin und wieder antworte, wir müssen Gott schon die Macht zutrauen, die Forschung in die Bahnen zu lenken, die er selbst wünscht. Wenn nämlich die Forschung auf irgendeinem Gebiet so weit ist, daß sie bei konsequenter Weiterführung einen exakten Beweis für Lohn und Strafe im Jenseits bringen müßte, so bleibt sie plötzlich wider Erwarten stecken. Daher auch meine Bemerkung, wir dürften über das Übungs- und Erinnerungsvermögen nichtinkarnierter Seelen nichts Sicheres erfahren. Wir könnten daraus nämlich leicht auf Lohn und Strafe schließen.“

Mein Kommentar hierzu: Seit Professor OBERTH sein Buch

schrieb ist die internationale Geist- und Jenseitsforschung ein Stück vorangekommen und kann durchaus befriedigende und begründbare Antworten auf Fragen nach den Verhältnissen im Jenseits geben. Wir wissen noch längst nicht alles, aber der Schleier zwischen hüben und drüben wird immer dünner.

Ich verweise hier nur auf den sogenannten „*Sprechfunk mit Verstorbenen*", auf die inzwischen überall bekanntgewordenen Tonbandaufnahmen der Stimmen Verstorbener durch FRIEDRICH JÜRGENSON, KONSTANTIN RAUDIVE und viele andere. Es ist hier zum ersten Mal in der Geschichte der Jenseitsforschung gelungen, ohne Zwischenschaltung oft recht unzuverlässiger menschlicher Medien auf rein technischem Wege direkte Kontakte mit entkörperten Menschenseelen herzustellen, und zwar mittlerweile in Hunderttausenden von nachprüfbaren Fällen. Auch ausgesprochene Laien haben mit dieser Methode nach Überwindung der Anfangsschwierigkeiten und mit der nötigen Geduld beachtliche Erfolge erzielt, die grundsätzlich *jeder*, der über einen Radioapparat und ein Tonbandgerät verfügt, nachvollziehen kann. In der Spezialliteratur hierüber sind alle Einzelheiten und Verfahrensweisen nachzulesen. Davon hat Professor OBERTH bei der Niederschrift seines Buches offenbar noch nichts gewußt.

Nun – die ernstliche Gefahr, daß durch ein zu großes Wissen über die Zustände im Jenseits die Bestimmung und der Grundcharakter unseres Planeten in Frage gestellt werden könnte, besteht dennoch vorläufig nicht. Es sind relativ nur sehr wenige unserer Zeitgenossen, die über die elementaren Erkenntnisse des Vulgärspiritismus hinaus sich ernsthaft um das Erfassen der davon ableitbaren Zusammenhänge bemühen. Die meisten Menschen haben, auch wenn sie dann und wann an spiritistischen Sitzungen teilgenommen oder einige

Bücher darüber gelesen haben, nach wie vor Angst vor dem Tode, obwohl das unlogisch ist. Aber offensichtlich soll bis auf weiteres von der geistigen Führung aus die kreatürliche Angst vor dem Sterben, das ja lediglich ein Zustandswechsel ist, erhalten bleiben. *Der Wegfall dieser Angst vor dem Tode bzw. vor dem Sterben ist immer ein Zeichen dafür, daß der oder die Betreffenden eine höhere Erkenntnis- und Bewußtseinsstufe erreicht haben und zumindest diese Lektion des irdischen Lehr- und Erziehungsprogramms verstanden haben.* Sie sind somit nicht mehr als Durchschnittsmenschen im statistischen Sinne zu bezeichnen.

11. Wenn wir auch, wie schon gesagt, über die verschiedenen Ebenen und Einteilungen der Astralwelten noch nicht hundertprozentig genau Bescheid wissen, so läßt sich doch sagen, daß die Seele (der Bewußtseinsträger) eines Menschen nach dem Ablegen seines fleischlichen Leibes normalerweise dorthin kommt, wo er seiner individuellen geistig-seelischen Schwingung gemäß hingehört. Im Jenseits herrscht das Gesetz „*Gleiches zu Gleichem*". Der Mensch bleibt auch ohne grobstoffliche Hülle zunächst das, was er auf Erden denk- und gefühlmäßig war. Zugleich steht aber fest, daß es auch drüben eine Weiter- und Höherentwicklung gibt, denn das Wesen des Lebens ist stetes Sichwandeln und Höherentwickeln. Deswegen kann es eine „ewige Hölle" im Sinne der christlichen Kirchenlehre nicht geben, weil dies in krassem Widerspruch zu den göttlichen grundlegenden Lebensprinzipien stünde.

Bei dieser kurzen, keineswegs vollständigen Übersicht über die Astralregion, in die wir mittels unserer Traumexerzitien bewußt hineinsteigen möchten, wollen wir es hier bewenden lassen. Wer Genaueres darüber wissen will, der muß schon zu der sehr umfangreichen Fachliteratur greifen, die ihm auf seine Fragen kaum eine Antwort schuldig bleiben wird.

Wobei anzumerken ist, daß die Menschen aller Rassen, Nationalitäten und Glaubensbekenntnisse sterben müssen und daß deshalb Kundgaben bzw. Erbauungspredigten aus jenen feinstofflichen Sphären, die der ausgesprochen christlichen Vorstellungswelt entsprechen, mit einer gewissen Zurückhaltung aufgenommen werden sollten. Wenn wir schon im Anfang dieses Buches sagten, daß es das Bewußtsein des Menschen ist, das seine äußere Umwelt formt, so gilt das in weit höherem Maße von den Astralbereichen, wo sich jeder Denk- und Vorstellungsimpuls sofort als formende Kraft auf den Charakter der Umgebung auswirkt. Dies ist ein Grundgesetz, das für *alle* Daseins- und Bewußtseinsebenen gilt, nur hier auf Erden nicht so deutlich in Erscheinung tritt, weil die grobstoffliche Materie schwingungsmäßig sehr träge ist und normalerweise nicht durch bloße Gedankenimpulse bewegt und geformt werden kann. Das ändert aber nichts an der Tatsache, daß der Schaffung irgendeines Gegenstandes oder eines Kunstwerkes immer eine geistige Vorstellung vorangehen muß. Da wir es nun bei den Träumen mit Szenerien und Vorgängen auf der viel leichter beweglichen Astralebene zu tun haben, brauchen wir uns nicht zu wundern, daß die geträumten Dinge und Geschehnisse so außerordentlich rasch wechseln und der auf Erden zu beobachtenden langsameren Entstehungs- und Verwandlungslogik nicht gehorchen.
Wenden wir uns jetzt der Traumpraxis zu, das heißt den Methoden, die es ermöglichen, vollbewußt zu träumen und mit den im Astralen lebenden Verstorbenen oder anderen Wesenheiten in Kontakt zu kommen. Ratschläge und Hinweise, wie das zu erreichen ist, gibt es bei allen Rassen und Völkern, und speziell die fernöstlichen Philosophien und Geheimlehren enthalten recht genaue Anweisungen. Das Wichtigste daraus sei hier zusammengefaßt unter Berück-

sichtigung der besonderen Mentalität des Europäers. Wir wollen dabei, wie gesagt, von der uns am besten vertrauten Bewußtseinsebene ausgehen, nämlich dem normalen Tages- oder Wachbewußtsein. Wobei wir uns von vornherein darüber klar sein müssen, *daß es im Grunde nur ein einziges allumfassendes Urbewußtsein gibt, das sich nur auf den verschiedenen Entwicklungsplänen in unterschiedlicher Weise darstellt. Es ist aber immer dasselbe Allbewußtsein, das sich in seinen unendlich vielen Teilbewußtheiten selbst erlebt.*

Der Übergang vom normalen Tages- zum Traum- oder Astralbewußtsein ist ein fließender. Man kann schon im Halbschlaf oder beim sogenannten Dösen kurze Blicke ins Astrale tun. Uns geht es aber um die Techniken, mittels denen die Tür zum Jenseits für längere Zeit, während eines größeren Teils des Nachtschlafes geöffnet werden kann.

Die Hauptsache bei allen Traumexerzitien ist die Konzentration, die Richtung der Aufmerksamkeit auf das eigene Selbst- oder Ich-bin-Bewußtsein. Der Mensch ist auf Erden bestimmt das einzige Wesen, das sein eigenes Ichbewußtsein suchen, betrachten und längere Zeit im Brennpunkt seiner Aufmerksamkeit festhalten kann. Wir können es also machen wie Sri Ramana Maharishi, der ja, wie schon erwähnt, sich am Anfang immer wieder die Frage stellte „Wer bin ich?" Es genügt aber die Konzentration der Aufmerksamkeit auf das Ichbewußtsein auch ohne Fragestellung, also das wortlose Suchen. Ins einzelne gehende Anweisungen für diesen Suchprozeß sind unnötig. *Unser Ich-bin-Bewußtsein ist das uns am nächsten Liegende und ist geistig erfaßbar, wenn wir mit dem Suchen danach längere Zeit geduldig fortfahren.*

Wenn wir diese Aufmerksamkeits-Konzentration allabendlich im Bett unmittelbar vor dem Einschlafen vornehmen, wird mit Sicherheit der Moment kommen, da wir den „Leuchtkegel des Wachbewußtseins“ mit in den Schlaf bzw. Traum hinübernehmen. Dann ist die schwerste Hürde bereits genommen, die obenerwähnte Gedächtnis- und Aufmerksamkeitsbrücke gebaut und wird sich mit jeder weiteren gelungenen Übung festigen. *Und wenn man erst einmal vollbewußt in einer astralen Umgebung steht und merkt, wie die Dinge der feinstofflichen Umwelt auf den leisesten Willens- und Vorstellungsimpuls reagieren, ist alles weitere nur eine Sache der Übung und Wiederholung.*

Natürlich geschieht es, besonders im Anfang, häufig, daß einem die vollbewußte Aufmerksamkeit sozusagen entschlüpft und man in den vermeintlich traum- und erinnerungslosen Tiefschlaf fällt. Das ist aber nicht schlimm; denn wenn es gelingt, die Wachbewußtheit wenigstens ein paar Sekunden oder Minuten innerhalb einer Traumszenerie festzuhalten, wird es beim nächsten Mal schon besser und leichter gehen. Geduld, Zielstrebigkeit, ja eine gewisse Sturheit sind bei allen geistigen Disziplinen erforderlich. Und die ungeheure Bewußtseinserweiterung, die wir durch das Eindringen in das Astralreich erfahren, lohnt mehr als reichlich die aufgewandte Mühe.

Dabei ist zu beachten, daß das Konzentrieren der Aufmerksamkeit auf das eigene Selbstbewußtsein nicht gewaltsam und verkrampft sein darf, sondern vielmehr gelöst und entspannt. Aufmerksamkeit ist eine geistige Haltung, die von Nerven- und Muskelspannungen unabhängig ist. Man muß die Sache üben, um hinter den „Kniff“ zu kommen, denn zu einem solchen wird es für den, dem die Mitnahme des Tagesbewußtseins über die Traumschwelle ein oder mehrere Male gelungen ist. Es ist ganz einfach für den, der es kann, wie es bei sämtlichen „Kunststückchen“ und Geschicklichkeiten in der materiellen Umwelt auch ist.

Wacht man im Laufe der Nacht mehrmals auf, was besonders in der ersten Zeit häufig der Fall ist, bewegt man nach Möglichkeit den Körper nicht und spult die im Gedächtnis haften gebliebenen, bewußt erlebten Traumszenen nach rückwärts ab und versucht, sich an die kleinsten Kleinigkeiten zu erinnern. Dabei kann man innerlich murmeln bzw. denken: „*Hellbewußt – hellbewußt – hellbewußt* ...“ Damit schaffen wir die Voraussetzung, daß die Fortsetzung des Traumgeschehens ebenfalls hellbewußt vor sich geht; wobei eigentlich der Ausdruck Traumgeschehen gar nicht mehr zutreffend ist. Denn Vorgänge, die vollbewußt geschehen und unserem bestimmenden Willen unterliegen, sind keine Träume im eigentlichen Sinne des Wortes mehr, sondern eben Erlebnisse auf einer anderen Bewußtseinsebene.

Hier könnte der Einwand vorgebracht werden, daß die Psychologie festgestellt habe, der traumlose Tiefschlaf sei für die Gesundheit eines Menschen unbedingt erforderlich. Aus eigener Erfahrung kann ich hierzu sagen, daß das nicht stimmt. Erstens einmal existiert ein traumloser und bewußtloser Zustand an sich überhaupt nicht, auch wenn wir gewisse Schlafperioden dafür halten, und zweitens ruhen sich der Körper und sein Nervensystem in völlig ausreichendem Maße aus, auch wenn der Astralleib auf Wanderung geht. Ich habe sogar festgestellt, daß sich der Körper nach einer bewußt durchlebten Nacht besonders gut erholt und für den neuen Tag gekräftigt ist.

Ein weiterer möglicher Einwand wäre, daß es zu riskant ist, den Körper ohne besondere Schutzmaßnahmen „leer“ zurückzulassen, weil dann die Gefahr einer Besessenheit bestehen könnte. Diese Gefahr ist gering, denn sobald sich dem im Bett liegenden Körper von der materiellen wie auch astralen Seite etwas Störendes nähert, zuckt der gelöste

Astralleib, der ja durch die „Silberschnur" (ein Band aus ätherischem bzw. astralem Stoff) mit dem grobstofflichen Körper verbunden ist, automatisch zurück in seine Hülle. Außerdem sind ja die meisten Menschen, auch wenn sie es nicht wissen, jede Nacht drüben „unterwegs"; und dennoch sind unheilvolle Besessenheiten relativ selten. Wenn sie auftreten, haben sie meistens andere Ursachen. Bewußtseinserweiterung, -erhöhung und -schärfung ist übrigens eines der besten Vorbeugungsmittel gegen alle Arten von Besessenheit.

Ein erprobter und bewährter „Trick" beim Einschlafen ist, sich während der Konzentration auf das eigene Bewußtsein vergangene bewußt erlebte Traumvorgänge wieder ins Gedächtnis zurückzurufen. Denn es sei wiederholt: *Bewußtsein und Gedächtnis gehören zusammen, sind die zwei Seiten derselben Münze.*

Deshalb ist es natürlich gut und richtig, ein sogenanntes Traumtagebuch zu führen, in das man alle voll- oder auch teilbewußten Träume so ausführlich wie möglich einträgt und damit zum Zwecke wiederholten Nachlesens festhält. Ein zeichnerisch oder malerisch Begabter kann sogar versuchen, bestimmte Traumszenen als Skizze oder Farbbild festzuhalten. Aber wer von uns mitten im Berufsleben stehenden Europäern hat schon Lust und Zeit, jeden Morgen eine halbe Stunde oder noch länger ein Traumtagebuch zu füllen? Es dauert nämlich nach Beginn der Bewußtseinsübungen gar nicht lange, bis das Traumleben (um diesen Ausdruck hier noch zu verwenden) so lebendig und reichhaltig wird, daß man fast jeden Tag einen ganzen Roman niederschreiben könnte. Und dazu haben wir nun wirklich keine Zeit.

Noch etwas sehr Wichtiges: die Astralebene ist vorwiegend eine Gefühlswelt, das heißt eine Welt, in der alle sicht- und hörbaren Vorgänge mit Gefühlsregungen gekoppelt sind. Es ist also einer der „Kniffe", bewußt seine Gefühlseindrücke zu beobachten, nicht nur den gegenständlichen oder sachlichen Ablauf der Geschehnisse. *Eine nüchterne Sachlichkeit im irdischen Sinne gibt es im Astralen nicht!* Das Stimmungsbarometer kann bei Astralwanderungen von „himmelhoch jauchzend" bis „zu Tode betrübt" schwanken, was die bewußte Aufmerksamkeit zwar erschwert, aber nicht unmöglich macht.

Wer ins Astrale hinübergeht, unterliegt den dort herrschenden Gegebenheiten und darf nicht gleich die sprichwörtliche Flinte ins Korn werfen, wenn er im Anfang in düstere, ja unheimlich bedrückende astrale Gegenden gerät, wo ihm manchmal angst und bange wird. Wenn er sein Bewußtsein „in der Hand hat", kann er, wenn es wirklich unerträglich werden sollte, immer mit einem Willensruck aufwachen und sich sagen, daß er soeben in einer niederen, finsteren Astralabteilung war, die man ohne Übertreibung zu den höllischen Regionen zählen kann.

Zu allen Traumexerzitien, zu allen bewußten Übergängen ins Astrale gehört eine ziemliche Portion Mut, Neugier und Wissensdrang, ohne die ja schon auf unserer Erde nichts Bedeutendes geleistet werden kann. Es ist nun mal eine Tatsache, daß die ersten Übergänge über die Traumbewußtseinsschwelle den nächstgelegenen Astralbereich berühren, nämlich die Region der sogenannten erdgebundenen Seelen, wo die Umgebung der irdischen Umwelt noch sehr ähnlich ist, wenn auch düsterer und bedrückender. Dort muß man hindurch, was gar nicht so schwierig ist, wenn die eigene Geistes- und Gemütsverfassung nicht den in den erdnahen Sphären herrschenden Schwingungen entspricht, was bei einem esoterisch eingestellten Menschen kaum der Fall sein dürfte. Nur ausgesprochen materialistisch und egoistisch eingestellte Menschen (um nicht zu sagen verbrecherisch Veranlagte) werden beim Überschreiten der inneren Bewußtseinsschwelle automatisch von den ihnen schwingungsmäßig angemessenen Regionen angezogen und haben es nicht leicht, sich daraus zu erheben und in höhere Sphären vorzustoßen. Aber solche Menschen werden in der Regel auch nicht auf die Idee kommen, Traum- und Bewußtseins-Exerzitien mit sich selbst durchzuführen.

8. Kapitel

Nützliche Hinweise, die das Eindringen in die Astralsphären erleichtern

Aus langjähriger Erfahrung heraus weiß ich, daß auch von den Lesern dieses Buches nur ein Teil die in den beiden vorangegangenen Kapiteln gegebenen Empfehlungen praktizieren wird. Einige werden der Meinung sein, daß die Kontakte mit höheren Bewußtseinsebenen nicht unbedingt erforderlich sind, um das zu werden, was man gemeinhin einen Lebenskünstler nennt. Bis zu einem gewissen Grad ist das sogar richtig, vor allem für diejenigen, die diese Kontakte unbewußt haben. Und das sind die meisten unserer Zeitgenossen. Kein Mensch ist ganz ohne Führung und Intuition „von oben", selbst wenn er als erklärter Materialist und Realist die Existenz geistiger Welten und deren Bewohner rundweg abstreitet.
Als ein Beweis für die Richtigkeit dieser Behauptung kann die Tatsache gelten, daß selbst ein großer Teil der Spitzenpolitiker und Wirtschaftskapitäne sich in Krisensituationen an Astrologen und Hellseher wendet, um von diesen Ratschläge zu bekommen. Seit ältesten Zeiten wurden von den Königen, Herrschern und deren Ministern, Heerführern usw. Orakel und Propheten nach dem Ausgang zukünftiger Ereignisse befragt, was erkennen läßt, daß auch diese Großen der Vergangenheit oft der Ansicht waren, daß ihr einfacher Menschenverstand und ihre persönliche Intelligenz nicht ausreichten, um eine Situation richtig zu beurtei-

len und die Folgen zu übersehen. In der Gegenwart ist es nicht anders!
Wer – wie ich – einen tieferen Einblick in die Dinge hat, der weiß, daß selbst Regierungsmitglieder großer Staaten und die Generaldirektoren und Topmanager weltumspannender Trusts häufig ausgesprochen ratlos und unsicher sind und deshalb „bei Nacht und Nebel“ Astrologen, Medien und Hellseher aufsuchen, daß im Zweiten Weltkrieg nicht nur HITLER, sondern auch die amerikanischen und englischen Regierungsspitzen, Generäle und Marschälle sich von supranormal begabten Personen beraten ließen. Auch die allgemeine Beliebtheit der Tages- und Wochenhoroskope in den Zeitungen und Illustrierten zeigt, daß auch der einfache „Mann von der Straße“ sich nicht gern nur auf seinen kleinen Alltagsverstand verläßt. Wenn dem nicht so wäre, hätten die Verleger und Redakteure der Massenmedien längst die Veröffentlichung der Sonnenstandshoroskope eingestellt, die die meisten von ihnen für baren Unsinn halten. Aber das können sie sich, wie die Praxis bewiesen hat, einfach nicht leisten, weil ein rapider Leserschwund die Folge wäre. Der normale Mensch unserer Tage steht nun mal in einem unablässigen Kampf mit seiner Umwelt und fühlt, daß er ohne Hilfe von oben nicht zurechtkommt. Wer wie der Verfasser dieses Buches nähere Einblicke in die Tätigkeit von Berufsastrologen, Medien, Numerologen, Chirologen, Kartenschlägern, Hellsehern und „Lebensberatern“ hat, der weiß, wie hilflos viele Menschen angesichts einer schwierigen Situation sind und daß es mit ihrem so lautstark vertretenen Materialismus und Realismus gar nicht so weit her ist.
Menschen aber, die sich über diese Dinge klar geworden sind, stellen sich mit Recht die Frage, ob es denn nicht möglich sei, die eigenen geistigen und seelischen Kräfte zu

mobilisieren, ohne erst die erwähnten übersinnlichen Fähigkeiten anderer Leute in Anspruch nehmen zu müssen. Diese Frage kann ohne weiteres mit einem konkreten „*Ja, das ist möglich!*" beantwortet werden. Und hierzu gangbare Wege aufzuzeigen, ist das Hauptanliegen dieses Buches. Grundsätzlich kann gesagt werden, daß ein Lebenskünstler im eigentlichen Sinne des Wortes (also nicht die millionenschweren Playboys, die oft von Lieschen Müller für Lebenskünstler gehalten werden) in der Lage sein sollte, sein eigener Lebensberater und Hellseher zu sein. Das ist allerdings, wie schon gesagt, nicht ohne ernsthafte Mitwirkung des Betreffenden selbst erreichbar; das heißt: das bloße Durchlesen eines Buches wie des vorliegenden genügt nicht. Leider ist es eine Tatsache, daß es Männer und Frauen gibt, die zwar die Bücherschränke und -regale voller okkultistischer und esoterischer Werke haben, dennoch aber dem praktischen Lebenskampf ziemlich rat- und hilflos gegenüberstehen. Der Entschluß, das eigene Leben nach Möglichkeit selber in die Hand zu nehmen, also nicht nur Spielball der äußeren Umstände zu bleiben, muß vorhanden sein, sonst ist auch das Durchlesen noch so vieler Bücher letztlich zwecklos.

Um nun das Fassen dieses Entschlusses zu erleichtern und zu zeigen, daß die Behauptung von der Bereitschaft der übergeordneten Intelligenzen, dem Menschen zu helfen, der „Augen hat zu sehen und Ohren zu hören", richtig ist, nachstehend eine ganz einfache Methode, die *jeder* ohne große Vorbereitungen und komplizierte Exerzitien zu erproben imstande ist. Ob man's nun glaubt oder nicht: *jeder Mensch hat eine persönliche geistige Führung, die in den Religionen Schutzengel oder Schutzgeist genannt wird.* Wahrscheinlich wäre er ohne das Vorhandensein einer solchen geistigen Führungsmacht gar nicht in der Lage, das mit Hindernissen, Enttäuschungen, Krankheiten und Fehlschlägen vollgestopfte irdische Leben überhaupt durchzustehen. Und mit dieser persönlichen Führungsmacht (nennen wir sie ruhig Schutz- oder Führungsgeist) in Verbindung zu kommen, ist eine recht einfache Sache. Es ist ja die spezielle Aufgabe dieser Intelligenzen, ihrem Schützling in *allen* kritischen Lebenssituationen zu raten und zu helfen, wenn sie darum gebeten werden.

Ja – wenn sie darum gebeten werden. Es sei hier an das im Anfang dieses Buches erwähnte Gesetz erinnert, daß übergeordnete geistige Mächte niemals eingreifen, wenn sie nicht ausdrücklich darum gebeten werden. Gewisse Ausnahmen gibt es nur bei Kindern, Schwerkranken oder vorübergehend Entscheidungsunfähigen, bei denen massive Eingriffe aus den geistigen Regionen mit dem Ziel einer „wunderbaren Errettung aus Todesgefahr oder einer medizinisch unerklärlichen Heilung“ möglich sind und jeden Tag auf dieser Welt geschehen. Auch bei Personen, die als „Schicksalsweichensteller“ für Völker und Nationen von „ganz oben“ bestimmt sind, können derartige wunderbare Eingriffe und Führungen beobachtet werden, ohne daß vorher ausdrücklich und bewußt darum gebeten worden ist.

Normalerweise aber ist dieses Bitten um Rat und Hilfe erforderlich; und das können wir tun, wenn wir uns nachts zum Schlafen ins Bett legen und bewußt und inbrünstig unsere persönliche geistige Führung bitten, uns in einem bestimmten Fall mittels des Traumerlebens zu erkennen zu geben, was wir zweckmäßig zu tun oder zu lassen haben. Eine Antwort wird, wenn es sich um eine wirklich entscheidende Frage handelt, nicht ausbleiben und wird in der Regel mittels eines symbolartigen Traumgeschehens erteilt, das allerdings, wie die Erfahrung zeigt, nicht immer leicht zu deuten ist. Die im Astralen und Mentalen geltenden Gesetze erlauben es eben nur in Ausnahmefällen, eine völlig klare und unmißverständliche Anweisung oder gar einen Befehl zu geben. (Die von Astrologen, Hellsehern und Kartenlegern usw. erhaltenen Auskünfte sind ja auch meistens recht verwaschen und vieldeutig.) Das ist die Hauptschwierigkeit bei der sogenannten *Traumbefragung.* Man kann sich an gewisse Traumszenerien zwar erinnern, doch was damit genau ausgedrückt werden soll, kann man nicht oder nur ganz ungefähr enträtseln.

Die auf dem Markt befindlichen Traumbücher versprechen hier Hilfe, die sie aber praktisch nicht zu geben imstande sind, da die Träume ganz individuell auf die Mentalität (auf den Bewußtseinsinhalt) des betreffenden Träumers und die von ihm gestellte Frage zugeschnitten sind, also nicht für andere gelten können. Das hat auch das amerikanische Trancemedium EDGAR CAYCE festgestellt, das jederzeit imstande war, eine direkte Verbindung mit dem kollektiven Gedächtnisbewußtsein der Menschheit herzustellen.

Hier gibt es nun wieder einen kleinen „Kniff", der es dem Schutzgeist oder einer anderen höheren Intelligenz erlaubt, uns im Traum ein für uns verständliches „Ja oder Nein" zu übermitteln. Wir bitten vor dem Einschlafen unsere innere Führung, mit folgendem „Code" einverstanden zu sein:

1. Wenn die von uns gestellte Frage mit „Ja" beantwortet werden soll, dann mögen im Traum ganz deutlich *helles Licht, Feuer oder Hitze* erscheinen oder eine lustige Melodie in vorwiegend hohen Tönen erklingen.

2. Wenn die gestellte Frage mit „Nein" beantwortet werden soll, dann mögen uns im Traum *Dunkelheit, Wasser und Kälte* gezeigt werden oder dumpfe, disharmonische Geräusche hörbar werden. (Was in beiden Fällen bedeutet, daß ausschließlich Fragen gestellt werden sollen, auf die eine klare Ja-Nein-Antwort möglich ist.)

Diese Bitte zu erfüllen, ist unserer geistigen Führung aus dem Astralen heraus leichter möglich, als uns mit einem komplizierten Traumgeschehen zu antworten, dessen Deutung uns Kopfzerbrechen macht. Wenn diese Art von vereinfachter Traumbefragung nicht gleich auf den ersten Anhieb Erfolg hat, dann wiederhole man sie solange, bis eine klare und eindeutige Antwort kommt. *Sie wird kommen!* Es gibt eine ganze Reihe von Lebenssituationen, in denen eine Entscheidung nach der Ja- oder Nein-Seite fallen muß. Oft ist es sogar so, daß eine solche Ja- oder Nein-Antwort von Rahmenträumen begleitet wird, die ergänzende Hinweise enthalten.

Voraussetzung ist natürlich, daß man, wenn man eine derartige klare Antwort erhalten hat, diese auch beherzigt, selbst wenn sie einem zunächst unmöglich oder unlogisch erscheint. Denn sowohl die größten wie die kleinsten Ereignisse auf dem irdischen Plan gehorchen meist nicht der menschlichen Einmaleins-Logik, sondern es liegen Zusammenhänge und Kausalitätsketten vor, die, wenn überhaupt, erst im nachhinein einigermaßen erkennbar werden. Ein Vertrauen auf die Ehrlichkeit und den echten Helferwillen des geistigen Führers ist also erforderlich, weil ja sonst die erhaltenen Antworten einfach in den Wind geschlagen würden. Und wenn der Schutzgeist merkt, daß seine Impulse nicht befolgt werden, wird er sich in Zukunft hüten, weitere Antworten zu geben. *Entweder man hat dieses Vertrauen zu seiner geistigen Führung – oder man hat es nicht.*

Ich kann dem Leser versichern, daß diese vereinfachte Traumbefragungsmethode immer Erfolg hat, wenn die genannten Voraussetzungen erfüllt sind. –

Jetzt noch einen Hinweis auf eine einfache Methode, mittels der das hell- oder vollbewußte Traumerleben gefördert und gefestigt werden kann, und zwar ohne bestimmte Übungszeiten und umständliche Rituale. Man stelle sich tagsüber, wann immer sich ein paar Sekunden oder Minuten Entspannungspause bieten, innerlich die Frage: „*Wache ich – oder träume ich das alles?*"

Überlegen wir: Das Charakteristische eines normalen Traumes ist, daß wir während des Träumens alles Wahrgenommene als *volle Wirklichkeit* hinnehmen, daß also unser kritisches, abwägendes und urteilendes Bewußtsein weitgehend meist völlig ausgeschaltet ist. Selbst die unmöglichsten Situationen nehmen wir im Traum als „gegeben" hin, sagen erst nach dem Erwachen: „Was habe ich da wieder für einen Unsinn zusammengeträumt!" Diese unsinnigen Träume verschwinden ganz von selbst, sobald es uns gelingt, unser kritisches Bewußtsein mit ins Astrale hinüberzunehmen. *In dem Augenblick, da wir imstande sind, während eines Traumes die Frage „Wache ich oder träume ich?" zu stellen, wird sich der ganze Charakter des Traumgeschehens ändern und das echte Astralwandern möglich sein.*

Wenn wir scharf darüber nachdenken, müssen wir zugeben, daß es kaum eine Situation im normalen wachen Leben gibt, die wir nicht in gleicher oder ähnlicher Weise auch träumen könnten. Nur stellen wir uns diese Frage während des gewohnten Alltagslebens nicht, setzen einfach voraus, daß dieses „die nackte Wirklichkeit an sich" sei, daß wir also während unserer Berufsarbeit, im Familienkreis oder sonstwo *nicht träumen.*

Die meisten Philosophen und Esoteriker haben sich diese Frage nach dem Wirklichkeitsgrad unseres Alltagslebens gestellt und sind zu dem Ergebnis gekommen, daß es durchaus möglich sein könnte, daß wir Erdenkinder alle in einer Art *Kollektivtraum* befangen sind, aus dem ein Erwachen in eine höhere und „wirklichere Wirklichkeit" denkbar, ja wahrscheinlich ist. (Ein Buch des bekannten esoterischen Schriftstellers K. O. Schmidt, das sich mit den Erkenntnissen des Philosophen Arthur Schopenhauer befaßt, trägt den Titel „Das Erwachen aus dem Traum des Lebens". Schopenhauer hat gerade über das Problem der Wirklichkeit oder Unwirklichkeit gründlich nachgedacht.

Wenn wir nun so oft wie möglich tagsüber uns innerlich die Frage stellen, ob wir die gerade vor unseren Sinnen ablaufenden Geschehnisse träumen oder nicht, gewöhnen wir unser Bewußtsein daran, diese Frage auch dann zu stellen, wenn wir träumend im Bett liegen; und dann ist, wie schon gesagt, die Haupthürde genommen. *Dann werden wir im Astralen aktiv, bleiben nicht passiv wie bisher.* Dann können wir die uns ernstlich bewegenden Fragen direkt jenen astralen Wesenheiten stellen, die wir aufsuchen bzw. die uns begegnen. Und wenn die Gedächtnisbrücke zwischen Jenseits und Diesseits durch die bereits beschriebenen Übungen fest genug geworden ist, werden wir auch die volle Erinnerung an das Erlebte mit herüberbringen. Dann brauchen wir natürlich den Hell-Dunkel- oder Feuer-Wasser-Code nicht mehr zu benutzen.

Da alle Traumforscher gefunden haben, daß für das eigentliche astrale Wandern nicht nur das kurzzeitige Mithinübernehmen des kritischen Bewußtseins erforderlich ist, sondern darüber hinaus die Fähigkeit, die Vollbewußtheit *beliebig lange festzuhalten,* hat man Ausschau gehalten nach einer Methode, die das Festhalten des aufmerksam beobachtenden Hellbewußtseins erleichtert. Eine dieser Methoden, die ich selbst als relativ leicht durchführbar gefunden habe, ist das *innere Reportage-Sprechen.* Ich habe es Hunderte von Malen mit Erfolg ausprobiert und bin deshalb in der Lage, es so genau zu schildern, daß jeder Traumforschungspraktiker es nachmachen und kontrollieren kann.

Dieses Exerzitium beginnt bereits in dem Moment, da wir uns ins Bett (oder auf die Couch) legen und die Augen schließen. Wir versetzen uns imaginativ in die Rolle eines Rundfunk-, das heißt Hörfunk-Reporters, dem die Aufgabe gestellt ist, einem nicht anwesenden Publikum gewisse Vorgänge (ein Fußballspiel, Autorennen, eine Sportveranstaltung oder dergleichen) möglichst genau und lebendig zu schildern. Nur daß es sich in unserem Falle nicht um äußere Abläufe auf der materiellen Ebene handelt, sondern um innere Vorgänge. Der diese Übung Ausführende kann sich zweckmäßig einbilden bzw. plastisch vorstellen, er habe ein Mikrophon in der Hand wie ein richtiger Rundfunkreporter.

Wenn wir die Augen schließen und uns zum Einschlafen anschicken, bleibt es auf unserem Bewußtseins-Bildschirm keineswegs finster und leer, höchstens ein paar Sekunden lang. Und bereits diese als Leere oder Finsternis empfundene Situation kann bereits im Reporterstil in Worte gefaßt und (innerlich) ausgesprochen werden. Die Geschichte beginnt also praktisch mit einer Situationsdiagnose: *Was ist im Moment auf meinem Bewußtseins-Bildschirm bzw. Bewußtseins-Lautsprecher vorhanden, und wie läßt sich das in deutscher Sprache formulieren und einem nicht gegenwärtigen Zuhörer begreiflich machen?* Diese „Was-ist-Diagnose“ endet gewöhnlich mit der Feststellung: „Das Schwarz (oder Grau) auf meiner Bewußtseins-Kinoleinwand wird gleich verschwinden und lebendigen Vorgängen Platz machen. Ich beobachte jetzt ganz aufmerksam und konzentriert das, was geschieht, wie die Lichtverhältnisse sich ändern, wie von irgendwoher Bilder einer Landschaft, einer Stadt, von Menschen oder Tieren auftauchen und welche Gefühle damit verbunden sind. Ich versuche nicht, irgendeinen Einfluß auf die Entstehung und Gestaltung dieser Bewußtseinsbilder,

-laute und -gefühle auszuüben, sondern lasse sie frei kommen und gehen, beobachte nur und schildere das Wahrgenommene."

Bei diesen inneren Reportagen kommt es auf die stilistische und grammatikalische Korrektheit des gesprochenen Textes weniger an. Wichtig ist nur, daß *ununterbrochen*, also ohne Pause, gesprochen wird, damit die Aufmerksamkeit nicht nachläßt oder abirrt. Diese innerlichen Reportagen bewirken nämlich gleichzeitig folgendes: die normalerweise sehr subtilen, flüchtigen Bilder und Vorgänge im Astralen werden dadurch, daß sie während des aufmerksamen Beobachtens in Ausdrücke der menschlichen Sprache übersetzt werden, gleichsam ein wenig materialisiert, man könnte auch sagen heruntertransformiert, wodurch sie vom normalen Gehirnbewußtsein leichter aufgenommen, verarbeitet und dem Gedächtnis einverleibt werden können. Die auf diese Weise eingeleiteten Träume sind gewöhnlich sehr scharf und bewußt.

Ich kann dem Leser versichern, daß auch diese Methode des bewußten Eindringens ins Astrale erprobt und bewährt ist und vor allem keine besonderen Schwierigkeiten bietet. Die Entwicklung der Fähigkeit, ein inneres (oder auch äußeres) Geschehen in flüssiger Rede einwandfrei und verständlich zu formulieren, ist ja auch in unserer irdischen Umwelt im gesellschaftlichen und beruflichen Leben von großer Bedeutung. Unsere Einschlafreportagen sind also in zweifacher Weise nützlich.

Probieren geht auch hier über Studieren. –

Ich habe im Laufe meiner langjährigen Tätigkeit als Redakteur einer grenzwissenschaftlichen Zeitschrift mehrere Leute kennengelernt, die ihre Fähigkeit des bewußten Träumens für durchaus irdische Belange nutzten. Da gab es unter anderem einen Mann, der bei Pferderennen wettete und jeweils in den Nächten vor dem Rennen sich im Astralen Auskünfte holte, welches Pferd bzw. welche Pferde gewinnen würden. Er erzählte mir, daß ihm die Antworten meist nicht in sofort verständlicher Sprache gegeben wurden, sondern mittels symbolhafter Darstellungen.

Auf meine Fragen nach näheren Einzelheiten erklärte er mir folgendes: „Ich nehme mir die jeweiligen Starterlisten mit ins Bett und lese die Namen der Pferde und der Jokeys, die am Rennen beteiligt sind. Dann stelle ich die Frage, welches Pferd gewinnen wird. Mit diesem Gedanken, den ich festhalten muß, schlafe ich ein. Vor mir rollen dann, wie bei jedem anderen Menschen auch, Traumszenen ab, nach deren Beendigung ich gewöhnlich erwache. Dann knipse ich das Licht an und versuche, die geträumte Szene in bezug auf die gestellte Frage auszuwerten.

Träumte ich zum Beispiel davon, daß ich irgendwo am Wald- oder Wiesenrand unter einem Baum oder Busch sitze und sich über mir Äste ausbreiten, dann nehme ich mir die Starterliste vor und suche nach dem Namen eines Pferdes oder eines Jokeys, der mit dem Geträumten irgendwie in Beziehung zu bringen ist. Da Rennpferde oft recht kuriose Namen haben, könnte es durchaus sein, daß eins „Holderbusch“ oder „Baumblüte“ heißt oder der Jokey einen diesbezüglichen Namen hat. Es ist meiner Phantasie und Kombinationsgabe überlassen, vertretbare Bezüglichkeiten zu finden. Ich setze dann auf die betreffenden Pferde und, ob Sie mir's nun glauben oder nicht, *in acht von zehn Fällen habe ich gewonnen.* Ich habe die Absicht, diese Methode weiter zu üben und zu verfeinern; und ich glaube, daß ich so viel gewinnen werde, daß ich meinen gehaßten Beruf endlich aufgeben kann.“

Ob der gute Mann das getan hat, weiß ich leider nicht, da ich den Kontakt mit ihm verlor. Ich war einer der wenigen

Leute, denen er davon überhaupt erzählte, vor allem deswegen, weil ich in meiner Zeitschrift kurz vorher einen Beitrag veröffentlicht hatte, der die Traumbefragung zum Inhalt hatte. Er wußte deshalb, daß ich ihn nicht auslachen würde, weil mir bekannt war, daß und wie man die Verbindung zu höheren Bewußtseinsschichten auch für finanzielle Zwecke benutzen kann. Wir unterhielten uns einige Stunden über diese Sache, und ich erzählte ihm einige mir bekannt gewordene Fälle, wo ebenfalls geübte Träumer bzw. Astralwanderer ihre so erlangten Erkenntnisse für höchst irdische Zwecke anwandten, zum Beispiel für Lotto, Toto, Lotterie, Roulett und andere Glücksspiele.

Und schließlich fragte mich mein Gast – deshalb war er hauptsächlich zu mir gekommen –, ob diese Art der Traumauswertung etwa gegen die geistigen Gesetze verstoße und deshalb unverantwortlich und verwerflich sei. Der Leser dieser Zeilen wird sich wahrscheinlich diese Frage auch sofort gestellt haben.

Ich erklärte ihm folgendes: Das Erbitten von Ratschlägen und Hinweisen seitens des persönlichen Schutzgeistes oder anderer höherer Astralwesen ist durchaus zulässig und in keiner Weise etwa verwerflich. Tausende wichtiger Entdekkungen und Erfindungen wären nicht gemacht worden, wenn die betreffenden Männer und Frauen nicht von höheren Ebenen aus Inspirations- und Intuitionsimpulse bekommen hätten. Die Liste der Erfindungen und Entdekkungen, die eindeutig auf „Traumgesichter" zurückzuführen sind, ist ziemlich lang.

Der okkultistische Schriftsteller Willy Schrödter (†) hat sie in seinen Büchern zusammengestellt und die näheren Umstände beschrieben. Es handelt sich dabei keineswegs nur um Ideen und Impulse erkenntnisphilosophischer, religiöser oder esoterischer Art, sondern meist um recht handfe-

ste Dinge, die nach der Auswertung bzw. Produktion die Erfinder oder Entdecker zu reichen Leuten machten. Es ist also nicht so, daß die höheren Mächte etwa nicht zuließen, daß ein verkörperter Mensch wohlhabend oder gar reich wird. Das Gegenteil ist der Fall. Gesundheit, Glückseligkeit und Reichtum sind das, was der Schöpfer (das Urabsolute) für jedes seiner Wesen in unbegrenzter Fülle bereithält, sofern dieses Wesen willens und fähig ist, diese ihm zustehenden Geschenke dankbar entgegenzunehmen und sie gemäß den auf Erden herrschenden moralischen und sittlichen Normen zu benutzen, auch wenn die letzteren zeitgebunden und daher recht veränderlich sind.
So gesehen hat ein Multimillionär, der vielleicht Tausenden von Angestellten und Arbeitern und deren Familien Arbeit und Brot gibt, eine wichtigere Aufgabe auf Erden zu erfüllen als einer, der bettelnd durch die Straßen zieht und verkündet, daß er alles Irdisch-Materielle, vor allem das Geld, zutiefst verachte. Die Natur unseres Planeten verlangt es, daß beide Extreme – der Multimillionär und der Asket im Lendenschurz, der verspielte Playboy und das gelähmte Mütterchen im Altersheim – mit ihren vielen Zwischenstufen gleichzeitig vorhanden sind. Keine von all diesen Lebens- und Erscheinungsformen ist besser oder schlechter. Gut und Böse sind nur rein menschliche Begriffe, die unserem beschränkten Wahrnehmungs- und Bewertungsvermögen entspringen, die aber das universelle Leben an sich nicht kennt.
Wenn also die geistige Führung eines Menschen um Geldgewinne gebeten wird und ihr, wie beim Wetten auf Pferde, Gelegenheit gegeben wird, im Traum oder auf andere Weisen Hilfen zu geben, dann kann der Betreffende sie guten Gewissens annehmen. Ob er mit den gewonnenen Geldern dann klug oder töricht umgeht, ist eine andere

Sache und gehört zur Bewältigung des irdischen Lernprogramms. Wir wissen ja aus Zeitungsmeldungen, daß Millionengewinne im Glücksspiel keineswegs immer den Gewinner glücklich machen, sondern ihn oft genug ruinieren. Entscheidend ist hierbei die grundsätzliche charakterliche und erkenntnismäßige Einstellung des Betreffenden seinem eigenen Leben und dem seiner Mitmenschen gegenüber. Ein altruistisch und sozial denkender und handelnder Multimillionär ist beim gegenwärtigen Stand der Dinge für die Weiterentwicklung der menschlichen Gesellschaft wichtiger als ein faulenzender und immer nur protestierender Gammler. Was allerdings nicht ausschließt – wiederum wegen des derzeitigen Grundcharakters unseres Planeten –, daß ein Millionär zum Gammler und ein Gammler zum Millionär werden kann. Wohl dem, der *beide* Situationen im Sinne der evolutiven Entwicklungsspirale zu verkraften und zu nutzen vermag.

Das universelle Leben kennt, wie gesagt, kein Armuts- oder Leidensgebot, verbietet also auch nicht, das aus astralen Bereichen stammende Wissen zum Gelderwerb oder zu anderen irdischen Zwecken zu benutzen. Die Führer aller Religionsgemeinschaften, Kirchen und Sekten auf Erden haben genau das zu allen Zeiten auch getan.

Aus dem bisher Gesagten ergibt sich zwangsläufig die weitere Frage, ob denn Astralwesen (das heißt in erster Linie verstorbene Menschen) überhaupt in der Lage sind, zukünftige Ereignisse vorauszusagen, ob sie also in dieser Hinsicht den noch verkörperten Menschen überlegen sind. Die Antwort lautet: ja und nein. Die erdgebundenen Seelen oder gar die aus den höllischen Regionen sind dazu nicht in der Lage. Ihr Intelligenzgrad ist eher niedriger als der des normalen Durchschnittsmenschen.

Die Bewohner der höheren Regionen aber können die

nähere Zukunft für die folgenden Stunden und eventuell sogar Tage bis zu einem gewissen Grad voraussehen, weil sie mittels ihrer höheren Intelligenz die Kausalitätsketten besser überschauen können, die als vorliegende Ursachen zwangsläufig zu bestimmten Folgeereignissen führen müssen. Man spricht in der Esoterik von Ereignissen, die bereits in der Kristallisation auf der irdischen Ebene begriffen sind. Ein guter Hellseher oder ein intuitiv arbeitender Kartenleger können das ja auch, jeweils gemäß der Höhe der ihnen zur Verfügung stehenden Informationsquelle. Je erweiterter also das persönliche Bewußtsein eines Menschen ist, je weiter er in die astralen und noch darüberliegenden Regionen vorzustoßen vermag, um so größer ist die Spanne, die er in die noch nicht völlig, aber *fast* schon genau festliegende Zukunft vorauszublicken vermag.

Und, liebe Leser, wollen Sie bestreiten, daß es zur Lebenskunst gehört, gewisse kommende Entwicklungen vorauszusehen oder wenigstens vorauszuahnen? Das ist der Grund, weshalb ich es für so wichtig halte, Ihnen die Traumexerzitien zu erklären; denn wie schon gesagt ist das Traumbewußtsein die am einfachsten zu öffnende Tür zum nächsthöheren Bewußtseinsgrad, zum Astralreich.

Hier noch ein Hinweis, der für Träumer, wenn sie beim Einschlafen entsprechende Fragen gestellt haben, wichtig sein kann. Es gibt Leute, die hin und wieder Lotto- oder Lotteriezahlen träumen, die aber enttäuscht sind, wenn diese Zahlen sich bei der Ziehung als falsch erweisen. Diese Leute verlieren dann sofort das Vertrauen zu diesen aus den höheren Bewußtseinsbereichen stammenden Informationen und knurren: „Träume sind eben doch Schäume!“ Sie sollten sich folgendes merken:

Bei der Übermittlung von Impulsen aus dem astralen in das grobstofflich gebundene Gehirnbewußtsein findet eine Art

„Spiegeleffekt" statt, was praktisch bedeutet, daß man geträumte Zahlen oder Zahlenreihen nicht einfach so hinnehmen sollte, wie man sie im Traum oder in einer Vision vor sich sah. Man sollte diese Zahlen auch umdrehen bzw. sie untereinander austauschen. Eine geträumte 6 könnte durchaus eine 9 bedeuten, eine 12 eine 21 usw. Man sollte also, wenn man Zahlen träumt, aus den gesehenen oder gehörten Zahlen so viele Kombinationen als irgend möglich zusammenstellen. Dadurch vervielfachen sich die Gewinnchancen.

Zum Schluß dieses Kapitels noch eine kuriose Geschichte, die mir der betreffende Hypnotiseur selbst erzählt hat. Er war vor einigen Jahren (inzwischen ist er verstorben) hauptberuflich als Heilhypnotiseur tätig, und seine Erfolge bei schmerzlosen Operationen und Zahnextraktionen unter ärztlicher Kontrolle, bei denen er die Patienten suggestiv in einen empfindungslosen Zustand versetzt hatte, gingen seinerzeit durch viele Zeitungen und Illustrierte.

Eines Tages kam zu ihm ein Vater mit seinem Töchterchen, das stotterte. Sprechschwierigkeiten und Ausdruckshemmungen sind ja bekanntlich durch hypnotische Behandlungen zu beseitigen, wenn keine organischen Mißbildungen vorliegen. Die erste hypnotische Behandlung versprach auch in diesem Falle eine völlige Beseitigung des Stotterns. In einem anschließenden Gespräch meinte der Vater, der sich für Hellsehen und okkultistische Dinge interessierte, so beiläufig, ob es denn nicht möglich sei, in der Hypnose die irdische Zeitschranke wenigstens teilweise zu überwinden und nicht nur – wie bei den Rückführungen in frühere Inkarnationen – die Vergangenheit wiederaufleben zu lassen, sondern auch ein Stückchen in die Zukunft zu schauen. Ob es zum Beispiel nicht möglich sei, in der Hypnose die Toto-Gewinnreihe vom kommenden Sonnabend vorauszusehen.

Geld könne man ja immer brauchen. Und er wäre bereit, sein Töchterchen für einen solchen sicher harmlosen Versuch zur Verfügung zu stellen. Warum eigentlich nicht gleich jetzt . . .?

Der Hypnotiseur, der selber Geld nötig hatte, griff die Idee auf und versetzte das Mädchen noch einmal in hypnotischen Schlaf und gab ihr folgende Suggestion: „Wir haben heute Sonnabend, den soundsovielten (das Datum des nächsten Sonnabends). Es ist abends 20 Uhr, und du sitzt vor eurem Radioapparat. Gleich wird der Sprecher, wie jeden Sonnabend um diese Zeit, die Totogewinnreihe durchgeben. (Damals – etwa 1950 – gab es in Deutschland noch kein Zahlenlotto, sondern nur das Fußballtoto.) Du hörst gut zu und sagst mir die Reihenfolge, so wie sie der Mann durchgibt. Hast du genau verstanden?"

„Ja."

Und dann sagte das Mädchen die Gewinnreihe her, die natürlich vom Vater und dem Hypnotiseur eifrig notiert wurde. Woraufhin das Mädchen wieder erweckt wurde. Es ist klar, daß sich die beiden Männer (sie hatten sich auf Halbierung der Gewinnsumme geeinigt) sogleich hinsetzten und jeder etwa ein Dutzend Totoscheine ausfüllte.

Doch wie groß war ihre Enttäuschung, als es sich herausstellte, daß die Gewinnreihe des folgenden Sonnabends, die sie fieberhaft erwarteten, *vollkommen anders* lautete. Bis die Frau des Hypnotiseurs einige Tage später, mehr durch Zufall, bemerkte, daß die von dem Kind in der Hypnose angesagte Gewinnreihe *richtig* war, nur umgekehrt, in der Reihenfolge *von hinten nach vorn.*

Hypnotische und autosuggestive Experimente sind natürlich nicht dasselbe wie das bewußte Hinübergehen ins Astrale im Traum oder beim Astralwandern. Ich habe die Geschichte mit der Totogewinnreihe hier nur wiedergegeben, um zu

zeigen, daß man bei allen Kontakten mit höheren Bewußtseinsebenen mit dem sogenannten Spiegel- oder Umkehreffekt rechnen muß.
Der Vollständigkeit halber: Der Vater des Mädchens war nicht bereit, das Hypnoseexperiment wiederholen zu lassen. Ob der Hypnotiseur in der beschriebenen Weise mit anderen Personen solche „Hellhörversuche in Richtung Zukunft" anstellte, ist dem Verfasser nicht bekannt. Er weiß aber, daß in gewissen magischen Logen in solcher und ähnlicher Weise gearbeitet wird, doch liegt die genauere Beschreibung dieser Praktiken nicht im Rahmen dieses Buches . . .

9. Kapitel

Methoden der Bewußtseinserweiterung und -erhöhung im Wachzustand

Wenn wir festgestellt haben, daß Traumexerzitien die einfachste und schnellste Methode sind, in die dem normalen menschlichen Zustand übergeordneten astralen Bewußtseinszustände zu gelangen, so heißt das nicht, daß es nicht auch Praktiken gäbe, die ohne Zuhilfenahme des Schlafes bzw. Traumes eine Bewußtseinserweiterung bewirken. Nahezu alle nah- und fernöstlichen wie auch westlichen Meditationspraktiken haben das normale Tages- oder Wachbewußtsein als Ausgangsbasis, und dasselbe ist der Fall bei sämtlichen magischen Übungen. Alle diese Praktiken haben generell eine Sensibilisierung und eine damit verbundene Erhöhung und Schärfung der bewußten Wahrnehmungsfähigkeit zum Ziel. Wer in der Lage ist, aus den ihm von seinen Sinnen übermittelten Signalen mehr herauszuholen als andere, wird diesen anderen logischerweise auf allen Gebieten des Lebens überlegen sein. Wie schon angedeutet, besteht ja das Wesen des Genies ganz einfach darin, daß es *mehr* sieht, hört, fühlt, riecht und schmeckt als der sogenannte Durchschnittsmensch. In seinem Schlüsselroman „Das grüne Gesicht“ stellt Gustav Meyrink die These auf, daß Wachheits-Exerzitien („Wachsein ist alles!“) das große Geheimnis seien, das seit der Sintflut der Menschheit verlorengegangen ist und daß ein diesbezügliches Training auf jeden Fall Genialität zur Folge habe. Er hat recht!

Die modernsten amerikanischen und sowjetischen ASW- und PSI-Forschungen haben nachprüfbare Beweise dafür erbracht, daß besonders erfolgreiche Manager, Funktionäre und Direktoren über ein feiner und schneller reagierendes Bewußtsein verfügen, das sie ihren Konkurrenten gegenüber überlegen macht. Es sind bereits Hunderte diesbezügliche PSI-Tests gemacht worden, die eindeutig erkennen ließen, daß diese Spitzenkräfte die Gabe des Hellsehens, Hellfühlens und Vorausahnens entweder von Natur aus besitzen oder sie entwickelt haben. Es ist bestimmt so, daß ein Teil dieser außergewöhnlich befähigten Führergestalten Kontakte mit Astral- und Mental-Intelligenzen im Traum oder in der Meditation hat, möglicherweise ohne es zu wissen. Ein anderer Teil wird sich der inzwischen bekanntgewordenen Methoden der Bewußtseinserhöhung und -schärfung im wachen Leben bedienen.
Es gibt auch hierüber bereits eine umfangreiche Spezialliteratur, innerhalb der das Buch von Ostrander-Schroeder „Vorauswissen mit PSI“ besonders bemerkenswert ist, auch wenn es sich – typisch amerikanisch – hauptsächlich ums Geschäftemachen und Geldverdienen dreht. Für den durchschnittlichen Amerikaner sind nun mal Lebenskunst und Lebenserfolg identisch mit einer hohen Position im Beruf und einem mindestens siebenstelligen Bankkonto. Viele Europäer sind ja der gleichen Meinung. Es sei auch nicht bestritten, daß ein Lebenskünstler im engeren Sinne des Wortes finanziell zumindest unabhängig und gesichert sein sollte, soweit auf diesem Planeten Sicherheit überhaupt erreichbar ist.
Fassen wir hier das Wesentliche der ganzen Sache, das in vielen Büchern, Broschüren und Lehrbriefen verstreut zu finden ist, zusammen bzw. suchen wir uns das heraus, was für uns brauchbar und durchführbar ist, ohne daß wir

stundenlang in Meditations-Asanas sitzen oder komplizierte magische Rituale auszuführen haben. Was in okkulten, esoterischen, mystischen und magischen Geheimlogen und ähnlichen Gruppen gelehrt wird, ist heute keineswegs mehr „streng geheim", sondern fußt auf jahrtausendealten Erkenntnissen und Erfahrungen, ist nur für die jeweils speziellen Zwecke der betreffenden Gruppe ein bißchen modernisiert und zurechtfrisiert wurden. Die dort vorgeschriebenen und als Geheimwissen ausgegebenen Praktiken kann jeder auch allein für sich durchführen, ohne sich durch Schweige-Eide und sonstige Verpflichtungen binden zu müssen.

Es sei hier allerdings bemerkt, daß magische und insbesondere fernmagische Beeinflussungspraktiken von einer geschlossenen Gruppe leichter und mit größerem Erfolg vorgenommen werden können als von einer Einzelperson. Das liegt einfach daran, daß sich PSI-Energien, die in diesem Falle mit magischen Kräften identisch sind, bündeln und akkumulieren und dann zielbewußt ausstrahlen lassen. Es liegt an den Leitern der betreffenden Gruppen, ob sie es verstehen, die feinstofflichen Energien der versammelten Mitglieder zu mobilisieren und in der beabsichtigten Weise wirkungsvoll einzusetzen, wobei die einzelnen Teilnehmer nicht unbedingt zu wissen brauchen, wofür die von ihnen beigesteuerte Energie benutzt wird.

Wir wollen uns aber in diesem Buch mit der PSI-Kräfte-Anwendung durch Logen, Orden und magische Bruderschaften nicht befassen, sondern uns auf die Praktiken beschränken, die der einzelne im Rahmen seines Alltagslebens mit Erfolg durchzuführen imstande ist.

Der Verfasser dieses Buches war einige Jahre lang Volksschullehrer und hatte Gelegenheit, Tausende von Schülern zwischen sechs und vierzehn Jahren bezüglich ihres Intelligenz- und Bewußtseinsgrades zu beobachten und zu testen. Zunächst hat er die uralte Feststellung bestätigt gefunden, *daß Intelligenz und Intellekt nicht dasselbe sind.* Er hat im Laufe seines Lebens immer wieder feststellen können, daß Personen mit einem hochgezüchteten, also vor allem gedächtnismäßig geübten Intellekt keineswegs zugleich auch intelligent sein müssen. (Nicht ganz ohne Grund scheuen viele protestierende und das System beschimpfende Studenten nicht davor zurück, einige ihrer Professoren und Dozenten als „Fachidioten“ zu bezeichnen, die mit dem Leben, wie es außerhalb der Studierstuben, Universitätshörsäle und -laboratorien ist, nicht fertig werden und ihm oft sehr einseitig und hilflos gegenüberstehen.)

Ich habe oft mit meinen Schülern in spielerischer Weise Wahrnehmungs- und Aufmerksamkeitstests gemacht und gefunden, daß eine gewisse Gruppe beträchtlich mehr bewußt aufzunehmen und zu behalten in der Lage ist als andere, bei denen die meisten Sinnessignale glatt am Bewußtsein vorbeigehen. Diese Art von Intelligenzbeobachtung hat mit den üblichen wissenschaftlichen Geschicklichkeits- und Eignungstests wenig zu tun, sondern ist lediglich darauf ausgerichtet, herauszufinden, welche der Kinder eine bessere, schnellere und präzisere Auffassungsgabe haben als ihre Mitschüler. Diese Unterschiede treten besonders kraß in Erscheinung, wenn man nach einem der üblichen Klassenausflüge einen Aufsatz darüber schreiben läßt (schreiben lassen muß). Bei einigen ist das Zehn- bis Zwanzigfache dessen „hängengeblieben“, was der Klassendurchschnitt bemerkte und seinem Gedächtnis einverleibte. (Wobei ich auf die weiter vorn in diesem Buch aufgestellte Behauptung verweise, daß Bewußtseinshöhe und -schärfe immer mit einer höheren Gedächtnis- und Erinnerungsfähigkeit gekoppelt sind.)

Ich habe im Laufe der Jahre als Lehrer eine ganze Menge diesbezüglicher Beobachtungen gesammelt und mir schließlich (nur still für mich) den Spaß gemacht, bei der Übernahme einer neuen Klasse nur aufgrund des Wachheitsgrades im Augenausdruck vorherzusagen, welche Kinder zu den sogenannten guten und welche zu den schlechten Schülern gehören. Und ich habe mich fast nie getäuscht. (MEYRINK: „Wachsein ist alles, ist die erste Stufe zur Genialität.) Die schlechten Schüler haben einen stumpferen, interesselosen, unkonzentrierten Augenausdruck.
In den zwanziger Jahren ist von einer Gruppe von Psychologiestudenten in Berlin ein diesbezüglicher Test im größeren Rahmen an allen Berliner Volksschulen durchgeführt worden. Aus jeder Klasse (selbstverständlich nach Jahrgängen und Lebensalter geordnet) wurden jeweils von den zwei besten und den beiden schlechtesten Schülern der Klassen eine Aufnahme in bestimmter Größe gemacht. Die so gewonnenen Einzelfotos der guten und der schlechten Schüler wurden dann übereinanderkopiert, und zwar so, daß sie sich nach Möglichkeit deckten, was erreicht wurde, indem man beim Kopieren einen Punkt zwischen den Augenbrauen als Fixierungspunkt nahm. Das Ergebnis war eine Art Kollektivbild der guten wie der schlechten Schüler jedes Jahrganges. Beim Betrachten derselben fiel sofort auf, daß die guten Schüler einen viel wacheren, aufmerksameren und „gewitzteren" Augenausdruck hatten als die schlechten.
Schlußfolgerung daraus: Es ist sinnlos, Kindern wegen ihrer schlechten Leistungen in der Schule Vorwürfe zu machen, sie als dumm und faul zu bezeichnen oder sie gar mittels Strafen unter Druck zu setzen. Das, worauf es gerade bei schlechten Schülern ankommt, ist *die Steigerung der bewußten Aufmerksamkeit,* was am besten auf ganz zwanglose, ja

spielerische Weise geschieht. Ich habe diese Aufmerksamkeits-Spielchen mit meinen Klassen regelmäßig gemacht und gefunden, daß diese den Kindern mächtigen Spaß machen. Ich stellte ihnen jeden Tag – neben den üblichen Schularbeiten – eine kleine Aufmerksamkeitsaufgabe, etwa in der Art: In welcher Richtung öffnet sich eure Haustür, nach außen oder nach innen; wie viele Fenster insgesamt hat eure Wohnung und wieviele die einzelnen Stockwerke; wie viele Stufen habt ihr zu Hause zu eurer Wohnungstür hinaufzusteigen; welche Augen- und Haarfarbe haben eure Mutter, euer Vater, eure Geschwister; wie viele Bäume und welche Arten stehen auf dem Schulhof; wie viele Geschäfte und welche liegen an den Straßen eures Schulweges usw. Es lassen sich Tausende solch einfacher Fragen stellen, mit denen man die Kinder veranlaßt, Dinge zu beachten, die sie bisher glatt übersehen hatten.

Es ist das eine generelle Schulung der Aufmerksamkeit und Konzentration, die gerade für ein Schulkind von größter Bedeutung sind. Ich habe auch bei den Elternabenden auf diese Art von Bewußtseins- und Gedächtnisschulung immer wieder hingewiesen und erklärt, daß hierbei der Gewohnheitsfaktor die ausschlaggebende Rolle spielt. Wenn die Lehrer in der Schule und die Eltern zu Hause regelmäßig und geduldig solche Aufmerksamkeits-Spielchen mit ihren Kindern machen, können sie schon im Laufe eines Jahres eine bedeutende Leistungssteigerung feststellen.

Der Mensch ist nun mal, wie der Volksmund sagt, ein „Gewohnheitstier", und jede außerordentliche Leistung auf irgendeinem Gebiet hat die Einschaltung des Gewöhnungsfaktors zur Voraussetzung. Ich habe jedenfalls festgestellt, daß die beschriebenen Aufmerksamkeitsübungen bei Kindern auf rein spielerischem Weg erstaunliche Verbesserungen zur Folge hatten. Denn schließlich sind *alle* geistigen

und sogar körperlichen Leistungen vom Grad des individuellen Bewußtseins und der damit gekoppelten Gedächtniskapazität abhängig.
Was ich über die Arbeit mit meinen Schülern sagte, gilt natürlich genauso für Erwachsene. Für sie könnte die Behauptung eines alten indischen Philosophen gelten, der sagte, „daß die meisten Menschen des Westens (meines Erachtens aber auch des Ostens) nicht selber leben, sondern von ihrer Umwelt *gelebt werden.*“ Das erscheint reichlich übertrieben, aber ein wahrer Kern steckt darin. Die meisten Erwachsenen sind in ihrem beruflichen und familiären Wirkungskreis so „eingespannt und eingesponnen“, daß sie zu klarem, vollbewußtem Selbstdenken, Selbsturteilen, Selbstentscheiden und Selbsthandeln kaum noch fähig sind. Sie fühlen sich gejagt und herumgewirbelt wie das sprichwörtliche Blatt im Winde.
Auch als Erwachsener kann man die beschriebenen Bewußtseins- und Aufmerksamkeitsübungen machen, und zwar in derselben spielerischen Weise wie bei den Schulkindern. Es gibt in deutscher Sprache eine ganze Menge Bücher über Methoden zur Bewußtseinserweiterung und -schärfung, die aber alle konsequente und oft recht komplizierte Übungen zur Voraussetzung haben und zur Bedingung machen. Selbstverständlich wird derjenige, der danach arbeitet, Erfolg haben, Erfolg haben müssen. Wer fünf Jahre lang täglich acht Stunden mit Gummibällen oder Sektflaschen jongliert, wird schließlich eine zirkusreife Nummer zusammenbringen. Und wer regelmäßig jahrelang ein oder zwei Stunden gemäß den bekannten Yogavorschriften meditiert und kontempliert, wird und muß schließlich auch zu Ergebnissen kommen.
Doch machen wir uns nichts vor: es gibt unter uns nur sehr wenige, die – aus welchen Gründen auch immer – neben

ihrer Arbeit im Beruf und in der Familie noch die Zeit aufbringen, die nun einmal zu einer konsequenten geistig-seelischen Schulung gemäß den fernöstlichen wie christlichen Überlieferungen und Spezialsystemen erforderlich ist. Jahrzehnte hindurch habe ich immer wieder die Erfahrung machen müssen, daß der Europäer einfach die asiatische Geduld und Ausdauer nicht aufbringt. Deshalb habe ich immer nach einer spielerisch und ohne zeitliche Bindung durchführbaren Bewußtseins-Schulungsmethode gesucht und schließlich gefunden, daß die bei meinen Schulkindern erprobte und bewährte Methode mit einigen Abwandlungen sich sehr gut auch für Erwachsene eignet.
Auch der mitten im hektischen Berufsleben Stehende ist imstande, nur Sekunden erfordernde Aufmerksamkeits- und Bewußtseins-Exerzitien durchzuführen, indem er sich zum Beispiel bemüht, innerhalb seiner gewohnten Umgebung (Arbeitsplatz, Büro, Wohnzimmer, Schlafzimmer, Bus oder Straßenbahn) Dinge zu bemerken, die bisher seiner Beobachtung und gedanklichen Registrierung völlig entgangen waren. Praktisch gibt es nicht einen einzigen Gegenstand und keine menschliche Person, an denen nicht „etwas Neues" entdeckt werden kann. Man mache sich nur einmal die Mühe, seinen eigenen Schreib- oder Eßtisch auf unbekannte Eigenheiten hin genau zu untersuchen, und man wird mit Erstaunen feststellen, daß es mit unserer hellbewußten Wahrnehmungs- und Merkfähigkeit in der Regel recht schlecht bestellt ist. Sekundenbruchteile genügen, um beim aufmerksamen Umsichblicken oder -hören immer wieder neue Entdeckungen zu machen. Ganz von selbst vergrößert sich dadurch unser allgemeiner quantitativer und auch qualitativer Bewußtseinsinhalt. Mit diesen von der Umwelt vollkommen unbemerkbaren Übungen kann man die bereits erwähnte innere Frage verbinden: „Wache oder träume ich?"

Ich kann dem Leser dieser Zeilen ohne zu übertreiben versprechen, daß er, wenn er diese Aufmerksamkeits- und Bewußtheitsübungen nur sechs Wochen hindurch täglich ein paarmal durchführt, er mit an Sicherheit grenzender Wahrscheinlichkeit die Fähigkeit des bewußten Träumens entwikkelt haben wird. Und dann geht es sozusagen automatisch immer weiter und höher. Nur keine Hast, kein verkrampftes „Ich muß und will es schaffen!", sondern statt dessen die gelöste, heitere Gelassenheit des Wissenden, der sich des Zieles sicher ist.

Innere Reife- und Entwicklungsprozesse lassen sich nicht mittels Maschinen – und seien diese noch so hypermodern und elektronisch – messen und in Diagrammen graphisch festhalten. Wer dieser Meinung sein sollte, der irrt. Das für den strebenden Esoteriker allein Maßgebende ist der erzielte Erfolg, und der ist naturgemäß immer subjektiver Natur. Ob und inwieweit ich eine Bewußtseinserweiterung, -erhöhung und -schärfung erfahren oder gar das „kosmische Bewußtsein" erlebt habe, kann nur ich selbst beurteilen, niemand anders.

Zum Schluß dieses Kapitels noch eine Übungsmethode, die ebenfalls kein systematisches Training benötigt, sondern tagsüber bei jeder sich bietenden passenden Gelegenheit durchgeführt werden kann. Während sich die soeben beschriebene Methode hauptsächlich um Dinge und Zustände der Außenwelt dreht, richtet sich die nachstehend umrissene *nach innen,* auf unsere erkennende Bewußtseinskraft. Auch diese Methode ist keineswegs neu, sondern uralt. Sie wird unter anderem in den USA, in England und Brasilien bei der Ausbildung von spiritualistischen Medien benutzt, um damit deren Sensibilität zu steigern. Es wird dabei vorausgesetzt, daß *alle* Dinge – auch die sogenannten toten, anorganischen Gegenstände – eine Art Bewußtsein und Gedächtnis haben, die von einer entsprechend eingestimmten Menschenseele bewußt abgelesen oder abgehört werden können.

Anders ausgedrückt: in jedem Ding ist seine Lebensgeschichte und all das, womit es in Berührung gekommen ist, als „geistige Imprägnierung“ enthalten. Wesen höherer Bewußtseinsgrade (zum Beispiel der Mensch) müssen daher imstande sein, diese gespeicherten Erlebnis- bzw. Bewußtseinsschwingungen des betreffenden Gegenstandes wieder lebendig werden zu lassen und sich von ihnen „erzählen zu lassen“. Und genau das ist es, was diese Übungen bezwecken.

Praktisch sieht das so aus: Die Teilnehmer des spiritualistischen Entwicklungs- und Ausbildungszirkels werden vom Leiter gebeten, im Nebenzimmer, also ohne daß es die anderen sehen, irgendeinen Gegenstand auf ein Tablett zu legen, und zwar einen, den sie längere Zeit an oder bei sich getragen haben. (Armbanduhr, Ring, Medaillons, Füllfederhalter, Taschenmesser, Geldbörse usw.) Ist das geschehen, hat also jeder seinen Gegenstand hingelegt, trägt der Leiter das Tablett in das Sitzungszimmer und bittet die Anwesenden, den einen oder anderen Gegenstand zu ergreifen (natürlich nicht den eigenen), ihn mit einer Hand oder mit beiden zu umschließen und sich mit geschlossenen Augen auf dessen Ausstrahlung zu konzentrieren. Die Anweisung lautet: *sofort* über das erste innere Bild, das auf der „Bewußtseins-Kinoleinwand“ erscheint, zu sprechen und es so ausführlich wie möglich zu beschreiben, auch dann, wenn die betreffenden Bilder oder Gefühle völlig unsinnig erscheinen. Dabei ist der kritische Verstand, das heißt die intellektuelle Urteilskraft, möglichst ganz auszuschalten.

Diese Art des Erfühlens der Erlebnis-Schwingung eines Gegenstandes nennt man *Psychometrie*, was genau übersetzt

„Seelenmessung" heißt und eigentlich eine recht unpassende Bezeichnung ist. Aber sie hat sich nun einmal eingebürgert, weshalb wir sie beibehalten wollen.

Es kommt nun auf die Erfühlungsfeinheit des Übenden an, ob die inneren Bilder, Laute oder Gefühle, die beim Betasten des Dinges in ihm aufsteigen, wirklich etwas über die Geschichte des Gegenstandes oder seines Trägers aussagen oder nicht. Der dem Übenden unbekannte Besitzer des betreffenden Gegenstandes hat über die Richtigkeit oder Unrichtigkeit der gemachten Aussagen zu urteilen, was also eine sofortige Kontrolle der Psychometriebegabung der einzelnen Sitzungsteilnehmer ermöglicht. Nach einer gewissen Zeit – die je nach Veranlagung Wochen oder Monate umfassen kann – werden bei regelmäßigem Üben diese inneren Bilder und Gefühle immer deutlicher und aussagekräftiger, bis es schließlich möglich ist, wesentliche Szenen aus dem Leben der das Ding besitzenden Person und ihrer Umgebung mit erstaunlichen Einzelheiten zu schildern.

Es hat ausgezeichnete Psychometrie-Medien gegeben, die fähig waren, Vorgänge zu beschreiben, die sich vor Hunderten oder Tausenden von Jahren irgendwo in der Welt zugetragen hatten. Die solche Erinnerungsbilder auslösenden Gegenstände waren Steinbrocken von archäologischen Ausgrabungen, Ruinen, Schiffswracks, Tonscherben, Werkzeuge, Grabbeigaben und dergleichen. Auf diese Weise hat man tatsächlich Ereignisse versunkener Zeiten wieder lebendig machen können. Die Schulwissenschaftler halten allerdings von dieser Art von Vorgeschichtsforschung nicht viel, was bei ihrer grundsätzlichen Einstellung übersinnlichen Dingen gegenüber auch nicht verwunderlich ist.

Wir haben nun nicht die Absicht, auf diese Weise historische Vergangenheitsforschung zu treiben, sondern wollen lediglich aus der Tatsache, daß tote Dinge zu erzählen vermögen,

Folgerungen für unsere eigene Entwicklung zum Lebenskünstler ziehen.
Aufgrund des vorliegenden und durchaus beweiskräftigen Tatsachenmaterials sind wir zu dem Schluß berechtigt, daß *alle* materiellen Gegenstände, mit denen wir in unserem Alltagsleben zu tun haben, eine Art „psychische Ladung" haben, die zu erfühlen einem darin geübten Menschen möglich ist. Mit ganz wenigen Ausnahmen hat *jeder* Mensch mehr oder weniger ausgeprägt diese Fähigkeit, die eine ausgesprochene PSI-Fähigkeit ist. Nichts spricht dagegen, daß auch wir davon Gebrauch machen, zumal die dazu erforderlichen Übungen wiederum auf rein spielerische Weise vor sich gehen.
Man kann zum Beispiel vor dem Öffnen von an uns gerichteten Briefen ein paar Sekunden lang den Inhalt zu erfühlen versuchen. Mit der Zeit spürt man mit sich steigernder Sicherheit, ob der Brief etwas Angenehmes oder etwas Unangenehmes enthält.
Ich kannte eine Frau, die, wenn sie einen Brief in die Hand nahm, schon nach kaum einer Minute Konzentration dessen Inhalt mit etwa 75%iger Genauigkeit wiederzugeben imstande war.
Dasselbe „Erspüren" kann man bei Telefonanrufen anwenden bzw. üben. Ein „Hellwissen" sagt uns plötzlich, wer am Telefon ist und was er will. Auch bei der Beurteilung von Personen, mit denen man zu tun hat, kann man mit Erfolg die Psychometrie benutzen, denn lebende Wesen haben natürlich eine stärkere psychische Ladung und damit auch Ausstrahlung als anorganische Dinge. „Alles wirkt auf alles", sagten die alten Weisen, „alles steht zueinander in Beziehung". Es kommt nur darauf an, diese Einheit alles Seins und das gegenseitige Zusammenwirken seiner Teile bewußt zu erfühlen.

Es ist klar, daß ein Mensch, der dieses psychometrische Erfühlen in sich entwickelt hat, anderen Personen seiner Umgebung überlegen sein muß. Das psychometrische Erfühlen von Schwingungen hat nichts zu tun mit verstandesmäßigem Überlegen, Abschätzen, Vergleichen und Kombinieren, sondern ist mehr ein blitzartig eintretendes Hellsehen oder Hellwissen, das nicht logisch begründet und bewiesen werden kann.
Untersuchungen an amerikanischen Universitäten, die die Auswirkungen von PSI-Fähigkeiten im Geschäfts- und Berufsleben unter die Lupe nahmen, haben unwiderleglich ergeben, daß besonders erfolgreiche Wirtschaftskapitäne diesen „sechsten Sinn" haben und in der Lage sind, in Entscheidungssituationen sich auf ihr Hellfühlen und Hellwissen zu verlassen, auch wenn sie es nach außen offiziell abstreiten. Besonders wichtig ist diese Eigenschaft für Leiter von Personalabteilungen, wenn führende Posten zu besetzen sind. Zeugnisse und Referenzen können ein falsches Bild des Bewerbers vermitteln; der „sechste Sinn" aber trügt nie, wenn er entsprechend geübt worden ist.
Zusammengefaßt: für uns ist die Erkenntnis wichtig, daß *alle* Dinge – organische Wesen wie anorganische Gegenstände – feinstoffliche Schwingungen akkumuliert haben, die ein sich darauf abgestimmt habender Mensch bewußt zu erfühlen und korrekt zu deuten vermag. Man kann dieses Spielchen – ganz zu Anfang ist es mehr ein Ratespiel – praktisch von früh bis abends betreiben, denn Gelegenheiten dazu bieten sich ständig. Nach ein paar Wochen wird der Übende mit Erstaunen feststellen, daß seine „Errate-Fähigkeit" immer mehr zunimmt und den Charakter des Hellwissens annimmt. Die Umgebung, ja die eigenen Familienangehörigen brauchen, wenn man es nicht will, von diesem Psychometrietraining gar nichts zu bemerken.

Wenn ich rückblickend an all die Leute denke, denen ich – immer mit gewissen Vorbehalten – das Prädikat Lebenskünstler geben kann, muß ich feststellen, daß sie alle in mehr oder weniger ausgeprägtem Maße über die Fähigkeit des Hellfühlens und Hellwissens verfügen. Die besten und erfolgreichsten unter ihnen haben diese Fähigkeit, wie sie mir im Vertrauen mitteilten, ganz bewußt bei jeder sich bietenden Gelegenheit geübt, aus der Erkenntnis heraus, daß unser sinnesgebundener Verstand ungeeignet ist, die den Umwelterscheinungen zugrunde liegenden übersinnlichen Schwingungen und geistigen Impulse aufzunehmen und richtig zu deuten.
Ein konsequentes, aber immer spielerisches Anwenden der Psychometrie wirkt sich natürlich auch förderlich auf unsere Traumexerzitien aus, denn die erspürten Schwingungen sind zum großen Teil astraler Natur, stammen also aus jenen Bereichen, die wir beim bewußten Träumen betreten.
Zum Schluß dieses Kapitels noch der Hinweis auf eine Tatsache, die der angehende Lebenskünstler unbedingt wissen muß und die mit der erwähnten Psychometrie- oder Erfühlungsfähigkeit eng zusammenhängt. Die Schwingungen oder PSI-Energien, mit denen jeder Gegenstand mehr oder weniger „geladen" ist, sind in den wenigsten Fällen neutral, sondern sind in bezug auf uns entweder gut und fördernd oder schlecht und hemmend. Extrem formuliert: Es gibt Dinge (und natürlich Menschen), die eine harmonische, friedliche, entspannende und rundum angenehme Ausstrahlung haben, aber auch Dinge und Wesenheiten, die eine unheilschwangere Ladung haben und eine Atmosphäre der Beklemmung, der Angst und des Unglücks um sich verbreiten. Denken wir nur als krassestes Beispiel an die mit Abwehr-Verfluchungen bzw. -Bannungen imprägnierten Pharaonenmumien und Grabinhalte, die ihren Entdeckern

niemals Glück, Freude und Gesundheit brachten, sondern ausschließlich das Gegenteil. Auch ist es kein Geheimnis, daß bestimmte sehr große und kostbare Edelsteine und Schmuckstücke ihren jeweiligen Besitzern Mißerfolg, Krankheiten und schließlich Tod brachten. Es handelt sich hier meist um alte Dinge, deren psychische Ladung so stark ist, daß der Mensch, der nichts davon weiß, ihr hilflos ausgesetzt ist.

Doch außer diesen Extremfällen, in denen die negativen, ja mörderischen Wirkungen gewisser Gegenstände erwiesen sind, gibt es eine Unmasse Dinge um uns herum, deren Ladungen und Ausstrahlungen wesentlich schwächer sind, die aber nichtsdestoweniger entweder positiv oder negativ auf uns einwirken. Dabei handelt es sich meist um Dinge, die schon eine Reihe von Vorbesitzern hatten und bei irgendwelchen glückhaften oder tragischen Ereignissen „dabei waren“, das heißt die betreffenden Schwingungen in sich aufnahmen und festhielten: alter Erbschmuck oder sonstige kostbaren antiquarischen Gegenstände wie Möbel, Geschirr, Teppiche, Bilder und dergleichen. Mit solchen Dingen – so selten und kostspielig sie an sich sein mögen – kann man sich die feinstoffliche Atmosphäre der Wohnung oder des ganzen Hauses „restlos versauen“, kann sie zu regelrechten Unglücks- und Krankheitsmagneten machen.

Ich kenne einige fortgeschrittene Esoteriker, die es rundweg ablehnen, Schmuck, Gebrauchsgegenstände, Möbel usw. aus zweiter oder dritter Hand zu kaufen und zu benutzen, die nur neu angefertigte Sachen um sich dulden. Das ist grundsätzlich richtig, vor allem für den, der die Fähigkeit des psychometrischen Erfühlens nicht selbst in ausreichendem Maße entwickelt hat. Besäße er sie, wüßte er immer sofort oder in Kürze, ob ein Gegenstand seiner Umgebung schwingungssympathisch oder -feindlich ist. Es gibt nämlich

auch Erbstücke und alte Sachen, die eine ausgesprochen positive Wirkung auf den neuen Besitzer haben, weshalb es unangebracht erscheint, sie aus Prinzip abzulehnen oder fortzugeben, zumal das letztere nicht immer möglich ist.
Wenn man die obenbeschriebenen spielerischen Übungen eine Weile gemacht hat und merkt, daß die Empfangssensibilität der feinstofflichen Antennen sich gesteigert hat, kann man sich die einzelnen Stücke der Wohnungseinrichtung einmal vornehmen und sie auf ihren Strahlungscharakter und ihre Schwingungsintensität hin untersuchen. Wenn man sich des Ergebnisses nicht ganz sicher ist, kann man noch einen guten und erfahrenen Pendler oder Rutengänger hinziehen. Ich habe aber festgestellt, daß man sich auf das eigene Gespür mehr verlassen kann als auf die Pendelergebnisse anderer, da selbst ein guter Pendler und Rutengänger naturgemäß zu den einzelnen Gegenständen ein anderes persönliches Schwingungsverhältnis hat als der ständige Bewohner der Räume.
Man sollte diese Psychometrietests allerdings nicht übertreiben, sollte nicht von vornherein allen Dingen seiner materiellen Umgebung mißtrauisch gegenüberstehen. Der Verdacht, daß etwas damit nicht stimmen könnte, ist nur dann begründet, wenn von einem bestimmten Zeitpunkt an „alles schiefläuft", wenn also eine sogenannte „massive Pechsträhne" anhebt, für die keine logisch erklärbare Ursache zu finden ist. Dann sollte man sich die Frage stellen, ob der Beginn dieser Unglücksserie mit dem Erwerb oder Erhalt eines bestimmten Gegenstandes zusammenfällt. Ist das der Fall, sollte man aufmerksam werden und eine Prüfung des Stückes im obigen Sinne vornehmen. Denn es gibt tatsächlich Dinge, die, wie schon gesagt, einen Menschen krank machen bzw. ihn mit der Zeit regelrecht umbringen können. Denken wir nur, um eine heute allgemein bekannte Rede-

wendung zu gebrauchen, an die „Unfallautos“, die, obwohl sie technisch einwandfrei sind, ihre Besitzer immer wieder ohne deren Schuld in Gefahrensituationen bringen. Das wenigstens in großen Zügen zu wissen und daraus Konsequenzen zu ziehen, ist ein Erfordernis der elementaren Lebenskunst und Lebensklugheit.

Wahrscheinlich werden einige Leser dieser Zeilen einwenden, daß die Möglichkeit des „Entodens“, das heißt des Reinigens von schädlichen Schwingungen besteht, zum Beispiel durch längeres Hängen des betreffenden Gegenstandes in fließendes klares Wasser. Das ist richtig. Aber das Hängen in den Wasserleitungsstrahl im Waschbecken oder in der Badewanne genügt nicht. Das Ideale wäre ein klarer, fließender Bach in offenem Gelände, wie er leider in unseren Städten kaum noch zu finden ist. Außerdem kann man Möbel, Textilien und große Gegenstände nicht in Bach- oder Flußwasser hängen. Es ist also in der Regel gescheiter, wenn man sich von dem Gegenstand, den man als Unglücksträger und -auslöser erkannt hat, einfach trennt, ihn sogar nach Möglichkeit vernichtet, um nicht andere Menschen den gleichen Gefahren auszusetzen. Es ist immer noch besser, einen geldlichen Verlust hinzunehmen, als sich die ganze häusliche Atmosphäre verderben zu lassen.

Besondere Vorsicht ist beim Lagern oder Aufhängen alter Waffen und von Kultgegenständen angebracht. Diese Dinge haben, wenn sie wirklich echt sind, in der Regel eine ziemlich tragische, ja blutige Vergangenheit, die so stark und negativ sein kann, daß es ein sensibler, psychometrisch begabter Mensch in Zimmern mit derartigem Wandschmuck einfach nicht aushält.

Kurz und gut: zu einer *bewußten* Schärfung und Erhöhung der geistig-seelischen Wahrnehmungs- und Beurteilungsfähigkeit bietet sich von morgens bis abends mehr als genug

Gelegenheit. Alles im Universum schwingt in bestimmter Weise in einem typisch-individuellen Bewußtseinsgrad (selbst die Atome und Moleküle), und der sich darauf einstellende Mensch ist imstande, *sich von allen Dingen „ihre Geschichte erzählen zu lassen*". Die Sagen und Märchen aller Völker, die ja versteckte Wahrheiten enthalten, berichten oft von Menschen, die die Sprache der Tiere und Pflanzen verstanden und mit den Wesenheiten anderer Bewußtseinsbereiche Kontakt hatten. Die betreffenden Sagen- und Märchenhelden waren eben, um einen modernen Terminus zu benutzen, Psychometer aus Veranlagung oder durch Übung. Und dasselbe ist auch heute noch möglich, wenn man die nötigen bewußtseinsmäßigen Voraussetzungen schafft.
Ein hohes jenseitiges Geistwesen begann seine Belehrungen durch ein Medium immer mit den Worten: „*Bewußtheit ist die einzige Realität im ganzen Universum!*" Dieser Satz ist es wert, immer wieder ernsthaft darüber nachzudenken.

10. Kapitel

Voraussetzungen für ein ideales Liebes- und Eheleben

Ich möchte hier zunächst die von allen Weisen, Erleuchteten und Religionsstiftern bestätigte Feststellung wiederholen, daß ein Mensch nur dann glücklich, zufrieden und gesund leben kann, wenn er die göttlich-geistigen Prinzipien und Gesetze kennt und sich dementsprechend verhält, wenn er nicht gegen sie arbeitet; denn diese universellen Gesetze sind allem irdisch-menschlichen Tun und Trachten übergeordnet.

Eins dieser Universalprinzipien ist die *Polarität*, die allem uns erkennbaren Geschaffenen zugrunde liegt. Jeder Philosoph und Erkenntniskritiker weiß das. Es gibt – außer der absoluten Vollkommenheit, die *apolar* ist – nicht eine einzige Lebenserscheinung, die nicht die Plus-Minus-Gegensatzspannung als Existenzvoraussetzung hat. Der Mensch ist außerstande, auch nur einen Gedanken zu fassen, den er nicht entweder bejahen oder verneinen könnte. Daß unser gesamtes Leben dem Polaritätsprinzip von Geburt und Tod, aktiv und passiv, Tag und Nacht, Gut und Böse, Ruhe und Bewegung, Gesundheit und Krankheit, Erfolg und Mißerfolg, Freude und Leid, Harmonie und Disharmonie usw. unterliegt, wird auch der nicht philosophisch geschulte Leser einsehen.

Über diese Plus-Minus-Spannungen in allem Lebendigen sind seit Jahrtausenden ganze Bibliotheken geschrieben und unzählige Vorträge gehalten worden. Dennoch scheint es, als reiche die Intelligenz der meisten Menschen nicht aus, diese Schöpfungsvoraussetzung und -grundlage richtig zu verstehen. Wie viele gibt es gerade auch unter uns Esoterikern, die am liebsten alles ihrer Meinung nach Negative, Finstere, Disharmonische usw. völlig ausschalten möchten und kühn behaupten, Gott sei und wolle nur das, was wir unter den Sammelbegriffen „gut, positiv, schattenloses Licht, Harmonie und Glückseligkeit" bezeichnen. Sie vergessen dabei, daß die Gottheit, die absolute Vollkommenheit, *apolar*, also überhaupt nicht polarisiert ist, daß es für sie Gegensätze nicht gibt, daß sie deshalb auch nicht positiv oder gut im menschlichen Sinne sein kann; denn alle Polaritätsbegriffe haben ja die Eigenschaft, daß sie allein für sich nicht existieren können, sondern nur gleichzeitig miteinander, etwa entsprechend den beiden Seiten einer Münze.

Wenn ich am Anfang dieses Buches bei der Erklärung der deduktiven Erkenntnismethode sagte, daß die absolute Vollkommenheit die von ihr geschaffenen und diese Vollkommenheit repräsentierenden Wesen nicht zu ständigem Leid und Schmerz verurteilt hat, so stimmt das, aber eben nicht in dem Sinne, als ob die Gottheit nur die Plusseite des Seins darstelle. Das ist das Schwierige bei diesen Gedankengängen, daß wir Menschen aufgrund unserer Struktur gar nicht apolar zu denken und zu fühlen vermögen, eine Aussage über den göttlichen Vollkommenheitszustand also gar nicht machen können. Das wird von nahezu allen wirklich Erleuchteten und echten Mystikern bestätigt, die übereinstimmend sagen, daß jedwede menschliche Aussage über den apolaren Absolutheitszustand von vornherein falsch ist und falsch sein muß. Der einzige Weg, so erklären sie, die absolute Gottheit zu verstehen, ist, *selbst zu ihr zu werden.* Kein geschriebenes oder gesprochenes Wort ist imstande, den apolaren Einheitszustand allen Seins zu beschreiben oder gar zu definieren. Man kann es höchstens wie Buddha, der immer wieder darzulegen versuchte, was dieses Absolute (sein Nirwana) *nicht ist.* Damit hat er wenigstens die Richtung angegeben, in die der nach Wahrheit suchende Mensch zu gehen hat. Er hat aber niemals gesagt, daß das Absolute die Summe alles Guten, Wahren, Schönen, Angenehmen und Harmonischen sei. Auch Jesus hat über den Charakter der Zustände im „Himmelreich" nichts Konkretes ausgesagt, und was laut Bibel nach seinen Aussprüchen so gedeutet wird, läßt den Verdacht begründet erscheinen, daß er es so gar nicht gesagt hat, sondern daß es von späteren Berichtern und Korrektoren zum Zwecke leichterer Verständlichkeit für den einfachen Menschen hineingebracht worden ist. *Unipolar, also einpolig, ist etwas völlig anderes als apolar!*

Besondere Erkenntnisschwierigkeiten scheint vielen Menschen der Umstand zu machen, daß die Beziehungen zwischen den Polen bzw. den sich einander bedingenden Gegensätzen *ständig wechseln,* weil das Lebensprinzip in und an sich *Bewegung* ist, also ein unablässiger Pendelschlag zwischen Plus und Minus, Geburt und Tod, Anfang und Ende, Ja und Nein usw. Was heute gut ist (uns so erscheint), muß es morgen keineswegs auch noch sein. Was der eine als schön und angenehm empfindet, muß es für einen anderen keineswegs auch sein. Es kommt ganz auf die Polseite an, auf der der Betrachter gerade steht. Wenn an einer Zimmertür das Wort „Ausgang" steht, so ist es völlig korrekt, auf der andern Seite dieser Tür das Schild „Eingang" anzubringen, obwohl es dieselbe Tür ist.

Kurz und gut: die gesamte in Erscheinung getretene Schöpfung (die *nicht* das Absolute ist!) würde in dem Augenblick zu existieren aufhören, wenn die Plus-Minus-Spannung, die das Lebensprinzip ist, nicht mehr wäre. Eigentlich ist das so einfach, daß es jedes intelligente Schulkind begreifen könnte, aber offensichtlich ist es gerade diese Einfachheit, die so viele Menschen irrtümlicherweise zu Kämpfern gegen alles vermeintlich Böse und Negative macht, das ja in Wirklichkeit nur die unbedingt erforderliche andere Seite der Tür ist und sein muß, weil es ohne den Ausgangs- und Eingangsaspekt der Tür überhaupt keine Tür geben könnte. Der Volksmund sagt ganz richtig: „Alles hat zwei Seiten“, was aber nichts daran ändert, daß der Mensch jeweils immer nur das Schild auf der einen Türseite lesen kann, weil es ihm infolge seiner Struktur unmöglich ist, die beiden Schilder gleichzeitig zu lesen.

Der Leser möge mir verzeihen, wenn ich diese kleine und recht simple Lektion über die universelle Polarität bringe. Dadurch wird ihm das Verständnis des Folgenden, bei dem es um den Polaritätswechsel geht, etwas erleichtert.

Der in der Überschrift zu diesem Kapitel zu lesende Begriff „ideales Liebes- und Eheleben“ beruht ebenfalls auf dem universellen Polaritätsprinzip, das in diesem Falle als der *Geschlechter-Gegensatz männlich-weiblich* in Erscheinung tritt. Es ist nicht schwierig, sich von den Schulbiologen, Zoologen, Botanikern, Psychologen und anderen Wissenschaftlern bestätigen zu lassen, daß sich die Geschlechterpolarität durch die gesamte uns wahrnehmbare Schöpfung zieht, daß es diese Plus-Minus-Spannung ist, die beim Zusammentreffen und „Sich-Entladen“ ein Neues, Drittes zeugt und gebärt.

Wir wollen uns aber in diesem Kapitel auf die Betrachtung jener Aspekte der universellen Polarität beschränken, die für den angehenden Lebenskünstler von besonderer Bedeutung sind. Denn kaum einer meiner Leser wird bestreiten wollen, daß zu einem glücklichen, gesunden, harmonischen und erfolgreichen Leben ideale Liebesbeziehungen zum jeweils anderen Geschlecht im weitesten Sinne des Begriffes gehören. Wir wollen uns hier auf den sogenannten „normalen" Menschen beschränken (obwohl es ihn kaum gibt!), also auf jenen Menschen, der eindeutig ein Mann oder eine Frau ist. Den Ursachen und Erscheinungsweisen geschlechtlicher Anomalitäten auf den Grund zu gehen, würde den Rahmen dieser Betrachtung überschreiten.

Was nun die Polaritätsverteilung zwischen den beiden Geschlechtern angeht, so ist die allgemeine Meinung die, daß der Mann den positiven, aktiven, zeugenden Pol, die Frau den negativen, passiven, empfangenden und gebärenden Teil repräsentiere. Das haben wir so gelernt, und der Augenschein zeigt uns, daß dem im großen und ganzen auch so ist. Aber diese Definition der Mann-Weib-Polarität ist viel zu oberflächlich und zu ungenau und hat die sich immer mehr steigernden Liebestragödien und Eheprobleme zur Folge.

Was den rein körperlichen Teil des Menschen angeht, können wir – von den abnormen Polaritätsverschiebungen abgesehen – die Zuteilung des Männlichen zum Aktiv-Zeugenden und des Weiblichen zum Passiv-Empfangenden als richtig hinnehmen. Aber der Mensch besteht nicht nur aus einem materiellen, grobstofflichen Körper, sondern darüber hinaus aus einem astralen bzw. Gefühlskörper, aus einem noch höher schwingenden Mental- oder Denkkörper (Verstand, Logik) und aus noch höheren Bewußtseinsträgern, die wir hier unter dem Sammelbegriff Intuitionskörper zusammenfassen wollen. Damit haben wir eine Vierteilung des Menschen vor uns. Die fernöstlichen Lehren sprechen von sieben verschiedenen Körpern, von denen der grobstoffliche der unterste, der am niedrigsten schwingende ist. Für unsere Zwecke genügt aber die Einteilung in 4 Grade, da wir es im normalen Leben hauptsächlich mit diesen zu tun haben.

Nun ist es so, daß diese vier Körper des Menschen eine *verschiedenartige Polaritätsspannung* haben, daß also beim Mann nicht alle vier aktiv-positiv-zeugend sind und nicht alle vier bei der Frau passiv-empfangend-gebärend, sondern daß auf den einzelnen Stufen oder Graden die Polarität wechselt. Es handelt sich hier um ein Wissen, das den meisten Menschen leider völlig unbekannt ist und das nur in ganz wenigen, sehr alten Weisheitsschriften angedeutet ist. Der Leser möge aufgrund seiner Lebenserfahrungen selbst beurteilen, ob das Folgende den Tatsachen entspricht oder nur „zusammengesponnen" ist. Eine Wahrheit, die für den irdisch-menschlichen Lebenskünstler brauchbar ist, muß sich kontrollieren lassen. Sehen wir, ob das der Fall ist.

Nach dieser Geheimlehre haben die verschiedenen Körper im Menschen die folgenden Polaritätsspannungen:

	männlich	weiblich
Physischer Körper	+	–
Astral- oder Gefühlskörper	–	+
Mentalkörper (Intellekt, Verstand, Logik)	+	–
Intuitionskörper (unmittelbares Hellwissen und Hellfühlen)	–	+

Was die Physis anbetrifft, ist es offensichtlich, daß der Mann positiv polarisiert ist: sexuell aktiv, werbend, aggressiv, besitzergeifend, zeugend, bestimmend, daß er auch in bezug auf Muskelkraft der Frau überlegen ist. Das wird auch dadurch gekennzeichnet, daß der Mann im Sport höhere Spitzenleistungen zu erreichen imstande ist als die Frau.

Auch sind das auf die Beherrschung der Umwelt gerichtete Erwerbsleben des Mannes und seine Funktion als Soldat, Kämpfer, Versorger und Repräsentant der Familie nach außen Beweise dafür, daß seine physische Konstruktion von der Natur daraufhin angelegt ist. Und daß bei der Frau die gegensätzlichen Eigenschaften dominieren, ist keine Frage. Natürlich immer vorausgesetzt, daß es sich um normal gepolte Menschen handelt.

Anders wird die Sache aber, wenn wir die nächsthöhere Ebene betrachten, den Astral- oder Gefühlsbereich. Hier ist die Frau positiv, der Mann negativ. Auf dieser erotischen (nicht sexuellen!) Ebene ist die Frau dem Manne überlegen, ist sie führend und bestimmend. Es ist unmöglich, ein glückliches und harmonisches Liebes- und Eheleben zu führen, wenn dieser Polaritätswechsel nicht gewußt und als richtig anerkannt wird. Lassen wir die Tatsachen sprechen, so wie sie im Alltagsleben der Menschen um uns herum zu beobachten sind.

Ein wirklich echt und stark verliebter Mann (etwa nach dem Beispiel von „Werthers Leiden“) macht in der Regel einen recht kuriosen, um nicht zu sagen hilflosen Eindruck. Sobald der Gefühlsfaktor in ihm herrschend in den Vordergrund tritt, also nicht nur der Sexus im Spiel ist, ist es mit der Führerposition des Mannes vorbei. Er steht seinen eigenen Gefühlskräften ziemlich ratlos gegenüber und benimmt sich häufig recht ungeschickt, ja närrisch und tölpelhaft. Je größer, physisch stärker und maskuliner ein Mann ist, um so leichter läßt er sich von seiner Geliebten „um den Finger wickeln“. Der Held und Sieger im Berufsleben oder auf dem Schlachtfeld wird in den Armen der Geliebten zum hingebungsvollen, schmachtenden, manchmal schluchzenden und hilflosen „Büblein“. Er sucht, so absurd es zu sein scheint, Tröstung, Entspannung und völlige gefühlsmäßige Hingabe

in den Armen der Frau, besonders natürlich dann, wenn seine physische Aktivität und Aggressivität sich entladen hat und die reine Sexualität in Erotik übergeht.
Es ist kein Geheimnis, daß die gekrönten und ungekrönten Herrscher, Volksführer, Diktatoren und Potentaten der Weltgeschichte in vielen Fällen ein intimes Liebesleben hatten, das mit dem äußeren Bild des „kühnen Ritters ohne Furcht und Tadel" wenig Ähnlichkeit hatte. Auch bei bedeutenden Wirtschaftshäuptlingen, Wissenschaftlern und Künstlern ist das so, da normalerweise niemals ein Vollmann im biologischen Sinne des Begriffes auf sexuellem und gleichzeitig auf erotischem Gebiet positiv und aktiv sein kann, auch dann nicht, wenn er sich bemüht und ernstlich einbildet, es sein zu können.
Und da die Astral- und Gefühlsebene für das persönliche Liebes- und Eheglück wichtiger und entscheidender ist als der bloße Sexus – weil sie höher schwingt –, ist hier die Hauptursache zu suchen und zu finden für die vielen unglücklichen und innerlich zerrütteten Partnerschaften und Ehen. Die meisten Mädchen und Frauen machen aus Unwissenheit und falscher Erziehung heraus den großen Fehler, daß sie den Mann für durch und durch männlich-aktiv und in jeder Lebenssituation führend und sich durchsetzend halten – und sich entsprechend benehmen. Die kirchliche Trauungsformel „Er soll dein Herr sein . . ." läßt erkennen, wie tief diese falsche Einschätzung des männlichen Wesens verankert ist und wie schwer es ist, dieses überkommene Denkschema zu korrigieren.
Es ist also – wieder einmal zu einem Extrem-Gleichnis gegriffen – durchaus in Ordnung, daß der im Beruf und Gesellschaftsleben herrschende und diktierende Chef und Meister zu Hause ein ausgesprochener Pantoffelheld ist. Das ist ein Zeichen dafür, daß bei ihm der naturgegebene

Wechsel der Polaritätsspannung zwischen Physis und Gefühlsleben sich korrekt auswirkt. Aber die meisten Frauen und vor allem die noch unerfahrenen jungen Mädchen wissen das nicht. Für sie hat der geliebte Mann *in jeder Hinsicht* Herr der Situation, Führer, Meister und Könner zu sein, dem sie sich anzupassen und unterzuordnen haben. Zumindest war dies die Einstellung der Frauen der vergangenen Jahrhunderte oder gar Jahrtausende hindurch und hat schließlich zum Patriarchat, der unumschränkten Männerherrschaft geführt. Wohin uns diese naturwidrige Unipolarität (Einpoligkeit, Einseitigkeit) gebracht hat, sehen wir um uns. In den letzten Jahrzehnten ist es in dieser Beziehung durch die allgemeine Emanzipation der Frau in der westlichen Welt etwas besser geworden, aber an der grundsätzlichen Fehleinschätzung der Rolle des Mannes im zwischenmenschlichen Zusammenspiel hat sich nicht viel geändert.
Halten wir uns wieder ein extremes Beispiel vor Augen: ein in den herkömmlichen Anschauungen erzogenes heiratsfähiges Mädchen macht die Bekanntschaft eines jungen Mannes, der äußerlich das darstellt, was sie für das männliche Ideal eines Ehepartners hält. Beide bemühen sie sich, da sie ja von den wirklichen Verhältnissen keine Ahnung haben, ihre vorprogrammierte Rolle so perfekt wie irgend möglich zu spielen. Der junge Mann spielt den „Helden", den tüchtigen Geschäftsmann, Angestellten oder Arbeiter mit guten Karriereaussichten. Das Mädchen spielt, wie es sich gehört, das hingebungsvolle Weibchen und verhält sich so, wie es die Eltern, die Onkel und Tanten von ihr erwarten. Was die Sexualität angeht, ist ebenfalls alles in bester Ordnung. Beide sind gesund und vital.
Und dann kommt der Tag oder die Stunde, da bei dem jungen Mann beim Studium oder im Berufsleben mal etwas ausgesprochen schiefgelaufen ist, da er nicht als Held und

Sieger auftreten kann, sondern als Verlierer. Seine Gefühle sind zutiefst verletzt, und er weiß nicht mehr ein und aus. Dann kann es sein (und ist oft so!), daß er plötzlich zum weinenden Buben wird, der in den Armen des weiblichen Gegenpols Trost, Verständnis und Zuflucht sucht.

Jetzt ist der Moment gekommen, da es sich zeigen muß, ob ein wirklich harmonisches Zusammenleben auch im höheren Astral- und Gefühlsbereich möglich ist oder nicht. Das Mädchen oder die junge Frau sind zunächst zutiefst erschrocken über die plötzliche Wandlung ihres Geliebten vom strahlenden Helden zum niedergeschlagenen Versager. Wenn sie richtig reagieren und aus weiblichem Instinkt oder aus Erkenntnis heraus jetzt die Führerrolle übernehmen – da sie ja auf der Gefühls- und Astralebene positiv und aktiv sind – ist alles gut. Der junge Mann wird sich vielleicht am Busen seiner Geliebten ausweinen und sich, wie die letzten Zeilen von Goethes Faust sagen, „vom ewig Weiblichen hinanziehen lassen". Er wird sich wieder fangen und die vorübergehende Depression mit Hilfe der seelischen Stärke seiner Geliebten überwinden.

Reagiert aber das Mädchen aus Instinktlosigkeit und Unkenntnis falsch, läßt sie erkennen, daß sie dieser plötzlichen Wandlung völlig verständnislos gegenübersteht, und sagt womöglich, daß sie keinen Schwächling und Waschlappen haben will, der angesichts einer schwierigen Situation versagt, dann gerät das erhoffte Liebes- und Eheglück in ernsthafte Gefahr.

Das ist einer der Gründe, warum so viele an sich vielversprechende Bindungen zwischen Männern und Frauen plötzlich scheitern. Die Frauen wissen nicht und wollen es nicht wahrhaben, daß es immer wieder Situationen im Leben gibt, wo sie aus ihrer Gefühlsstärke und -überlegenheit heraus die Führung übernehmen *müssen*, weil ihnen auf dieser Ebene diese Rolle von Natur aus zukommt. Kein Mensch – und insbesondere kein Mann – ist eine immer gleichbleibende statische Einheit und unveränderliche Größe, *sondern der Polaritätswechsel ist eine Naturgegebenheit.*

Da nun die Erotik, also das Gefühlsfundament, einer Bindung zwischen Mann und Frau wichtiger und auch höher ist als der körpergebundene Sexus, liegt hier eindeutig das Schwergewicht eines glücklichen und idealen Liebes- und Eheverhältnisses. Daß die bloße Sexualität und die vom Äußeren abhängige Anziehungskraft zwischen den Geschlechtern für ein dauerndes Liebes- und Eheglück nicht ausreicht, ist eine Binsenwahrheit. *Daraus ergibt sich die Folgerung, daß die wichtigere, die entscheidendere Rolle im Zusammenleben von Mann und Frau der letzteren zukommt.* Sie sollte wissen – weiß es aber leider meistens nicht –, daß bei *allen* intimen Liebesbeziehungen, die über den bloßen „tierischen" Sexus hinausgehen, *sie* die Führerin zu sein hat! Das ist die Aufgabe, die ihr von der Natur aus gestellt ist und in unserer so verdrehten Welt so schändlich entstellt und entartet ist. *Ein Liebesverhältnis und eine Ehe, in denen das Mädchen bzw. die Frau als Meisterin und Hohepriesterin der Liebe und des Liebesspiels bewußt fungiert, wird und muß immer glücklich sein, wenn nicht anomale Gegebenheiten vorliegen.*

Das ist nicht nur im persönlichen Intimbereich so, sondern auch im großen in der Politik, in Wirtschaft, Kunst und Wissenschaft. Eine Gleichberechtigung der Frau in dem Sinne, daß sie gleich dem Manne schwerste körperliche Arbeiten zu verrichten habe und daß es zwischen Mann und Frau soziologisch praktisch überhaupt keinen Unterschied gäbe, ist ein den Naturgesetzen ins Gesicht schlagender Trugschluß, der mit an den Zerrüttungserscheinungen der modernen Ehen schuld ist.

Die Natur ist in jedem Falle stärker und kennt keine Gleichmacherei und Nivellierung. So gesehen ist die zur Zeit immer noch vorhandene Männerherrschaft ebenso naturwidrig wie die Bestrebungen der extremen Frauenrechtlerinnen, die den Mann sozusagen als ein notwendiges Übel und eine durchaus durch Frauen „ersetzbare Angelegenheit" betrachten. Die Ursache dieser Fehlschaltung ist in erster Linie auf die allgemeine Unkenntnis in bezug auf den Polaritätswechsel innerhalb der viergeteilten Struktur des Wesens Mensch zurückzuführen.
Der Mensch besteht aber nun nicht nur aus dem grobstofflichen Leib und dem Astral- bzw. Gefühlskörper, sondern er hat auch einen Intellekt, einen Verstand, eine logische Denk-, Vergleichs- und Kombinationsfähigkeit, die laut unserer Tabelle der *Mentalebene* entsprechen. In diesem Schwingungsbereich ist wiederum der Mann positiv und aktiv, die Frau negativ und passiv.
Ein kurzer Blick ins Leben, wie es wirklich ist, zeigt uns überall die Richtigkeit dieser Feststellung. Auf den Lebensgebieten, bei denen der sachbezogene Verstand, die Technik und das rein intellektuelle Wissen die Hauptrolle spielen, hat in erster Linie der Mann seine Aufgaben innerhalb der Gesellschaftsordnung zu erfüllen. Man lasse sich nicht täuschen durch den Umstand, daß heutzutage Frauen leitende Posten als Mathematikerinnen, Diplomingenieure, Programmiererinnen, Managerinnen usw. bekleiden. Natürlich hat auch die Frau einen Intellekt, einen Verstand und eine sachliche Urteils- und Unterscheidungskraft, die genausogut entwickelt sein kann wie beim Manne. Ausschlaggebend ist aber, daß die Frau naturbedingt auf dieser Schwingungsebene die Minus-Polarität vertritt, der Mann dagegen die aktiv-schöpferische Plus-Polarität. Selbstverständlich gibt es einige Philosophinnen, Komponistinnen, Politikerin-

nen, Physikerinnen und überhaupt Wissenschaftlerinnen in allen natur- und geisteswissenschaftlichen Fakultäten, doch sind die auf diesen Gebieten tätigen Frauen in der Regel nicht aktiv-selbstschöpferisch im Sinne der Plus-Polarität, sondern mehr reproduzierend, nachvollziehend, allenfalls sekundär-schöpferisch. Illustrierende Beispiele für diese Tatsache lassen sich mehr als genug beibringen.

Blicken wir „noch eine Etage höher". Da haben wir jene Bewußtseinsregion, die eindeutig *über* der intellektuellen Verstandestätigkeit liegt. Es gibt eine ganze Reihe verschiedener Bezeichnungen dafür, doch wollen wir hier den Ausdruck *Intuitionsebene* benutzen, weil das Wort Intuition (Eingebung, plötzliches Hellwissen oder Gewißheitsfühlen) den Charakter dieses Schwingungsbereiches wohl am besten kennzeichnet. Während die dritte Stufe, die Mentalebene, hauptsächlich mit der Logik arbeitet, greifbare, beliebig wiederholbare und mit den Sinnen erfaß- und deutbare Tatsachen zum Ausgangspunkt hat, benötigen die aus der Intuitionsebene einströmenden Impulse keine logischen und berechenbaren Grundlagen, sondern *„sie sind einfach da"*. Abermals zeigt uns ein Blick in unsere Umwelt, daß die Behauptung, die Frau sei auf dieser hohen Ebene wiederum plus-positiv, richtig ist.

Das praktische Leben stellt mehr oder weniger häufig jeden Menschen vor Situationen, die er mit seinem menschlich-allzu-menschlichen Verstand weder zu verstehen noch zu bewältigen vermag. Dann kann das unmittelbare Intuitionswissen in Funktion treten, das ohne logisch fundierte Folgerichtigkeit sagt, was zu tun und was zu lassen ist. Wer wollte bestreiten, daß es speziell der weibliche Teil der Menschheit ist, bei dem diese „innere Stimme der Intuition" besser und rascher funktioniert als beim Manne, der es in der Regel, wie gesagt, mit der berechenbaren Tatsachenlogik hält. *Er täte aber gut daran, wenn er sich – besonders als Ehemann bzw. Liebespartner – immer dann, wenn sein Verstandes-Einmaleins am Ende ist, auf die Intuitionen seiner Frau oder seiner Geliebten verließe.* Denn die Intuitionsebene liegt eben *über* der Verstandesebene, arbeitet mit Intelligenzen und Energien, an die das rein induktive menschliche Denkvermögen nicht heranreicht. Es ist sogar so: je weniger entwickelt und ausgebildet der Intellekt bei einer Frau ist, um so besser und zuverlässiger arbeitet ihre Intuitionskraft, die man auch „*weibliche Instinktsicherheit*“ nennen kann.

Daß dem so ist, zeigt unter anderem der Umstand, daß die meisten psychometrisch, hellsehend, hellfühlend und hellwissend veranlagten Menschen Frauen sind, immer von den sprichwörtlichen Ausnahmen abgesehen. Gute spiritualistische Medien, Kartenschläger, Handliniendeuter, Kristallseher und dergleichen gehören meist dem weiblichen Geschlecht an, während die Astrologie und die Numerologie, bei denen es ums Berechnen, Vergleichen und Kombinieren geht, mehr die Domäne des Mannes sind. Auch ist unverkennbar – was auch ich immer wieder bestätigt gefunden habe –, daß die sich ernsthaft für Esoterik, Okkultismus, Mystik und Geheimlehren interessierenden Personen zum größeren Teil Frauen sind, was bei jedem einschlägigen Vortrag oder Kongreß beobachtet werden kann. Die Frau hat eben von Natur aus als intuitionspositiv einen leichteren Zugang zu jener höchsten dem Durchschnittsmenschen zugänglichen Bewußtseinsebene.

Zusammengefaßt: ein wirklich glückliches und ideales Liebes- und Eheverhältnis ist nur möglich, wenn die Partner um die naturgegebene Polaritätsverteilung wissen, sich danach richten und vom Partner nichts verlangen, was über seine Fähigkeiten hinausgeht. Wenn ein Mann weiß, daß er auf der körperlichen und intellektuell-verstandesmäßigen Ebene (die meist mit dem Berufs- und Erwerbsleben eng zusammenhängt) aktiv und führend zu sein hat, gleichzeitig aber die stärkere Gefühlskraft und die oft untrügliche Intuitionsfähigkeit seiner Frau anerkennt und sich ihr freiwillig unterordnet, dann sind die echten Voraussetzungen für eine vorbildliche Ehe gegeben. Dasselbe gilt natürlich im umgekehrten Sinne für die Frau. *Und da die Gefühlsebene (die Erotik) und die Intuitionsebene der körperlichen und intellektuellen überlegen sind, ergibt sich daraus, daß auch das Liebesglück einer Ehe in sehr hohem Maße in den Händen der Frau liegt.*

Der normale Mann ist damit auch völlig einverstanden. Er hält, wenn er sich selbst gegenüber ehrlich sein will, gar nicht so viel von hochintellektuellen Mädchen oder Frauen mit Doktortiteln. Es ist typisch und im Hinblick auf das Gesagte durchaus verständlich, daß gerade die „Erfolgshelden" in Politik, Wirtschaft und Wissenschaft sich zu den „liebevollen Dummerchen" mit gekonntem Augenaufschlag und instinktiv-raffinierter Liebeskunst (innerhalb und außerhalb des Bettes) besonders hingezogen fühlen.

Ich bin mir klar darüber, daß insbesondere für viele junge Menschen die hier aufgestellten Behauptungen schwer akzeptabel sind. Sie widersprechen grundsätzlich den modernen Emanzipationsbestrebungen der Frauen, die sich sogar in Extremfällen bis zu der Parole „Los vom Manne!" steigern können. Das ändert aber nichts an der Tatsache, daß auch viele weibliche Topmanager und Direktoren in einem stillen Winkel ihres Herzens sich nach einem idealen Liebes- und Geborgenheitsglück an der Seite eines geliebten Mannes und im Kreise einer Familie sehnen. Daß dieses Ideal sich so selten verwirklichen läßt, liegt daran, daß unsere derzeitige und praktisch seit Jahrhunderten bestehende Gesellschafts-

ordnung die natürlichen Gegebenheiten, die auf dem Polaritätswechsel beruhen, nicht kennt und deshalb mißachtet.
Es ließe sich ein dickes Buch mit Beweisen aus der Menschheitsgeschichte für die Richtigkeit obiger Thesen zusammenstellen. Besser ist es aber, wenn der Leser versucht, seine eigene Ehe- bzw. Liebesbindung zum anderen Geschlecht unter Berücksichtigung des Obengesagten zu kontrollieren. Man braucht nur die Augen und Ohren aufzumachen, um überall um sich herum auf Bestätigungen zu stoßen. Tatsachen waren und sind immer stärker als Meinungen über Tatsachen, auch wenn letztere zu bestimmten Ideologien hochgespielt und als letzter Schrei des Fortschritts hingestellt werden.
Hier höre ich im Geiste den von einigen Lesern vorgebrachten Einwand: bei dem normalen Vollmann bzw. bei der Vollfrau mag das hier Gesagte stimmen. Wer aber ist ein solcher Vollmann, eine solche Vollfrau? Gibt es nicht außerordentlich viele Zwischenstadien und sexuelle bzw. erotische Anomalitäten, auf die das hier Behauptete nicht anwendbar ist? Dieser Einwand ist nur zu berechtigt. Deshalb will ich zum Schluß dieses Kapitels auf die „Entdeckung" des verstorbenen Wiener Schriftstellers Otto Weininger kurz eingehen, der in seinem Buch „Geschlecht und Charakter" von seiner Warte aus auf die Polaritätsverhältnisse zwischen Mann und Frau eingeht. Ich weiß nicht, ob dieses wichtige Buch heute wieder käuflich zu beschaffen ist; in größeren Bibliotheken ist es aber sicher leihweise zu haben. Ich will hier versuchen, das Wesentliche der Ideengänge Otto Weiningers zusammenzufassen, weil das Wissen darum ebenfalls von großer Bedeutung für ein ideales Liebes- und Eheglück ist.
Weininger stellt fest, daß es Vollmänner und Vollfrauen im buchstäblichen Sinne des Wortes *nicht gibt*, weil jeder

Mensch sowohl aus männlichen wie weiblichen „Elementen“ zusammengesetzt ist. Entscheidend ist lediglich der jeweilige Prozentsatz der M- und W-Anteile. Nach WEININGER ist das ideale und daher erstrebenswerte Verhältnis zweier verschiedengeschlechtlicher Menschen zueinander dasjenige, bei dem sich die Anteile zu 100 Prozent ergänzen. Dargestellt in einer Tabelle sieht das so aus:

	Der Mann	90% M	–	10% W
	die Frau	10% M	–	90% W
		100%		100%
oder	der Mann	75% M	–	25% W
	die Frau	25% M	–	75% W
		100%		100%

Diese Aufteilung variiert bis herunter zu

51% M	–	49% W
49% M	–	51% W
100%		100%

Der Mann mit 90% M wäre nach dem üblichen Sprachgebrauch ein Vollmann, etwa der muskulöse, ehrgeizige Spitzensportler und zugleich hochgebildete Manager und erfolgreiche Karrieremacher auf allen Gebieten des gesellschaftlichen und beruflichen Lebens. Ein solcher Mann würde sich nach WEININGER zwangsläufig zu einer Vollfrau mit 90% W und nur sehr wenig M-Anteilen hingezogen fühlen. Die alte Volksweisheit, daß sich in der Liebe die Gegensätze anziehen, findet hier ihre Begründung.

Anders herum: wenn ein sogenannter Vollmann aus irgendwelchen oft rein äußerlichen Gründen an ein Mädchen gerät, das man als ausgesprochen männlichen Typ zu bezeichnen pflegt, dann kann das wohl am Anfang gutgehen, ein wahres und vor allem dauerndes Liebes- und Eheglück ist aber nicht möglich, da die Polaritäten es nicht zulassen.

Schauen wir wiederum um uns und kontrollieren wir, ob und inwieweit WEININGERS Thesen stimmen oder falsch und unzureichend sind.

Ist es nicht beinahe die Regel, daß große muskelbepackte Männer (Boxer, Schwerathleten usw.) oft kleine, zierliche, puppenhafte Freundinnen oder Ehefrauen haben und sich von diesen mit Leichtigkeit um den sprichwörtlichen Finger wickeln lassen?

Ist es nicht oft so, daß männliche intellektuelle Erfolgstypen, wenn sie bei ihrer Ehefrau nicht die ersehnte gegenpolige Erfüllung finden, bei irgendeinem primitiven, ungebildeten „billigen Flittchen" hängenbleiben und dort das suchen und finden, was sie zu Hause nicht finden können? Die Skandale innerhalb der Hautevolee und Hautefinance liegen, wie uns die Presse oft belehrt, fast alle auf der gleichen Linie: die Männer gehen „unmögliche" Beziehungen und Bindungen zu Frauen und Mädchen ein, die sowohl bildungs- wie standesmäßig weit „unter Niveau" liegen und dadurch die gesellschaftliche Stellung des Mannes ernsthaft in Gefahr bringen, wenn die Liaison nicht geheim bleibt.

Umgedreht ist es bei sehr weiblich veranlagten Frauen so, daß sie sich von einfachen, derben, vitalen, aber bildungs- und rangmäßig weit unter ihnen stehenden Männern „betören lassen" und selbst als reife Frauen mit Kindern Verhaltensweisen zeigen, die in den Augen der klassenbewußten Umwelt unverständlich oder gar abscheulich erscheinen?

Besonder problematisch wird die Sache, wenn ein äußerlich

männliches Wesen nur ein wenig über 50% M hat, dafür aber einen entsprechend hohen Prozentsatz W. Man spricht dann von femininen Männern. Das sind solche, die über ausgesprochenen Charme, bestrickende Liebenswürdigkeit und andere typisch weibliche Eigenschaften verfügen. Sie legen meist auf ihr Äußeres den größten Wert, sind verbindlich und anpassungsfähig und entsprechen oft den Traumbildern der pubertierenden Teenager. Sie haben es viel leichter als der Vollmann, sich in die Seele einer Frau einzufühlen, weil sie ja selber nahezu zur Hälfte Frau sind. Unter ihnen sind viele erfolgreiche Schauspieler, Tänzer, Sänger und überhaupt Künstler zu finden, die ja ein starkes Gefühlsleben haben müssen, wenn sie als Gestalter oder Interpreten ihr Publikum beeindrucken und mitreißen wollen.
Solche femininen Männer fühlen sich, wie könnte es anders sein, zu den herben, sportlichen Mädchentypen mit burschikosen Manieren und reichlich M hingezogen, da diese das besitzen, was ihnen selber fehlt. Auch das in den Witzblättern so oft karikierte Ehepaar: die walkürenhafte, wie ein Hauptfeldwebel kommandierende Zweizentnerfrau mit dem kleinen weinerlichen Männlein an der Hand steht stellvertretend für das Zusammenfinden zweier extremer Veranlagungen: der männlich überbetonten Frau und des weiblich überbetonten Mannes.
Die Weiningerschen Thesen erklären auch die Homosexualität, das Transvestitentum, den Sadismus, Masochismus, Fetischismus und einige andere Abartigkeiten. Alles ist eben letztlich auf die Höhe des prozentuellen M- oder W-Anteils zurückzuführen und umfaßt daher nur die beiden „unteren" menschlichen Ebenen: das Körperliche (Sexuelle) und das Seelische (Astrale, Erotische). Die dritte Ebene, der Intellekt, und die darüberliegende Intuitionsebene werden davon weniger beeinflußt.

Wenn wir den WEININGERschen Thesen, insofern sie sich in der Lebenspraxis als kontrollierbar richtig erweisen, zustimmen, erhebt sich natürlich die Frage, wie es möglich ist, den eigenen M- oder W-Anteil zu bestimmen, da dieser ja nach dem Gesagten für die richtige Wahl des Lebenspartners von größter Bedeutung ist. Eine konkrete Antwort darauf muß ich schuldig bleiben. Ich weiß nicht mit Sicherheit, ob und wie ein Arzt oder Biologe Feststellungen im Sinne OTTO WEININGERS machen kann und inwieweit diese zuverlässig sind. Es ist aber allgemein bekannt, daß bei den letzten Olympiaden einige sowjetische Sportlerinnen zu den Wettkämpfen nicht zugelassen wurden, da sie biologisch halbe Männer waren, was durch Zuführung männlicher Hormone in den Körperhaushalt erreichbar sein soll.

Daß die verschiedenen Hormone bei diesen Dingen eine große Rolle spielen, ist kein Geheimnis. Biochemiker sind schon so weit gegangen, daß sie behaupteten, mittels Hormon-Manipulationen aus einer hochmoralischen Frau eine wollüstige Megäre machen zu können. Mag sein. Für uns ergibt sich daraus lediglich, daß wir beim Anwenden irgendwelcher Hormonpräparate vorsichtig sein und unbedingt spezialärztlichen Rat einholen sollten.

Die Feststellung des eigenen M- und W-Anteils können wir aber ziemlich einwandfrei durch Selbstbeobachtung treffen, nämlich indem wir den Sympathie- und Antipathiegrad zu erfühlen versuchen, den Frauen bzw. Männer verschiedener Typen in uns auslösen. Im allgemeinen hat jeder Mensch nach beendeter Pubertät sowieso einen gegengeschlechtlichen Typ, der ihm besonders „liegt“; und wenn man die WEININGERschen Thesen kennt, ist es gar nicht so schwer, sich selbst prozentual einigermaßen richtig einzustufen. Das genügt in der Regel, um sich vor allzu großen Irrtümern und Mißgriffen bei der Wahl des Partners zu schützen.

Viele junge Menschen haben – Gott sei Dank! – in bezug auf die Partnerwahl eine gewisse natürliche Instinktsicherheit, die Mädchen und jungen Frauen vor allem dann, wenn sie sich auf ihre „innere Intuitionsstimme“ verlassen. Nichtsdestoweniger ist es besser, wenn man die biologischen und geistig-seelischen Polaritätsverhältnisse genauer kennt und sich bemüht, diese Gesetzmäßigkeiten *bewußt* zu beachten. *Denn ein echtes Liebes- und Eheglück ist für den normal gepolten Menschen ohne passenden Partner nicht möglich.*
Die Astrologie, Graphologie, Chirologie, Gesichtsausdruckskunde u. dgl. sind imstande, Partnerschaftsvergleiche zu machen und recht nützlichen Ratschläge zu geben. Es kann jüngeren Leuten nur empfohlen werden, von diesen Möglichkeiten Gebrauch zu machen. Oft gehen die Horoskopauslegungen allerdings nicht auf die Polaritätsverhältnisse der Partner näher ein, sondern beschränken sich darauf, die Planetenaspektierungen und deren Stellungen im Tierkreis zu untersuchen und zu deuten. Zu begrüßen wäre es, wenn die Berufs- und auch Amateurastrologen die naturgegebenen M- oder W-Polarisierungen mehr beachten würden, denn das ist durchaus möglich. Die Graphologie vermag in dieser Hinsicht auf Anhieb präzisere Aussagen zu machen.
Ich habe aber feststellen müssen, daß fast alle Astrologen, Psychologen und PSI-Forscher, einschließlich der als Lebens- und Eheberater tätigen Personen, von dem in diesem Kapitel beschriebenen Polaritätswechsel auf den vier Bewußtseinsebenen keine Ahnung haben. Diese Ungewißheit bezüglich der grundlegenden Plus-Minus-Spannungen im Menschen ist meines Erachtens die Hauptursache, daß so viele Ehen unbefriedigend oder unglücklich sind und die Zahl der Scheidungen mit all ihren tragischen Folgen von Jahr zu Jahr zunimmt. Man spricht überall von einer

dringend nötigen Reform der Institution Ehe, weiß aber nicht recht, wo und wie man anzusetzen hat. Hoffentlich helfen meine Darlegungen in diesem Kapitel, die Verhältnisse ein wenig klarer zu sehen.

Schließlich noch ein paar Worte über die sogenannte Dualseele. Was werden da gerade in esoterischen Kreisen nicht alles für Behauptungen und Vermutungen aufgestellt, bei denen meist leicht zu bemerken ist, daß hier der Wunsch der Vater des Gedankens ist. Viele meinen, daß ein Liebesverhältnis oder eine Ehe mit der Dualseele die „Vollendung der Liebesseligkeit" in sich schließe. Nach weitverbreiteter Ansicht gibt es zwischen Dualseelen keinerlei Meinungsverschiedenheiten oder gar Streitereien, sondern nur eitel Harmonie und gegenseitiges Sich-Dienen und -Beglücken.

Um festzustellen, wieviel daran wahr und wieviel falsch ist, müssen wir den Begriff Dualseele etwas genauer unter die Lupe nehmen. Der Begriff geht von der Voraussetzung aus, daß es dereinst einen Daseinszustand gegeben hat, bei dem die Trennung bzw. Teilung in Geschlechter noch nicht erfolgt war, einen Zustand, der gemäß christlicher Terminologie vor dem Sturz Luzifers in die Gottferne (Polarität) bestanden hat. Wenn dem so war – nehmen wir es als Denkvorlage einmal an –, dann muß sich das ursprünglich von Gott geschaffene apolare Einheitswesen zu irgendeiner Zeit in einen männlichen und weiblichen Teil aufgelöst haben. Von der Warte menschlicher Logik aus, die wir hier ruhig einmal zu Rate ziehen können, *müßte es also so sein, daß jeder der beiden an sich zusammengehörenden Teile des „Urmenschen" jene biologischen und geistig-seelischen Aspekte enthalten muß, die dem andern Teil fehlen.* Die Wiedervereinigung, das Endziel der Wanderung durch die Schöpfungswelten, würde also die Vollkommenheit (vielleicht in einer höheren Oktave) wiederherstellen.

Das ist, von höchster spiritueller und erkenntnisphilosophischer Warte aus gesehen, völlig richtig, bedeutet aber auf dem irdischen Plan eine *hundertprozentige Antipolarität*, eine *absolute Gegensätzlichkeit.* Und was eine solche auf unserem konfliktstrotzenden Planeten zur Folge hat, das sich vorzustellen bedarf keiner besonderen Phantasie.

Dualseelen müssen, wenn sie wirklich die Teile einer auseinandergefallenen Wesenseinheit sind, so gegensätzlicher Natur *in jeder Hinsicht* sein, daß von einer harmonischen Zweisamkeit und problemlosen Liebesekstase auf Erden keine Rede sein kann. Kommt es in seltenen Fällen wirklich vor, daß zwei Dualseelen gleichzeitig auf Erden inkarniert sind und sich begegnen, dann tritt das Gesetz des universellen Magnetismus in Funktion, das die beiden Gegenpole mit Brachialgewalt zueinander treibt, und zwar ohne jede Rücksicht auf menschliche Gemeinschaftsordnungen, sittliche und moralische Begriffe. Es handelt sich dann um die „ganz große Liebe", die die beiden Partner wie eine elementare Naturkatastrophe überfällt und meist auch katastrophal endet. Man spricht dann in der Psychologie von der sogenannten Haß-Liebe. Beide Teile können einfach nicht voneinander lassen, obwohl sie einsehen, daß sie in ihrer Gegensätzlichkeit nicht zueinander im Sinne einer Ehe passen.

Das besagt aber wiederum nicht von vornherein, daß die Ehe mit einer Dualseele unbedingt unglücklich sein und mit einer Katastrophe enden müsse (wenn es auch meistens der Fall ist), setzt jedoch voraus, daß *beide* Partner eine so hohe spirituelle Entwicklungsstufe erreicht haben und die universelle Polarität so weit erkannt haben, daß sie in der Lage sind, den Partner gerade wegen seiner hundertprozentigen Gegensätzlichkeit so zu nehmen und voll zu akzeptieren, wie er ist und sein muß. Und ein solch hohes, beinahe schon

übermenschliches Denk- und Gefühlsniveau ist, wie meine Leser zugeben werden, äußerst selten, weshalb Dualseelen-Verbindungen auf Erden ausgesprochene Ausnahmefälle sind und bis auf weiteres auch bleiben werden.
Wie sollten also bei Meinungsäußerungen bezüglich der Dualseele etwas zurückhaltend sein und nicht glauben, daß eine harmonische Liebes- und Ehebindung voraussetze, daß es sich um zwei Dualseelen handle, wie man hin und wieder zu hören bekommt. Dazu kommt, daß, wie vorn in diesem Buch dargelegt, unsere Erde infolge ihrer kosmischen Bestimmung keine Stätte paradiesischer Harmonie und Glückseligkeit ist, sondern mittels des Erlebens des Gegensätzlichen erst zu Harmonie und Glückseligkeit hinführen soll. Wer das weiß, gerät kaum in die Gefahr, sich in romantisch-sentimentale Liebesträume zu verlieren.
Mehr möchte ich zum Thema Dualseele hier nicht sagen.

11. Kapitel

Vom Auflösen erstarrter Bindungen

Dieses Kapitel enthält Feststellungen, die bestimmt von einigen Lesern nicht ohne Protest entgegengenommen werden, widersprechen sie doch manchen liebgewonnenen und für richtig gehaltenen Denk- und Gefühlsgewohnheiten. Die meisten unserer Zeitgenossen männlichen und weiblichen Geschlechts neigen dazu, die Aufrechterhaltung des gegenwärtigen Zustandes – wenn sie nicht gerade sehr krank und in Finanzkalamitäten sind – für erstrebenswert anzusehen. *Die Angst vor dem Wechsel und vor einschneidenden Veränderungen im Lebensablauf ist eine der verbreitetsten Geisteshaltungen überall auf unserem Planeten.* Die Wissenschaftler aller Fachgebiete machen da keine Ausnahme. Und doch ist gerade diese Status-quo-Mentalität eine Quelle so vieler Schicksalstragödien.

Das Leben als solches ist identisch mit dem universellen Bewegungsprinzip. *Ohne Bewegung kein Leben!* Das beginnt beim Wirbel der Elektronen um den Atomkern und geht bis zur Rotation der Spiralnebel und der von ihnen gebildeten Welteninseln. Daß im offenbarten Universum das einzig Beständige der ewige Wechsel ist, erkannten schon die alten griechischen und römischen Philosophen und sicherlich auch die geistigen Führer noch älterer, versunkener Kulturen.

Wir wollen hier nicht über dieses Urprinzip philosophieren und spekulieren, sondern einmal untersuchen, inwieweit das

diesbezügliche Wissen und Anwenden dieser Gesetzmäßigkeit uns helfen kann, mit dem Leben besser fertig zu werden und schneller zu einem Lebenskünstler zu werden.
Wir müssen zunächst einmal wissen und anerkennen, daß das menschliche Leben ein mit Unberechenbarkeiten und Imponderabilien gespicktes *Abenteuer* ist, daß die Menschheitsgeschichte als Ganzes wie auch die Lebensgeschichte des einzelnen aus einer Folge unvorhersehbarer, unlogischer und oft absurder Ereignisse besteht. Das Streben nach größtmöglicher, am liebsten hundertprozentiger Sicherheit ist jedoch ein Charakteristikum unserer Zeit, ist zwar vom Standpunkt des statistisch erfaßten Normalbürgers verständlich, aber nichtsdestoweniger von vornherein lebenswidrig und läßt sich deshalb nicht verwirklichen. Alle Versuche im Laufe der überschaubaren Menschheitsgeschichte, irgendwie und irgendwo stabile Zustände zu schaffen, waren zum Scheitern verurteilt und werden es auch in Zukunft sein, zumindest so lange unser Planet die Rolle einer Schulungs-, Erziehungs-, Bewährungs- und Strafvollzugsstätte hat.
Der wahre Lebenskünstler steht deshalb ganz bewußt – bildlich gesprochen – immer mit dem gepackten Reisekoffer in der Hand auf der Schwelle zu neuen, zu anderen Erlebnissen und Taten, denen er selbstbewußt und risikofreudig entgegensieht. Er sieht ein, daß das Leben mit stetem Wechsel der Dinge und Zustände identisch ist und denkt nicht daran, auf dem lockeren Sand der irdischen Daseinsebene Festungen für die Ewigkeit zu bauen. Er ist fähig, aus den Ruinen derartiger „Festungen" die erforderlichen Konsequenzen zu ziehen, wenigstens für sich selber.
Es ist eine schlichte Erfahrungstatsache, daß es nicht gut ist, wenn ein Mensch in seinem Geburtshaus oder in seiner Heimatstadt feste Wurzeln schlägt, sich sozusagen darauf

einrichtet, hier dereinst zu Grabe getragen zu werden. Eine solche Erwartung oder Vorstellung trägt eine lebensfeindliche Erstarrungstendenz in sich. Deshalb wird der angehende Lebenskünstler periodische Veränderungen in allen Lebensbereichen nicht scheuen, wird sie sogar von Zeit zu Zeit bewußt suchen.

Ein simples Beispiel aus dem Alltagsleben: Wo ein Mensch geboren wird und aufwächst, kennen ihn seine Familienangehörigen, die Verwandten, die Nachbarschaft, die Lehrer, Schulfreunde, Spielkameraden und später die Studien- und Arbeitskollegen genau. Er ist als Sohn oder Tochter der und der Eltern in den und den Verhältnissen gleichsam *abgestempelt* und kann sich aus dem vorgegebenen Rahmen nur sehr schwer, manchmal überhaupt nicht lösen, wenn er nicht eines Tages den Mut aufbringt, entschlossen „die Tapeten zu wechseln" und einen neuen und anderen Lebenskreis zu suchen. Tut er das – und zwar vorsätzlich und bewußt – fallen automatisch die bisherigen traditionellen Bindungen und Fesseln von ihm ab. Er kann sich in der neuen Umgebung unter unbekannten Menschen viel freier bewegen. Es ist schon so, wie im Neuen Testament zu lesen ist: „Ein Prophet gilt nirgends weniger, denn in seinem Vaterland und in seinem Hause. Und Jesus tat daselbst nicht viele Zeichen um ihres Unglaubens willen."

Auch der Mensch unserer Tage ist, sobald er in einen neuen Lebenskreis übertritt, für die dortigen Menschen ein „unbeschriebenes Blatt", ist seine Abstempelung „Das ist ja bloß der kleine Fritz oder die kleine Frieda von nebenan!" losgeworden. Und das kann besonders für die geistige Entwicklung eines Menschen von entscheidender Bedeutung sein.

Es gibt aber nicht nur Bindungen und Fesselungen an Häuser, Straßen, Dörfer und Städte, sondern auch solche seelisch-geistiger Art. Und sich von diesen überkommenen Denk- und Gefühlsgewohnheiten frei zu machen, ist ein gut Stück schwerer. Wir alle sind mehr oder weniger von unserem Elternhaus, von der Schule, vom ganzen Milieu unserer Kindheit und Jugend quasi programmiert worden. Daran ist nichts zu ändern und kann, wie die menschliche Gesellschaftsordnung nun mal war und ist, auch gar nicht anders sein. Wenn aber der Mensch in diesen natürlich gewachsenen Bindungen gleichsam erstarrt und sie sogar unbedingt beibehalten will, wird ihm die Erreichung der Lebenskünstlerschaft ziemlich fernliegen.

Wer sich eine etwas philosophische Betrachtungsweise seines eigenen Lebens und das der anderen angewöhnt hat, wird etwas Eigenartiges festgestellt haben. Die meisten Personen, Dinge und Zustände, an die er sich mit allen Fasern seines Herzens klammert und ohne die er nicht weiterleben zu können glaubt, werden ihm früher oder später vom Schicksal *weggenommen,* ob es ihm paßt oder nicht. Das Bewegungs- und Veränderungsprinzip des Lebens ist stärker als alles Wollen und Trachten des Menschen. Das Leben ist, wie gesagt, ein turbulentes Abenteuer und liebt diejenigen Wesenheiten, die diese Wechselhaftigkeit bewußt bejahen, ihr nicht mit allen möglichen Tricks zu entfliehen versuchen.

Diese Behauptung stimmt natürlich nicht mit dem Lebenserwartungsbild überein, das die meisten Menschen unserer Tage haben. Der Begriff „risikolose oder zumindest risikogeringere Sicherheit“ wird heute ganz groß geschrieben; und die meisten können sich ein Leben ohne mindestens ein halbes Dutzend Versicherungspolicen in der Tasche gar nicht mehr vorstellen. Man ist grundsätzlich nicht mehr bereit, den allem Lebendigen eigenen Risikofaktor bewußt selbst zu übernehmen, sondern sucht jemanden, der sich erbietet, die unvermeidlichen Risiken an unserer Stelle zu übernehmen. Deshalb ist das moderne Wirtschafts- und Gesellschaftssystem eng verbunden mit allen nur denkbaren Arten von Versicherungen, von den sogenannten Zwangsversicherungen (Krankenkasse, Autohaftpflicht, Arbeitslosen-, Invaliden- und Rentenversicherungen usw.) angefangen bis zu den freiwilligen Versicherungen (gegen Einbruch und Diebstahl, Brand, Wasserschäden, Verlust der Stimme [bei Sängern], Verlust aller möglicher realer und ideeller Werte usw.). Kein Wunder, daß die größten und stattlichsten Stahlbetonbauten in unseren Städten die Domizile von Versicherungen und Banken sind, steinerne und marmorne Sicherheits-Versprechungs-Tempel.

Es ist um uns ein merkwürdiges Paradoxon zu beobachten: Auf der einen Seite reden die Leute immer häufiger und besorgter über einen mit der großen Zeitenwende verbundenen unvermeidbaren dritten Weltkrieg, über zu erwartende geologische Katastrophen globalen Ausmaßes, verschlingen eifrig die in allen möglichen Büchern, Zeitungen und Zeitschriften veröffentlichten Unheilsprophezeiungen von Hellsehern, Medien, Astrologen usw. und sagen selbst mehr oder weniger deutlich, daß sie die derzeit herrschenden Zustände für unhaltbar ansehen. Manchmal hat man direkt den Eindruck, als seien die Leute innerlich mit dem Marsch der Menschheit in den Abgrund durchaus einverstanden, als gewähre ihnen diese Aussicht sogar eine gewisse Befriedigung. Andererseits verdrängen sie diese Selbstvernichtungstendenzen und verhalten sich so, als rechneten sie alle mit einem Lebensalter von rund 90 bis 100 Jahren, mit einer Sicherheitsgarantie durch ihr Vermögen und ihren Immobilienbesitz und durch einen möglichst allseitigen Versicherungsschutz. Daß es sich dabei um Widersprüche in und an sich handelt, wird nur wenigen bewußt. Es gibt eben außer dem physikalischen auch ein geistig-seelisches Trägheitsprinzip.

Der echte Lebenskünstler im esoterisch-philosophischen Sinne wird und muß sich den Zeitverhältnissen, in denen er lebt, zwar anpassen, wird sich aber auch hier bemühen, die Dinge von höherer Warte aus zu betrachten. Er weiß, wie schon gesagt, daß es eine volle Sicherheit auf diesem Planeten in materieller Hinsicht nicht gibt und nicht geben kann, weil alles um ihn herum in ständiger hektischer Bewegung ist. Er wiegt sich nicht in einer mehr als fragwürdigen Scheinsicherheit, sondern steht immer „auf dem Sprung".

Die Gammler-, Hippie- und ähnliche Bewegungen haben aus ihrer Verachtung des Sicherheits- und Status-quo-Denkens ihrer Umwelt kein Hehl gemacht, sondern haben sich „abgesetzt", haben passive Resistenz geübt. Aber sie haben alle, von wenigen Ausnahmen abgesehen, nicht durchhalten können, weil die Grundvoraussetzungen für einen solchen Lebensstil einfach noch nicht gegeben sind. Eine andere Gruppe von Systemverächtern und Status-quo-Feinden bekennen sich zum anderen Extrem und wollen zunächst einmal alles Bestehende kurz und klein schlagen, um dann auf dessen Trümmern etwas Neues aufzubauen. Was aber das Neue sein soll, darüber sind sie sich nicht klar und nicht einig.

Ein Lebenskünstler wird weder dem einen noch dem andern zuneigen, sondern wird die Geisteshaltung der *inneren Freiheit* in sich zu entwickeln suchen. Das heißt: Er wird sich an nichts und niemanden krampfhaft anklammern, sondern einsehen, daß der äußere materielle Besitz weniger ausschlaggebend ist als das „Besitzgefühl", die innere Bindung. Er wird als Multimillionär oder Generaldirektor die „Pflicht des Tages" gewissenhaft erfüllen, wird sich selbst als Kleinrentner oder Fürsorgeempfänger immer anständig und menschlich benehmen aus der Erkenntnis heraus, daß alles auf dieser Erde nur *Episode* ist, eine vorübergehende Szene auf der Bühne des großen Welttheaters, die morgen schon von einer anderen gegenteiligen abgelöst werden kann. Der millionenschwere und auf irgendeinem Gebiet leitende Lebenskünstler wird sich nicht, wenn seine Millionen und seine hohe Stellung sich plötzlich in nichts auflösen, erschießen oder dem Trunk ergeben, sondern wird mit der Gelassenheit und dem Humor des Weisen die veränderte Situation zur Kenntnis nehmen und freiwillig weiter „mitspielen". *Man kann es! Viele der wirklich großen Geister, die über unsere Erde gegangen sind, haben die Kunst des Mitspielens im Welttheater praktiziert und weder während einer Erfolgsphase noch in Not und Elend ihren Gleichmut und ihren Humor verloren.* (Ein altindischer Weisheitsausspruch lautet: „Die gesamte Schöpfung ist letztlich ein Spiel Gottes mit sich selber.")

Der Begriff Humor ist für den Lebenskünstler so außerordentlich wichtig, daß ich ihm noch ein paar Zeilen widmen möchte. Ich habe immer wieder im Laufe meines Lebens feststellen müssen, daß der Humor in Verbindung mit unerschütterlicher Gelassenheit und Zuversicht das Hauptmerkmal eines spirituell wirklich hochentwickelten Menschen ist. Das rührt ganz einfach daher, daß der Weise das irdische Leben und alle sich daraus ergebenden Umstände zwar keineswegs verachtet, sondern sie sogar als wichtiges Lehr- und Lernmaterial betrachtet, daß er sie aber auch nicht überbewertet. Reichtum, hohe Position und Gesundheit sind zweifellos angenehme Dinge, deren man sich durchaus erfreuen kann, aber es geht auch ohne sie. Mal oben, mal unten – mal Erfolg, mal Mißerfolg. Das Schicksalspendel schwingt immer hin und her, bleibt nie stehen. Der Punkt aber, an dem dieses Schicksalspendel aufgehängt ist, ist immer im Zustand der Unbeweglichkeit; und das ist der Punkt, das ist die Warte, von der aus der Weise die Pendelschwingungen beobachtet, ohne sich weder über die Ereignisse auf der Plus- noch auf der Minusseite aufzuregen oder gar in Panik zu geraten. Er weiß, daß dieses Hin und Her Sinn und Zweck des Lebens bzw. der Lebendigkeit ist.

Äußerlich ist der Erkenntnisgrad, die spirituelle Höhe eines Menschen daran zu erkennen, daß er in jeder Lebenssituation seinen Humor und seine Gelassenheit behält. Er wird auch auf der Höhe des Ruhmes und Erfolges nie überheblich und anmaßend werden, sondern nach der Maxime leben: „Wer sich nicht selbst zum besten haben kann, der ist gewiß nicht von den Besten“ (GOETHE).

Warum ich das so betone? Weil es eine ganze Menge meist selbsternannter Gurus und „Weisheitslehrer“ gibt, deren äußerliches Merkmal der warnend erhobene Zeigefinger, der vorwurfsvolle Blick, die todernste Miene und die Abwesenheit jedes Fünkchens Humor sind, ganz zu schweigen von der GOETHEschen Selbstironie. Sie nehmen sich selber ungeheuer wichtig und verlangen auch von anderen eine Art Anbetung, zumindest Bewunderung und vorbehaltslose Anerkennung. Wer nicht bereit ist, ihnen das entgegenzubringen, der ist ein „Teufelsbraten“.

Ich glaube, diese kurzen Bemerkungen genügen, um dem Leser verständlich zu machen, worum es mir hier geht. Ich weiß aus Erfahrung, daß es nicht leicht ist, die wirkliche spirituelle Höhe eines Weisheitslehrers richtig einzuschätzen. Es gibt so viele „Seelenfänger“, so viele „Proselytenjäger“ und „Schlepper“ (gerade auch bei einigen religiösen und pseudoreligiösen Gruppen und Sekten), die mit der einen Hand und mit Engelszungen die Entrückung in

Paradiesesfreuden anbieten, mit der anderen in Form der drohend geballten Faust die Verdammnis in die tiefsten Tiefen der Hölle ankündigen. Und sie sind gewöhnlich schwer beleidigt, wenn man sie nicht ernst nimmt und sich erlaubt, über ihre kleinkarierte Gott- und Lebensschau zu lächeln.
Humorlose und tierisch ernste Zucker-Peitsche-Prediger mögen von dem, was sie sagen, durchaus überzeugt sein und sich für ihre Ansichten selbst in Stücke hauen lassen –, Weise und Erleuchtete im eigentlichen Sinne des Wortes sind sie nicht.
(An dieser Stelle wieder eine alte esoterische Binsenwahrheit: „*Wenn Hunderte von Millionen Menschen jahrtausendelang einen Irrtum für Wahrheit halten, dann wird dadurch aus dem Irrtum noch längst keine Wahrheit!*")
Auf ähnlicher Linie liegt für den Esoteriker die Versuchung, sich irgendwelchen okkultistischen Logen, Geheimbünden, magischen Orden oder Bruderschaften anzuschließen. Man kann es unter Umständen tun, aber immer nur unter der Voraussetzung, daß man sich seine äußere wie auch innere Freiheit bewahren kann, daß man sich also nicht durch hochdramatische Gehorsams- und Geheimhaltungseide binden läßt. Was ich heute für gut und richtig halte, kann ich durchaus in einigen Jahren für schlecht und falsch halten. Die Entwicklung geht immer weiter; und wer dieses Bewegungs- und Wandlungsprizip alles Lebens mißachtet und seine individuelle Freiheit aufgibt oder sich nehmen läßt, der braucht sich nicht zu wundern, wenn die Woge der Fortentwicklung ihn überrollt und ihn gegen seinen Willen mit sich reißt. Die Zeiten, da gewisse Kenntnisse vor der großen Masse geheimgehalten werden mußten und nur einer auserwählten Elite vorbehalten waren, sind vorbei. Die universellen Prinzipien und die sich daraus ergebenden Geistes- und

Naturgesetze sind *für jeden* erkennbar und anwendbar, der sie ernsthaft erkennen und anwenden will.
Im Astralen und in den noch höheren Bewußtseinsbereichen herrscht sowieso das Gesetz „Gleiches zu Gleichem“, was besagt, daß einem spirituell Strebenden im Laufe der Zeit jene verkörperten oder auch feinstofflichen Wesenheiten und Intelligenzen zugeführt werden, die seinem eigenen Schwingungsgrad entsprechen und die ihm die erforderlichen weiteren Entwicklungsimpulse vermitteln, ohne daß er sich einer isolierten und spezialisierten Gruppe mit Haut und Haaren überantworten muß. Nicht eine einzige Religion, Kirche oder Mysterienschule hat unverändert die Zeiten überdauert; und es heißt, daß sich allein das Christentum in weit über tausend verschiedene Groß- und Kleinkirchen, Sekten, Bewegungen und Glaubensgemeinschaften aufgespalten hat, von denen immerzu welche verschwinden und zu denen immer neue hinzukommen.
Der angehende Lebenskünstler wird sich also nicht festlegen, wird sich nicht durch „heilige Schwüre oder Gelübde“ binden lassen. Das irdische Leben auf unserem Planeten ist ja im Grunde genommen nur eine Art Brücke zu höheren Bewußtseins- und Daseinsebenen; und auf Brücken baut man keine Wohnhäuser.
Die Menschen benutzen nur allzugern das besitzanzeigende Fürwort „mein“: meine Frau, mein Mann, meine Kinder, mein Haus, mein Vermögen, obwohl ihnen ihre Intelligenz sagen sollte, daß alles nur kurz- oder langfristige Leihgaben sind. Der einzige unverlierbare Besitz sind Erkenntnisse und Einsichten in das Walten der universellen Prinzipien und Gesetze; und selbst diese Erkenntnisse und Einsichten sind nicht unwandelbar starr und ein für allemal festliegend. Wenn die universelle Evolution eine sich unablässig emporwindende Spirale ist – und dieser Vergleich ist sehr tref-

fend –, dann gilt das für *alle* Aspekte und Stufen des menschlichen unter- und übermenschlichen Lebens ohne Ausnahme.
Zusammengefaßt: der angehende Lebenskünstler ist und bleibt immer frei und beweglich, offen nach allen Seiten, unvoreingenommen und tolerant, bemüht sich, aus allem Geschehen in ihm selbst und in seiner Umwelt etwas zu lernen, ohne sich jedoch binden oder gar fesseln zu lassen. Für ihn könnte als Lebensmotto gelten: „*Das Bessere ist der Feind des Guten*“ oder „*Stillstand ist lebens- und evolutionswidrig*“. Er bejaht bewußt die Abenteuerlichkeit, Undurchsichtigkeit und Unberechenbarkeit alles Geschehens von irdischer Warte aus, baut keine Hütten oder Paläste auf Treibsand. Er scheut sich nicht vor dem Ablegen alter (äußerer wie innerer) Kleider und dem Anlegen neuer, bezieht sogar das Gesetz der steten Wandlung ganz bewußt in seinen Lebensstil ein. Er ist bereit und willens, alles dankbar entgegenzunehmen und eine Weile zu benutzen, es aber auch ebenso dankbar wieder herzugeben.
Eine Furcht vor dem Tode – das große Schreckgespenst für die Materialisten aller Zeiten – existiert für den unterrichteten Esoteriker nicht mehr, weil er weiß und nicht nur glaubt, daß der von uns Sterben genannte Vorgang weiter nichts ist als ein Übergang von einem Bewußtseinszustand zu einem anderen, in der Regel von einem niedrigeren zu einem höheren.
Welche Folgen ein stures, verstandes- und gefühlsmäßiges krampfhaftes Sichfestklammern an irdischen Besitz und zwischenmenschliche Beziehungen haben kann, sehen wir an jener Erscheinung, die seit Jahrtausenden als *Besessenheit* bezeichnet wird und von der auch im Neuen Testament als Tatsache berichtet wird. Wahrscheinlich hat die Schizophrenie, die krankhafte Persönlichkeitsspaltung, auch noch

andere Ursachen als die reine Besessenheit, aber ein großer Teil der Schizophreniefälle ist nichtsdestoweniger auf Besessenheit durch sogenannte „erdgebundene arme Seelen“ zurückzuführen. Wer das nicht glauben will, der lese die einschlägige Fachliteratur, vor allem das Buch „Dreißig Jahre unter den Toten“ von dem kalifornischen Irrenarzt Dr. KARL WICKLAND. Daraus geht hervor, wie außerordentlich fortschritts- und entwicklungsfeindlich dogmatisch-religiöse und weltanschauliche Festlegung und Erstarrungen sind.

Menschen, die in einer rein materialistischen Welt- und Lebensanschauung verhaftet sind und sich nie in ihrem Erdenleben die Frage nach der Möglichkeit eines bewußten, individuellen Weiterlebens nach dem Ablegen des fleischlichen Leibes gestellt haben, stehen begreiflicherweise dem Sterbensvorgang und seinen Folgen völlig ratlos und verwirrt gegenüber. Bei Unfällen und überhaupt bei einem plötzlich und unerwartet eintretenden Tod wird ja die Seele des Menschen (der feinstoffliche Bewußtseinsträger) aus seiner Hülle regelrecht hinausgeschleudert.

Die Forschungs- und Experimentalergebnisse Dr. WICKLANDS und der internationalen Geist- und Jenseitsforscher legen den Schluß nahe, daß sich viele Unfalltote über die Tatsache, daß sie im irdischen Sinne gestorben sind, nicht im klaren sind. Sie halten ihren Astralkörper für den gewohnten irdischen Körper, zumal sich die beiden zunächst sehr ähnlich sind. Nur vermag der feinstoffliche Körper nicht mehr auf grobstoffliche Materie und auf noch verkörperte Menschen einzuwirken, kann mit letzteren weder sprechen, noch sie berühren, noch sich ihnen auf die gewohnte Weise bemerkbar machen. Die Schwingungsfrequenzen beider Ebenen sind zu verschieden, die körpergebundene irdische Sinnesapparatur ist zu grob.

Nähern sich nun der betreffenden Seele hilfswillige Wesen der Astralebene – meist sind es vorher verstorbene Familienangehörige – packt sie das nackte Entsetzen, und sie hält sich oft für geisteskrank oder in Fieberdelirien befangen. Denn die Wesenheiten, die der Neuankömmling plötzlich vor sich sieht und die ihn in die neue Daseinssphäre einführen wollen, sind ja längst „tot“ und haben nach allem, was er gelernt und geglaubt hat, gar nicht mehr zu existieren. Also flieht er vor ihnen wie vor schauerlichen Gespenstern und unheimlichen Trugbildern und wendet sich instinktiv dahin, wo sich sein bisheriges Leben abgespielt hat. Er geht bzw. versetzt sich zurück in sein Haus, seine Wohnung und seine gewohnte Umgebung. Doch da man ihn dort weder sehen noch hören noch irgendwie wahrnehmen kann, hält er logischerweise alle Leute, die auf seine Anwesenheit nicht reagieren, für plötzlich verrückt geworden oder, wie schon gesagt, sich selber für übergeschnappt und geisteskrank. Schließlich gibt er empört und resigniert die erfolglosen Kontaktversuche auf und beginnt, in den erdnahen Bereichen des Astralen ziellos umherzuwandern.
Da nun medial-sensitive Menschen im Astralen ein etwas kräftigeres Licht ausstrahlen als nicht mediale, scharen sich um solche Personen diese „armen Seelen“ fast wie die Motten um die Kerzenflamme. Und es ist, wie die Erfahrung lehrt, unter gewissen Umständen möglich, daß sich solche erdgebundenen Seelen an die biomagnetische Aura einer medialen Person anklammern bzw. regelrecht einhängen. Das kann dann der Beginn einer Um- oder Besessenheit bzw. Persönlichkeitsspaltung bei dem Opfer sein.
Das Wort Opfer ist hier durchaus angebracht, wie jeder weiß, der einmal mit akut Schizophrenen bzw. Besessenen engeren Kontakt gehabt hat. Die Besessenheitsintelligenz versucht nämlich, sich des grobstofflichen Körpers des

anderen anstelle des eigenen verlorenen Körpers zu bemächtigen und dessen individuelle Ichbewußtheit vorübergehend oder auch für dauernd zu verdrängen. Diese Besessenheitsgeister, wie wir sie hier nennen wollen, sind sich des Anomalen ihres Zustandes und ihres Tuns gar nicht bewußt, da ihnen jegliches diesbezügliche Wissen und daher jede Beurteilungsfähigkeit ihrer Lage völlig fehlt. Die Folge ist, daß das jeweilige Besessenheitsopfer plötzlich eine merkwürdige Persönlichkeits- oder Charakterveränderung erkennen läßt, für die äußere Veranlassungen und Ursachen nicht zu finden sind. Sie fangen an, innerlich Stimmen zu hören, leiden unter abrupten Stimmungsschwankungen oder an unerklärlichen Krankheitssymptomen und spüren bei ein wenig Selbstbeobachtung, daß „ein anderes Ich" in ihnen nach Betätigung und Herrschaft strebt, ihr normales Bewußtsein zu verdrängen und zu unterdrücken sucht. Schlimmstenfalls kann die Sache mit der Einweisung in eine Nervenklinik oder ein Irrenhaus enden, besonders dann, wenn das Besessenheitsopfer Handlungen begeht oder Denk- und Reaktionsweisen zeigt, die von der Umgebung für unsinnig oder gar verbrecherisch gehalten werden.
Es ist hier nicht der rechte Platz, das Phänomen der Besessenheit in allen Einzelheiten zu erläutern. Mir kommt es zunächst lediglich darauf an zu zeigen, welch unheilvolle Folgen ein dogmatisch festgemauertes und computerhaft programmiertes Denken und Fühlen haben kann. Es kann die geistig-seelische Entwicklung schon hier auf Erden fast völlig blockieren und unter anderem Anlaß geben zu schlimmsten Ehe- und Familientragödien.
Nun ist es Gott sei Dank so, daß die Mehrzahl der Durchschnittsmenschen, auch wenn sie von geistigen Dingen und den Ergebnissen der Jenseitsforschung keine Ahnung haben, nicht schlecht oder gar boshaft im engeren

Sinne des Wortes sind. Die meisten armen Seelen, die infolge ihrer Unwissenheit erdgebunden sind und als Besessenheitsgeister in Frage kommen, sind eben Durchschnittsmenschen wie mehr oder weniger alle. Deshalb gibt es auch viele gutartige, zumindest harmlose Besessenheitsfälle, bei denen der Persönlichkeits- bzw. Bewußtseinswandel nicht besonders auffallend ist, so daß von akuter Schizophrenie und Persönlichkeitsspaltung im psychiatrischen Sinne nicht gesprochen werden kann.

Für den Lebenskünstler und den, der es werden möchte, gilt zunächst – ich wiederhole es: innerlich und äußerlich frei und unabhängig bleiben, sich alles ruhig anhören, das Gehörte oder Gelesene miteinander vergleichen und versuchen, den in allem irgendwie doch vorhandenen Wahrheitskern herauszuschälen und ihn – aber nur „bis auf weiteres" – in seine Gottes-, Welt- und Lebensanschauung einzufügen, soweit das möglich ist. Man kann auch von den fanatischsten und stursten Sektenwerbern und -predigern etwas lernen, hat hier auf jeden Fall Anschauungsmaterial vor sich, das uns erkennen läßt, wie weit ein computerhaftes, völlig blockiertes Denken, Fühlen und Glauben in die Irre führen kann. Wir werden solche Leute, wenn wir einmal mit ihnen zu tun haben sollten, nicht zu kritisieren oder gar zu belehren versuchen, weil das in der Regel ein hoffnungsloses Unterfangen ist. Es steht uns nicht zu, geistig den Staatsanwalt oder Richter zu spielen.

Ich halte es aufgrund meiner Lebenserfahrungen für entschieden besser, wenn ein Mensch sich niemals philosophisch, religiös oder ideologisch festnageln läßt, sondern sich unter allen Umständen seine innere Freiheit bewahrt, selbst auf die Gefahr hin, als „Teufelsbraten" beschimpft zu werden. Lieber gar keine festgemauerte Welt- und Lebensanschauung, dafür aber Offenheit und Beweglichkeit nach

allen Seiten. Wer das nicht einsehen will oder kann, den müssen wir auf seiner spirituellen Ruhebank sitzen lassen.
Wenn in meinen Vorträgen über Geist- und Jenseitsforschung Hörer in der Diskussion einwenden, daß all das von mir Vorgebrachte wissenschaftlich nicht bewiesen und anerkannt sei, dann zögere ich nicht, das zuzugeben, füge aber hinzu: „Ob es ein individuelles und bewußtes Weiterleben nach dem fleischlichen Tod gibt oder nicht, werden Sie mit Sicherheit wissen, wenn Sie dereinst selbst gestorben sind. Und vielleicht erinnern Sie sich dann an diesen meinen unwissenschaftlichen Vortrag, der Ihnen nichtsdestoweniger helfen kann, sich in Ihrem neuen Lebensbereich besser und schneller zurechtzufinden. Betrachten Sie bis dahin alles von mir Gesagte als unbewiesene Hypothesen. Ich empfehle Ihnen sogar dringend, es mit *allem*, was man Ihnen sagt, so zu halten. Unser menschliches Wissen und Können ist immer eine Mischung aus Wahrheiten, Halbwahrheiten und Irrtümern, weshalb man allen Leuten, die mit ihrer „unfehlbaren Wahrheit" hausieren gehen, mit der nötigen Vorsicht und Distanz gegenübertreten sollte.
Und das, liebe Leser, gilt genauso für alles in diesem Buch Geschriebene. *Die Möglichkeit, ja Wahrscheinlichkeit, daß die letzte, absolute Wahrheit vollkommen anders ist als das, was wir uns in unseren kühnsten Träumen und abstraktesten Spekulationen vorzustellen vermögen, sollten wir immer in unserem Bewußtsein gegenwärtig halten. Das ist das Beste, was ein auf Erden verkörperter Wahrheits- und Wirklichkeitssucher tun kann.*
Vorwärts gehen, auf alle Überraschungen gefaßt sein, immer elastisch bleiben und sich vor den spannenden Abenteuern des Lebens nicht in eine Studier- und Ofenecke verkriechen! Das ist ein wichtiger Teil der praktischen Lebenskunst.

12. Kapitel

Empfehlenswerte Verhaltensweisen bei starker Medialität, der Fähigkeit zur außersinnlichen Wahrnehmung, Psychokinese, Zweitem Gesicht und bei anderen Durchbrüchen von PSI-Kräften

Ich weiß wiederum aus langer Erfahrung, daß viele von Natur aus medial begabte oder mit übersinnlichen Fähigkeiten ausgestattete Menschen oft sich selber ziemlich rat- und hilflos gegenüberstehen. In manchen Fällen halten sie sich sogar für psychisch abnormal oder gar geisteskrank, besonders dann, wenn sie in einem Kreis von Personen leben müssen, die von diesen Dingen keine Ahnung haben und aus dieser Unwissenheit heraus sich vor den Äußerungen unbekannter PSI-Kräfte direkt fürchten. Speziell für diese Menschen schreibe ich dieses Kapitel, da mir oft genug Frauen und Männer und mitunter auch Jugendliche gegenübergesessen haben und mich händeringend baten, ihnen zu sagen, was eigentlich mit ihnen los ist und ob und wie sie wieder zu normalen Menschen werden könnten. Besonders unangenehm, ja kritisch war die Lage bei Personen, die berufstätig sein müssen und deren materielle Existenz und die ihrer Familie von der sogenannten „normalen" Reaktionsweise abhängt, die von ihren Vorgesetzten und Arbeitskollegen in der Regel als selbstverständlich vorausgesetzt wird.
Solchen Personen habe ich zunächst einmal die beruhigende Zusicherung gegeben, daß mediale und überhaupt PSI-Fähigkeiten im weitesten Sinne mit nervlichen oder psychi-

schen Anomalitäten oder gar Erkrankungen nichts zu tun haben. Im Gegenteil: es handelt sich hier um Veranlagungen und Fähigkeiten, die auf der Entwicklungsleiter der Menschheit noch vor uns liegen und die ein Zeichen höherer seelischer und spiritueller Entfaltung sind. Ich muß allerdings hinzufügen, daß die meisten Schulmediziner, -psychologen und -psychiater – von einigen rühmlichen Ausnahmen abgesehen – bezüglich dieser Dinge erstaunlich unwissend sind und oft nicht einmal wissen, über welche Forschungsergebnisse die moderne Parapsychologie heute verfügt. Weshalb ich den zu mir gekommenen Ratsuchenden zunächst einmal empfohlen habe, nicht gleich zu einem Arzt zu laufen und sich von ihm Tabletten oder Pülverchen verschreiben zu lassen. Mit Pillen und Spritzen ist gegen eine angeborene Medialität und PSI-Begabung nichts auszurichten.

Als erstes habe ich klargemacht, daß die geistseelischen Vorgänge, die sie als unerklärlich, unheimlich und im höchsten Grad störend empfinden, für einen mit den Dingen vertrauten Esoteriker „ein alter Hut" sind, daß es im Laufe der Menschheitsgeschichte unzählige Personen gegeben hat, die historisch nachweisbar über die gleichen oder ähnlichen übersinnlichen Fähigkeiten verfügten. Ich empfahl die gründliche Lektüre bestimmter Bücher oder gab ihnen das eine oder andere gleich leihweise mit. Denn das Wichtigste war für mich immer, den Leuten erst einmal die Angst vor sich selber zu nehmen, sie erkennen zu lassen, daß von einer beginnenden Geisteskrankheit keine Rede sein konnte. Wenn ein solcher Mensch weiß, daß er mit seinen „Absonderlichkeiten" nicht allein auf der weiten Welt dasteht, sondern daß es massenweise Parallelfälle und sogar wissenschaftlich arbeitende und forschende Gruppen und internationale Institutionen gibt, die sich speziell supranormal begabter Menschen annehmen und direkt nach ihnen

suchen, dann ist schon viel gewonnen, dann ist zumindest die Panikstimmung gedämpft oder gar verschwunden. Dann kann man darangehen, in aller Ruhe die Situation zu untersuchen und zu diagnostizieren.
Der erste Ratschlag, den ich meistens gegeben habe, war: Halten Sie anderen Personen gegenüber vorläufig den Mund! Wir leben zwar nicht mehr im Mittelalter, da Medien und außergewöhnlich begabte Menschen auf dem Scheiterhaufen verbrannt wurden oder in den Inquisitionskellern verschmachteten, aber die allgemeine Unwissenheit bezüglich dieser Dinge ist auch heute noch so groß, daß stark medial veranlagte Personen damit rechnen müssen, von ihrer Umgebung als Hexe oder Hexer verschrien zu werden. Auch im letzten Drittel des zwanzigsten Jahrhunderts gab und gibt es immer wieder – selbst in der Bundesrepublik Deutschland – Hexenprozesse, deren Verlauf und Ausgang erkennen lassen, daß die daran beteiligten Polizisten, Juristen und sonstigen Amtspersonen nicht über das erforderliche Maß von Sachkenntnis verfügen und Verhaltensweisen an den Tag legen, über die man nur den Kopf schütteln kann.
Wenn also eine Person, besonders wenn sie auf einem Dorf oder in einer Kleinstadt wohnt, bereits in den Ruf einer Hexe oder einer „Teufelsbündnerin" geraten ist, dann gibt es als Erste Hilfe nur den Ausweg, von dort zu verschwinden und sich irgendwo anders in möglichst weiter Entfernung niederzulassen, wo niemand den oder die neu Zugezogenen kennt. Wenn der Einwand erhoben wird, daß das nicht möglich sei, entgegne ich, daß ein Ortswechsel bei gutem Willen und entsprechendem Bemühen immer möglich ist und daß die damit verbundenen Unannehmlichkeiten und Aufregungen immer noch besser sind, als das ganze fernere Leben hindurch als Hexe oder Hexer gebrandmarkt

oder gar tätlich verfolgt zu werden. Ich kann dem Leser versichern, daß ich einige Fälle gut kenne, wo letzteres der Fall war und wo den Betreffenden schließlich nichts anderes übrigblieb, als meinen anfänglichen Ratschlag doch noch zu befolgen.

Die Frage, die mir immer wieder von hochmedialen Personen gestellt wurde, war: „Lassen sich diese übersinnlichen Gaben und Fähigkeiten nicht zum Verschwinden bringen? Ich will sie nicht haben, will ganz normal sein wie alle anderen Menschen auch, will nicht Todes- und Unglücksfälle, Erdbeben und andere Katastrophen vorhersehen, die Geister Verstorbener erblicken, ständig Ahnungen und Wahrträume haben und anderes mehr."

Meine Antwort: *ja* und *nein.* Wenn es sich um eine angeborene, meist ererbte Veranlagung handelt, die von Kindheit an in Wirksamkeit trat, ist sie nur in ganz seltenen Fällen völlig zum Verschwinden zu bringen. Bei weiblichen Personen besteht die Möglichkeit, daß die Medialität während oder nach dem Klimakterium von selbst verschwindet, manchmal aber auch nicht. In solchen Fällen ist es angebracht, die Medialität als *Lebensaufgabe* zu betrachten, sie also nicht zu ignorieren oder gar zu bekämpfen, sondern sich ihrer bewußt zum Wohle nicht medialer, ratsuchender Menschen zu bedienen.

Möglichkeiten hierzu gibt es heute durchaus. Man kann als Lebensberater oder -beraterin – nach Anmeldung beim Gewerbeamt – eine richtiggehende Praxis aufmachen und bei den Beratungen das Kartenlegen, Handlinienlesen, Kristallschauen, die Numerologie und Kabbalistik und andere divinatorische Methoden und Hilfsmittel mitbenutzen. Für denjenigen, der den Mut und die Entschlossenheit aufbringt, aus der Not eine Tugend zu machen und seine angeborenen medialen Fähigkeiten beruflich anzuwenden, ist das ganze

Problem gelöst. Voraussetzung ist nur, daß er seine neue Tätigkeit als Lebensberater oder Hellseher als sittliche Verpflichtung und Lebensaufgabe betrachtet, nicht als Belastung.

(Nebenbei bemerkt: Die vielen Medien, Hellseher, Geistheiler, Kartenleger, Chirologen, Lebensberater usw., die ich persönlich kenne, haben sich über Mangel an Arbeit nicht zu beklagen.)

Das ist der eine Lösungsweg, der allerdings – ich muß es wiederholen – nur empfohlen werden kann, wenn eine starke natürliche, angeborene Medialität und PSI-Begabung vorliegt. Menschen, die nur ganz sporadisch einmal Wahrträume, Vorausahnungen, Visionen oder irgendwelche anderen übersinnlichen Erlebnisse haben, sollten diesen Weg nicht gehen. Es ist eine Erfahrungstatsache, daß es nur sehr wenige Menschen gibt, die nicht im Laufe ihres Lebens dann und wann Durchbrüche aus astralen oder spirituellen Sphären erleben. Der Mensch ist ja immerzu mit den höheren seelischen und geistigen Welten verbunden und wäre ohne diese meist unterbewußten Kontaktmöglichkeiten wahrscheinlich gar nicht lebensfähig. Aber die echte Berufung zum Medium – zum Mittler zwischen Jenseits und Diesseits und umgekehrt – ist relativ selten, wie es ja auch nur wenige ganz große und leistungsfähige Medien gegeben hat, die in die Geschichte der parapsychologischen Forschung eingegangen sind.

Im allgemeinen ist es gar nicht so schwierig, die übersinnlichen Fähigkeiten einer Person von diesem Gesichtspunkt aus zu beurteilen. Die naturgegebene mediale Veranlagung läßt sich kaum unterdrücken, sie läßt sich nur, wie gesagt, aus chaotisch-sporadischen Äußerungsformen in geordnete Bahnen lenken und kann dort sehr segensreich sein.

Ich habe sogar eine alte Behauptung für richtig befunden, die besagt, daß eine von Geburt an vorhandene starke Medialität, wenn sie bewußt ignoriert und unterdrückt wird, die betreffende Person krank machen kann. Medialität ist nämlich nicht nur eine rein geistige bzw. seelische Angelegenheit, sondern hängt auch mit der körperlich-biologischen Struktur der betreffenden Person eng zusammen. Und wenn eine naturgegebene Veranlagung (ein spezielles Talent) nicht betätigt bzw. ausgelebt wird, können Neurosen, ja sogar Psychosen und andere ernsthafte seelisch-geistige Störungen die Folge sein. Besonders ist das bei ausgesprochen künstlerischer Begabung der Fall. Solche Menschen, die ja im gewissen Sinne Medien sind, fühlen sich in rein sachlich-unkünstlerischen Berufen oft todunglücklich und haben ihr Leben lang an allen möglichen Komplexen und Gemütsstörungen zu leiden, für die keine organischen Ursachen zu finden sind. Bei den echten Naturmedien ist im übertragenen Sinne dasselbe der Fall.

Wenn nun aber die betreffende Person, die ratsuchend zu mir kam, ihre starke Medialität und Sensitivität *unbedingt loswerden möchte*, wenn sie aus irgendwelchen Gründen von einer beruflichen oder nebenberuflichen Anwendung ihrer Fähigkeiten partout nichts wissen will, bleibt mir nichts anderes übrig, als ihr einen anderen Hinweis zu geben. Ich muß hier von vornherein diejenigen meiner Leser, die Vegetarier, Lebensreformer, Yogaanhänger oder Mitglieder einer esoterischen Gemeinschaft sind, um Entschuldigung bitten, weil ich jetzt etwas sagen muß, was nicht zum Lebensstil eines nach Bewußtseinserhöhung und -erweiterung strebenden Menschen paßt.

Eine starke Medialität und PSI-Begabung geht meistens mit einer ausgeprägten Sensitivität oder Sensibilität in nervlich-emotionaler Hinsicht Hand in Hand. Wenn man also etwas dagegen unternehmen will, wenn man unter allen Umständen diese seelisch-nervliche Überempfindlichkeit loswerden will, dann gibt es nur eins: *sich selber unempfindlicher, robuster machen,* sich ein sogenanntes „dickes Fell" zulegen. Das kann auf verschiedene Weise erreicht werden, nämlich:

1. Durch möglichst starke und häufige körperliche, in erster Linie sportliche Betätigung.
2. Durch eine bewußte Umstellung der Ernährung auf derbe, grobstoffliche Speisen. Das heißt: viel Fleisch und Wurst, auch Fisch, viel Knollengewächse (Kartoffeln, Rüben usw.), und Hülsenfrüchte, Milch und Eier. Regelmäßiges Trinken von Bier aller Arten. Je gröber und „antireformerischer" die Nahrung ist, um so besser ist es in diesem Falle. Ja nicht Diät einhalten oder gar fasten, denn das erhöht die Sensibilität und damit Medialität in beträchtlichem Maße!
3. Rein allopathische (keine homöopathischen oder naturheilkundlichen) Stärkungsmittel sind zu empfehlen. Auch das Essen von Schokolade, Pralinen und ähnlichen Genußmitteln sowie das Trinken von Kaffee, schwarzem Tee und alkoholischen Mixgetränken ist im Zuge dieser „Robustmachungskur" anzuraten.
4. Auf keinen Fall irgendwelche geistigen Konzentrations- oder Meditationsübungen machen, also keinen Yoga betreiben, keine esoterischen und okkultischen Bücher lesen, keine einschlägigen Vorträge besuchen. Kurz und gut: sich von allen Einflüssen dieser Art fernhalten und sich ausschließlich um die materiellen Belange des banalen Alltags kümmern. Dazu gehört auch das Anschauen von unterhaltsamen Filmen, Fernsehsendungen und Sportreportagen ohne jeden geistigen Tiefgang. Eventuell der Anschluß an einen Kegel- oder Skatklub und an eine einschlägige „ablenkende" Gruppe von Menschen.
5. Schließlich trägt auch eine regere sexuelle Aktivität zur

Herabtransformierung der astralen und mentalen Schwingungsfrequenz bei.
Diese Ratschläge sind – ich betonte es bereits – alles andere als esoterisch und hochgeistig, aber sie sind gerade deswegen geeignet, die betreffende Person massiver, robuster, erdenschwerer zu machen und ihre vorhandene Medialität zum Abklingen zu bringen. Ich kann dem Leser versichern, daß das keine theoretischen Überlegungen sind, sondern erprobte Verhaltensweisen, die nur in jenen speziellen Fällen Geltung haben, da jemand seine übersinnlichen Gaben unbedingt loswerden will. Es liegt auf der Hand, daß derartige Vorsätze nicht häufig sind.
Ich kann diese Betrachtung nicht abschließen, ohne jener Frauen und Männer zu gedenken, die zu mir kamen und mich fragten, ob es nicht zuverlässige und vor allem rasch wirkende Methoden gäbe, mittels deren man ein „richtiges Medium" werden könne. Bei ihnen war also genau das Gegenteil der Fall wie bei den anderen, die ihre PSI-Fähigkeiten loswerden wollten. Wenn ich erkannte, daß bei den Betreffenden nur eine schwache oder gar eingebildete Medialität vorlag, habe ich ihnen von der Benutzung einschlägiger Methoden – die es gibt! – dringend abgeraten, worüber meine Besucher meist recht enttäuscht waren. Mit diesen Dingen, das heißt mit den aus höheren Regionen stammenden PSI-Kräften, wozu die Medialität gehört, sollte man nicht spielen oder glauben, damit Berühmtheit erlangen und viel Geld verdienen zu können. Die Fähigkeit, Geister zu sehen und mit ihnen zu sprechen oder Blicke in die normalerweise verschlossene Zukunft werfen zu können, kann zu einer außerordentlichen Belastung werden und das Gleichgewicht eines Lebenslaufes ernsthaft in Frage stellen.
Fast alle großen Medien, über die in der einschlägigen Fachliteratur berichtet wurde und wird, haben ein recht

turbulentes, an Schwierigkeiten, Verdächtigungen und massiven Angriffen reiches Leben gehabt, und einige der bekanntesten sind schließlich sogar im Gefängnis oder im Irrenhaus gelandet. Die Einschlagung eines Lebensweges als Berufsmedium oder Hellseher ist – ich sagte es schon – nur zu verantworten, wenn eine echte „Berufung von oben" vorliegt. Nur dann ist auch von geistiger bzw. jenseitiger Seite aus der erforderliche Schutz vorhanden, der dafür sorgt, daß die Kontakte in geordnetem Rahmen und ohne Schädigungen des Mediums ablaufen.

Wer sich ohne das erforderliche Grundwissen, ohne einen gesunden Körper, ohne Vergegenwärtigung der immer vorhandenen Risiken und Unberechenbarkeiten und vor allem ohne Schutz von höherer Seite aus reiner Neugierde und aus Geltungsbedürfnis auf Expeditionen in die übersinnlichen, feinstofflichen Bereiche begibt, kann sich dabei – bildlich gesprochen – das Genick brechen. Ähnlich dem Zauberlehrling in GOETHES Gedicht, der die Geister, die er rief, nicht mehr bannen konnte. Das Eindringen in höhere, nichtirdische Bereiche ist – ich benutze diesen Ausdruck nicht gern – eine Wissenschaft und setzt voraus, daß der Praktizierende sich vorher über alle ihm errreichbaren Tatsachen und deren Folgen möglichst umfassend informiert. Und genau das ist es, was ich in jedem Falle empfehle, denn, wie es BUDDHA schon formulierte, ist auch hier Unwissenheit die Wurzel alles Übels.

Man kann ein ausgezeichneter Lebenskünstler in unserem Sinne werden, auch ohne Berufsmedium oder -hellseher zu sein, was aber wiederum nicht besagt, daß man nicht seine diesbezüglichen Veranlagungen mit in sein Privat- und Berufsleben einbezieht. Die meisten Topmanager, Direktoren, politischen und wissenschaftlichen Führer wie auch die Erfinder und Entdecker benutzen, wenn auch meist unbewußt, diese Fähigkeiten laufend, wären ohne sie nicht das, was sie geworden sind. Nur reden sie anderen Personen oder gar der Öffentlichkeit gegenüber nie über ihre PSI-Fähigkeiten.

Um auf die fünf antimedialen Ernährungs- und Verhaltensweisen noch einmal zurückzukommen: Es ist klar, daß ein entsprechend gegenteiliges Verhalten auch die gegenteilige Wirkung haben muß. Wer also seine mehr oder weniger stark vorhandene Medialität und Sensitivität unbedingt steigern möchte, weiß jetzt, wie er dazu beitragen kann. Das beste und rascheste Mittel, sich so zu sensibilisieren, daß man Kontakte mit höheren Seinsebenen herstellen kann, ist das *Fasten* bzw. *Wenigessen* unter Bevorzugung rein vegetarischer, naturbelassener Nahrung, das regelmäßige Meditieren, das Versenken in sich selbst und – wenigstens vorübergehend – die Abkehr von den äußeren Banalitäten des Alltagslebens. Eine religiöse Grundhaltung ist geeignet, jenes Schutzes von oben und „drüben" teilhaftig zu werden, ohne den alle einschlägigen Übungen immer ein Spiel mit dem Feuer sind. Wer einmal Gelegenheit hatte, mit Ärzten, Psychologen und Psychiatern über die Folgen zu sprechen, die übertriebene und noch dazu unkorrekte Yogabetätigung und magisch-okkulte Praktiken haben können, der weiß, was ich meine.

Wir Menschen sind zunächst einmal Lebewesen dieser Erde und sollen hier laut Schöpfungsplan das lernen und erfahren, was unserer geistigen und seelischen Höherentwicklung und Befreiung dient. Es ist – von den wenigen Fällen einer speziellen schicksalhaften Berufung abgesehen – nicht unsere Aufgabe, jetzt schon in die letzten Geheimnisse der überirdischen Seinsbereiche hineinzublicken und Fähigkeiten zu entwickeln und zu perfektionieren, die kommenden Zeitaltern vorbehalten sind. Die Evolution macht keine

Sprünge, weder nach vorwärts noch nach rückwärts, sondern ist ein kontinuierlicher Vorgang, bei dem keine Sprosse der Leiter ausgelassen werden darf.
Es ist uns durchaus erlaubt, die als wirksam erkannten PSI-Kräfte und -Fähigkeiten auch im Alltagsleben zu benutzen, doch sollten wir nicht darauf versessen sein, nun unbedingt ein Spitzenmedium oder -magier werden zu wollen. Denn daß Leuten, die ihrer Zeit zu weit voraus waren, dafür nicht gerade mit Blumentöpfen und Lorbeerkränzen von ihren Zeitgenossen gedankt wurde, ist abermals eine Binsenwahrheit. Der rechte Lebenskünstler muß über gewisse Dinge *schweigen* können, muß wissen, was er den Leuten seiner Umgebung zumuten kann und was nicht. Er steht mit beiden Beinen sicher in dieser unserer irdischen Welt, ohne sich aber an sie zu verlieren, sich von ihr gängeln, suggerieren oder gar auffressen zu lassen.
Zum Schluß dieses Kapitels noch einige Ratschläge bezüglich einer besonderen Art von Medialität, die als „*spukauslösende Medialität*" bekannt ist. Ich halte es für wichtig, auch darauf kurz einzugehen, weil diese Art von Belästigungen durch unsichtbare Kräfte häufiger ist, als man glaubt. Es gibt kaum eine Stadt oder ein Dorf in Europa, wo nicht hin und wieder Spukphänomene aufgetreten sind und die daran unmittelbar Beteiligten in große Schwierigkeiten gebracht haben. In der Presse wird, wenn überhaupt, nur dann über Spukfälle berichtet, wenn sie durch Zufall zur Kenntnis eines Sensationsreporters gelangt sind, der sich veranlaßt fühlt, einen mit ironischen Bemerkungen gespickten Artikel darüber zu schreiben, meist entgegen dem ausdrücklichen Wunsch der Betroffenen. Unter Umständen interessieren sich dann die Wissenschaftler, Parapsychologen usw. für die Sache, erscheinen mit ihren „Sachverständigen" am Tatort und versuchen, die Spukphänomene zu fotografieren, zu

registrieren und zu analysieren unter Einsatz aller nur möglichen Apparate. Das sind aber Ausnahmefälle.
In der Regel sind die von Spukphänomenen heimgesuchten Familien darauf bedacht, nichts in die Öffentlichkeit dringen zu lassen, um zu verhindern, daß darüber geschwätzt wird. Denn es kann leicht passieren, daß unerklärliche Spukphänomene Anlaß geben, die darunter Leidenden als Hexer, Teufelsdiener oder Schwarzmagier zu bezeichnen. Die meisten unserer Zeitgenossen, besonders die einfachen Leute auf Dörfern und in Kleinstädten, haben ja von den Ursachen und Erscheinungsformen des Spukes keine Ahnung und plappern das nach, was sie von ihren Eltern, Großeltern oder ihren Onkeln und Tanten darüber gehört haben. Und das ist meist alles andere als sachlich, ist getragen von mittelalterlich-magischen Vorstellungen und abwertenden Voreingenommenheiten. Nichtsdestoweniger gibt es kaum eine ältere Person, die nicht irgendwann und irgendwo von Spukvorgängen gehört oder gelesen hat. Die jüngeren Leute, die auf ihre naturwissenschaftlich fundierte Sachlichkeit besonders stolz sind, neigen dazu, solche Vorgänge ohne nähere Prüfung als bewußte Trickbetrügereien und Schelmenstreiche geltungsbedürftiger oder boshafter Kinder und Jugendlicher abzutun.
Wir können ohne alle Vorbehalte uns der modernsten wissenschaftlich parapsychologischen Feststellung schließen, daß es Spukphänomene, die den bekannten physikalischen, chemischen und biologischen Gesetzen widersprechen, tatsächlich gibt. Es existiert eine sehr umfangreiche und viele Tausende von Beispielen enthaltene Spezialliteratur hierüber, weshalb wir uns hier ersparen können, auf Einzelheiten einzugehen und das wiederzukäuen, was viele andere mit wissenschaftlicher Akribie bereits gründlich untersucht haben. Wir wollen hier nur ganz kurz die

hauptsächlichsten Erscheinungsformen des Spuks aufzeigen, damit diejenigen, die unter Umständen in der eigenen Familie, im Freundes- oder Bekanntenkreis damit konfrontiert werden, wenigstens in großen Zügen Bescheid wissen. Es ist sicher gut, wenn der angehende Lebenskünstler weiß, wie er bei einem eintretenden Spukfall sich selbst und anderen raten und helfen kann. Oft genug ist durch massive, vor allem länger andauernde Spukerscheinungen der Familienfriede gefährdet und die berufliche und soziale Existenzgrundlage in Frage gestellt worden, ganz abgesehen davon, daß die daran Beteiligten seelisch völlig durcheinander geraten und psychische Störungen und Erkrankungen die Folge sein können.

Die Erfahrungen zeigen, daß Spukerscheinungen in folgender Form auftreten können.

1. Es klopft, knistert oder raschelt in Mauern, Möbeln, an Türen oder Fensterscheiben. Das kann sich bis zu lauten detonationsartigen Schlägen oder Knallgeräuschen steigern, für die materielle Ursachen nicht zu finden sind.

2. Türen, Schränke, Fenster oder Schubladen öffnen sich von selber, auch wenn sie fest verschlossen und verriegelt wurden.

3. Alle möglichen Gegenstände, von kleinen Haushaltsgeräten bis zu ganzen Möbeln fangen sich plötzlich zu bewegen an, ohne daß sie berührt werden. Manchmal fliegen die kleineren Dinge in seltsamen Kurven durch die Luft und landen irgendwo sanft oder werden in Stücke geschlagen. Es hat Fälle gegeben, wo ganze Wohnungseinrichtungen demoliert und unbrauchbar gemacht wurden.

4. Gegenstände aller Art verschwinden plötzlich und tauchen an anderen Stellen, wo sie niemand hingelegt oder versteckt haben kann, wieder auf. Teilweise werden diese Dinge aus verschlossenen Behältern und manchmal sogar

aus Panzertresoren „entführt“, was schulphysikalisch völlig unmöglich ist und eine Durchdringung der Materie (De- und Rematerialisation) voraussetzt.

5. Es regnet Steine, Nägel, Nadeln oder irgendwelches andere Kleinzeug durch die Zimmerdecke oder -wände hindurch, ohne daß diese die geringste Durchlöcherung oder Beschädigung aufweisen. Dieser spukhafte Steinregen ist bei allen Rassen der Erde bekannt und ist ebenfalls physikalisch unerklärbar. In den letzten Jahren sind in Deutschland und anderen europäischen Ländern mehrfach Spukvorgänge dieser Art beobachtet worden, so daß an deren Tatsächlichkeit einfach nicht mehr gezweifelt werden kann. Diese Steinregen, Steinwürfe und regelrechte Bombardements können auch unter freiem Himmel auftreten.

6. Es werden Schritte und dazugehörige Geräusche unsichtbarer Personen gehört, die durch die Räume gehen und ebenso plötzlich verschwinden, wie sie erschienen sind.

7. Es sind mehr oder weniger deutlich sichtbare menschliche oder tierische Gestalten zu beobachten, die entweder ruhig stehenbleiben oder hin und her huschen und seltsame automatenhafte Bewegungen und Handlungen ausführen.

8. Ein mehr psychischer Aspekt sind Beklemmungen, ja mitunter starke Depressionszustände, die ganz plötzlich von im Hause oder in einem besonderen Zimmer Anwesenden empfunden werden. Es ist, als erlebe man einen Alptraum im Wachzustand. Die ganze Atmosphäre ist dumpf, bedrückend, gleichsam mit unheimlichen Spannungen und Schwingungen geladen.

(Einige meiner Bekannten, die bei ihren Reisen zu dem berühmten „Geisteroperateur“ Tony Agpaoa auf den Philippinen nach der Landung des Flugzeuges in Manila im dortigen Europäerhotel eine Nacht bleiben mußten, erzählten mir, daß in diesem Hotel dasjenige Appartement,

in dem der deutsche Schauspieler Gustav Gründgens vor Jahren Selbstmord beging, heute noch unbewohnbar sei. Es spuke darin so stark, daß es kein Gast aushalten könne.)
Es gibt noch eine ganze Menge anderer Spukformen, die hier aufzuzählen unnötig ist. Typisch für diese Vorgänge ist meistens (keineswegs immer!) die Anwesenheit eines im Pubertätsalter stehenden Mädchens oder Knaben. Die biologisch-emotionale Umstellung, die in dieser Zeit im Körper erfolgt, setzt offenbar PSI-Energien frei, die von unsichtbaren Intelligenzen – den schon erwähnten armen, erdgebundenen Seelen verstorbener Menschen – unter gewissen Umständen zur Auslösung der Spukphänomene benutzt werden können. Daß es sich dabei um niedrige Geistwesen handelt, die die Auswirkung ihres Tuns selbst nicht zu beurteilen vermögen, geht daraus hervor, daß es sich in der Regel um scheinbar sinn- und zwecklose, unlogische, kindische und boshafte Betätigungen handelt, denen der normale Erdenbürger und meist auch der untersuchende Wissenschaftler verständnislos gegenüberstehen.
Die Tatsache, daß bei Spukerscheinungen oft pubertierende Jugendliche als *unbewußte* Auslöser festzustellen sind, hat zur Folge, daß die Öffentlichkeit schnell mit der Behauptung zur Hand ist, es handle sich nur um einen bewußten, geschickt arrangierten Schabernack Halbstarker, die sich einen Spaß daraus machten, ihre Umgebung an der Nase herumzuführen. Wenn dann Polizisten, Journalisten, Wissenschaftler und Amtspersonen am Tatort erscheinen und den betreffenden Jugendlichen „in die Zange nehmen“, geschieht es häufig, daß das Mädchen oder der Junge den massiven Drohungen bzw. Versprechungen nicht gewachsen sind und schließlich (für eine Schachtel Pralinen oder einen Geldschein als Gegenleistung) bereit sind zuzugeben, daß sie die allen Naturgesetzen hohnsprechenden Spukereien selbst

inszeniert haben. Diese Geständnisse gehen dann durch die Presse, und der Chor der Materialisten, für die es Geister und übersinnliche Geschehnisse nicht gibt und nicht geben darf, bricht dann in helles Jubelgeschrei aus: „Seht ihr, da haben wir's wieder mal: kein Spuk, nichts Übersinnliches, sondern freche Lausbubenstreiche! Der halbwüchsige Sohn oder die Tochter des Hauses haben es unserem zur Aufklärung entsandten Reporter gegenüber selbst zugegeben." Damit ist der Fall erledigt und die allgemeine Gültigkeit und Unerschütterlichkeit der bekannten physikalischen Gesetze wieder einmal unter Beweis gestellt.

Eine derartige Reaktionsweise kann natürlich nur jemand haben, der von den wirklichen Ergebnissen und Methoden der modernen internationalen Spukforschung keine Ahnung hat und es für unter seiner Würde hält, sich überhaupt damit zu beschäftigen. Dazu kommt, daß es heute quasi zur Allgemeinbildung gehört zu wissen, daß wissenschaftlich unerklärbare Vorgänge vom Unbewußten bzw. Unterbewußten des Menschen inszeniert werden, von noch nicht genügend bekannten, in der Psyche jedes Menschen vorhandenen PSI-Energien, die sich irgendwie zu personifizieren vermögen und eine scheinbar selbständige Intelligenz und Handlungsfähigkeit vorzuspielen in der Lage sind. Mit dem Hinweis auf diese un- und unterbewußten Funktionen läßt sich *alles* erklären bzw. wegerklären.

Und wenn man einem Schulwissenschaftler gegenüber bemerkt, daß gerade bei Spukfällen, die von wirklichen Sachverständigen lange und gründlich genug beobachtet und analysiert worden sind, Phänomene festgestellt wurden, die offensichtlich die Leistungsfähigkeit des Unterbewußtseins eines Kindes oder eines Jugendlichen übersteigen, dann bekommt man ein Achselzucken zur Antwort und die Gegenfrage: „Wissen Sie, wozu das Unterbewußtsein eines

Menschen fähig ist und wozu nicht?" Das heißt im Klartext: die Phänomene der Psychokinese, der Materiedurchdringung, des Auflösens und Wiedererscheinens von Gegenständen und alle anderen naturwissenschaftlich unmöglichen Vorgänge sind nur eine Art nach außen projizierter Träume, Wunschideen oder Spannungsentladungen des betreffenden jugendlichen Mediums. Wie das vor sich geht und ob die ganze Spukerei ein Motiv und eine Absicht im menschlich-logischen Sinne haben kann, weiß man noch nicht, wird aber im Laufe der Zeit schon noch dahinterkommen. Zur Erklärung benötige man auf keinen Fall die Geister verstorbener Menschen und keine unsichtbaren Jenseitssphären, in denen sie sich aufhalten und von wo aus sie agieren.

Wir wollen uns hier nicht in wissenschaftliche Streitgespräche einlassen, sondern jene Arbeitshypothese bevorzugen, die seit Jahrtausenden von allen Rassen und Völkern der Erde als die plausibelste und nächstliegende betrachtet wurde: daß es sich um persönlichkeitsbewußte, zumindest menschenähnliche Intelligenzen handelt, die von einem uns unsichtbaren Seinszustand aus die Spukphänomene bewirken, um damit die Aufmerksamkeit der noch verkörperten Menschen auf sich zu lenken und sich von ihnen raten und helfen zu lassen. Ob es sich dabei um die leibfrei gewordenen Seelen von Menschen handelt oder um Intelligenzen, die nie Erdenmenschen waren, ist für uns nicht so wichtig. Das Nächstliegende ist jedenfalls die Annahme, daß diese Intelligenzen das sind, was sie behaupten und zu sein vorgeben.

Wie hochaktuell die internationale Spukforschung ist und daß es nicht übertrieben erscheint, davon zu sprechen, daß auch in unserem eigenen Familien-, Freundes- und Bekanntenkreis einmal so etwas passieren kann, möge folgende Notiz bestätigen (Parapsychology Review *4*/1974, zitiert in: Schweizer. Bulletin für Parapsychologie):

„Spukhilfe!
Gegen 40 Mitglieder der ‚Spiritualists Association of Great Britain' (Spiritualistische Vereinigung von Großbritannien) in London stehen für Abhilfe und Beratung bei belästigendem Spuk zur Verfügung. Dieser 24-Stunden-Dienst wird bereits etwa dreißigmal pro Monat beansprucht."

Das würde bedeuten, daß im Schnitt täglich einmal von Leuten angerufen oder geschrieben wird, bei denen sich Spukvorgänge der obenbeschriebenen Art ereignen, denen sie selbst rat- und hilflos gegenüberstehen. Die erwähnte Gesellschaft entsendet dann aus ihren Reihen erfahrene Spiritualisten an den betreffenden Spukort, und zwar in Begleitung eines Hellseh- oder Trancemediums, das in der Lage ist, direkten Kontakt mit den spukverursachenden Wesenheiten herzustellen und herauszubekommen, warum der Poltergeist oder die arme Seele spukt. Eine Ursache bzw. Veranlassung zu ihrem außergewöhnlichen Verhalten ist meistens vorhanden; und wenn darauf eingegangen, das heißt die Bitten und Wünsche der unsichtbaren Intelligenz erfüllt werden, ist ganz von selber mit der Spukerei Schluß.

Der Leser sieht daraus, daß die englischen Spiritualisten bei ihren praktischen und erfolgreichen Spukhilfen die schulwissenschaftlichen „Steigrohre des Un- und Unterbewußten" nicht benötigen. Für sie ist die Sache klar: es handelt sich, von wenigen Ausnahmen abgesehen, um Geister bzw. Seelen (spirits) verstorbener Menschen, die sich in einer sehr unangenehmen, ja ausweglosen Lage befinden und unter allen Umständen Kontakte mit den ihnen vertrauten Menschen der irdischen Daseinsebene herstellen wollen, um dadurch irgendwie ihren Zustand zu ändern.

Hier halte ich den Hinweis für angebracht, daß es, wie viele meinen, keineswegs nur auf abgelegenen Dörfern mit abergläubischen Bewohnern, in jahrhundertealten Wohnhäusern, Klostergebäuden, ehemaligen Herrensitzen, verlassenen Schlössern und Burgen spukt, sondern ebenso in Etagenwohnungen in Hochhäusern amerikanischer und europäischer Großstädte im zwanzigsten oder dreißigsten Stock. Der deutsch-amerikanische „Geisterjäger“ Hans Holzer, der in New York wohnt, hat in einem seiner Bücher eine ganze Reihe von Spukfällen in modernsten Wolkenkratzern beschrieben und die Methoden aufgezeigt, mit denen er Erste Hilfe zu leisten vermochte. Auch er arbeitet zusammen mit einem Medium, daß die Spuk- und Poltergeister sieht und hört und so den Ursachen der Spukerei auf den Grund gehen kann.

In Deutschland gibt es aber für einen, der nicht mit spiritualistischen Kreisen in Verbindung steht, so gut wie keine Möglichkeit, Angehörige eines „Spukberatungs- und -befreiungsdienstes“ wie in England und Amerika in Anspruch zu nehmen. In dieser Hinsicht sind wir Deutschen im Vergleich zu anderen Nationen ein wenig rückständig, was wohl daher rührt, daß der durchschnittliche Deutsche ausgesprochen wissenschaftsgläubig ist und meint, daß nur das der Wahrheit entsprechen könne, was ein angeblich sachverständiger Professor oder Doktor äußert.

Was ist also zu tun, wenn es bei uns selbst oder bei befreundeten und bekannten Familien zu spuken beginnt? Es gibt eine sehr einfache Methode, zunächst einmal festzustellen, ob es sich tatsächlich um echten Spuk handelt oder nur um Neckereien und absichtlich inszenierten Schabernack von Kindern, Jugendlichen oder auch Erwachsenen. Man bringe ein Tier, am besten einen Hund oder eine Katze, in das betreffende Spukhaus oder -zimmer, nach Möglichkeit dann, wenn irgendwelche Spukgeschehnisse vor sich gehen. Die Tiere werden dann mit allen Zeichen der Angst, ja des Entsetzens wegzulaufen versuchen oder sich, wenn Türen und Fenster verschlossen sind, mit gesträubtem Fell zitternd in eine Ecke verkriechen. Fast alle Tiere sind von Natur aus hellsichtig und hellhörig und können die spukverursachenden Kräfte und Intelligenzen unmittelbar wahrnehmen, was der Mensch, ohne ein Medium zu sein, nicht kann. Ist also eine derartige Reaktionsweise von Tieren zu beobachten, ist der Schluß zulässig, daß der Spuk echt ist, daß es sich um Einbrüche aus anderen, außer- oder überirdischen Bereichen handelt.

Wenn diese Feststellung, die *irrtumsfrei* ist, getroffen wurde, stellt sich die Frage: was ist ohne die Anwesenheit eines hellsichtigen Mediums und ohne Hinzuziehung anderer Leute außerhalb des engsten Familienkreises zu tun? Der spukenden Intelligenz, was oder wer sie auch sei, muß irgendwie Gelegenheit gegeben werden zu sagen, warum sie sich auf so belästigende Weise bemerkbar macht und was sie will oder verlangt. Da gibt es nun mehrere Möglichkeiten, die aber letztlich auf dasselbe hinauslaufen.

Man kann zum Beispiel eine „klassische" Tischrücksitzung veranstalten. Die Älteren unter den Lesern werden wissen, was darunter zu verstehen ist. Die Familienmitglieder setzen sich um einen möglichst leichten Tisch und legen die Hände so auf die Platte desselben, daß sich die eigenen Daumenspitzen und die kleinen Finger mit denen der Nachbarn berühren. Dadurch entsteht die sogenannte „mediale Kette". Der Jugendliche oder auch die erwachsene Person, die man als unbewußte Spukauslöser in Verdacht hat, muß dabei sein.

Ist nun der Kreis auf diese Weise geschlossen (es geht übrigens auch ohne geschlossenen Kreis, wenn nur zwei oder drei Personen da sind), verharrt man einige Minuten ruhig und schweigend. Nach einer Weile, wenn sich nichts tut, kann man gemeinsam ein Volkslied oder einen Choral singen. Auf die Art des Liedes kommt es weniger an, sondern hauptsächlich auf die dadurch erzeugten Schwingungen. Unter Umständen tut es auch das Abspielen einer Schallplatte.

In der Regel dauert es nicht lange, bis entweder im Tisch diffuse Kratz- oder Klopfgeräusche hörbar werden oder der ganze Tisch sich zu bewegen und schließlich zu kippen beginnt. Dann sollte die Person, die man als Sprecher der Runde bestimmt hat, laut und vernehmlich die Frage stellen, ob eine Intelligenz anwesend ist, die mit den Versammelten Kontakt herzustellen wünscht. Wenn ja, möge der Tisch dreimal kippen. Das geschieht dann meistens sofort.

Am besten legt man gleich von Anfang an den Verständigungscode fest:

dreimal Kippen heißt ja,

einmal Kippen nein,

zweimal Kippen: ich weiß nicht, ich kann oder darf nicht antworten.

Meist funktioniert das, besonders in Spukhäusern und -zimmern, auf Anhieb. Die Tischbewegungen werden nach und nach heftiger und exakter. Nach den einleitenden Fragen, die mit ja oder nein beantwortbar sind, geht man dazu über, das Alphabet langsam aufzusagen und vorher die unsichtbare Intelligenz zu bitten, bei den betreffenden Buchstaben den Tisch einmal deutlich zu kippen. Das ist natürlich eine ziemlich langweilige und ermüdende Angelegenheit, doch wenn man auf diese Weise wenigstens den Namen des Geistes herausbekommt und vielleicht noch ein paar Worte dazu, lohnt sich die aufgewandte Geduld. Meist lassen schon dadurch die bisher so lästigen Spukvorgänge merklich nach oder verschwinden ganz. Die unsichtbare Intelligenz hat es jetzt nicht mehr nötig, mit Gewaltdemonstrationen auf sich aufmerksam zu machen, sondern hat nunmehr eine andere Mitteilungsmöglichkeit. Man sagt ihr zu, daß man die Sitzungen wiederholt und auf ihre Wünsche und Bitten nach Möglichkeit eingehen wird.

Nach zwei oder drei Sitzungen dieser Art empfiehlt es sich, zum sogenannten *Glasrücken* überzugehen, was die Sache wesentlich erleichtert und beschleunigt. Auch das ist höchst einfach. Man schreibt oder malt auf einem großen Bogen glattes Papier oder Karton die Buchstaben des Alphabets und die Zahlen von Null bis Neun, dazu deutlich und groß die Worte Ja und Nein. Das so beschriebene Papier wird auf die Tischplatte gelegt und ein umgestülptes kleines Wasser- oder Likörgläschen daraufgesetzt. Auf die nach oben gekehrte Bodenfläche des Glases haben das vermutete Medium und zwei oder drei andere Personen der Runde leicht je einen Finger aufzulegen. Dann wird vom Sprecher die anwesende unsichtbare Intelligenz gebeten, sich dieser Glasrückmethode zu bedienen, das heißt das Glas von einem Buchstaben zum andern zu schieben und auf diese Weise Worte und ganze Sätze zu formulieren, was im Vergleich zur Tischrückmethode wesentlich schneller geht. Man kann die Sache noch erleichtern, indem man auf das mit Druckbuchstaben beschriebene oder beklebte Papier eine entsprechend große Glasscheibe legt, auf der das umgestülpte Glas besonders leicht rutscht. Einer aus der Runde hat die Aufgabe, die Buchstaben und Ziffern, auf denen das Gläschen jeweils einige Sekunden stehenbleibt, aufzuschreiben.

Man muß dabei von vornherein den Beteiligten klarmachen, daß es sich nicht um ein bloßes unterhaltsames Spielchen handelt, daß also unter gar keinen Umständen das Glas mit Fingerdruck geschoben werden darf, daß die bewegende PSI-Energie vollkommen von sich aus das Glas frei zu dirigieren hat.

Ich weiß aus jahrzehntelanger Erfahrung, daß mittels des Tisch- oder Glasrückens einfach und rasch eine Verbindung mit unsichtbaren Intelligenzen herstellbar ist. Und ich weiß auch, daß damit in der Regel – von den üblichen Ausnahmen abgesehen – die bislang beobachteten Spukerscheinungen aufhören, vor allem dann, wenn in der Runde eine Person ist, die über die spiritualistischen Grundkenntnisse einigermaßen Bescheid weiß und in der Lage ist, der „armen Seele" klarzumachen, daß sie nicht mehr unter den irdisch verkörperten Menschen weilt, also gestorben ist, und sich den jenseitigen Beratern und Helfern ruhig anvertrauen soll, die ja die Aufgabe haben, die erdgebundenen und ziellos herumirrenden Seelen dorthin zu bringen, wo sie ihrem individuellen Schwingungsgrad entsprechend hingehören: in die eigentliche Astralwelt.

Man muß sich dabei auf seine eigene Intuition verlassen und versuchen, sich in die Lage und geistige Verfassung einer solchen erdgebundenen, völlig unwissenden Seele zu versetzen. Jeder Fall ist ein wenig anders geartet, weshalb es sich hier nicht empfiehlt, allgemein gültige Richtlinien und Verhaltensweisen zu geben. Der Unsichtbare braucht Rat und Hilfe, und die sollte man ihm im Rahmen des Möglichen geben oder zusichern. Oft werden auch Gebete oder bestimmte kirchliche Handlungen verlangt (Seelenmessen, Wallfahrten und dgl.), vor allem dann, wenn der Verstorbene konfessionell ausgerichtet war und ein schuldbeladenes Gewissen hat.

Kurz und gut: diese Methode der Kontaktherstellung mit dem Spuk- oder Poltergeist ist die einfachste Methode, eine Serie lästiger oder manchmal unerträglicher Spukvorgänge zu beenden, und zwar für immer.

Dann sollte – und das sei besonders betont – mit diesen Sitzungen endgültig Schluß gemacht werden. Sie sind nur so lange sinnvoll, wie sie dem Zweck der Befreiung von Spukphänomenen dienen, nicht aber, um aus diesen Kontakten mit dem niederen Jenseits ein Gesellschaftsspiel oder gar eine Gewohnheit zu machen.

Die Intelligenzen, das heißt die armen, erdgebundenen Seelen, sind in der Regel so unwissend und naiv, daß von ihnen irgendwelche Mitteilungen oder Kundgaben von Interesse oder gar Bedeutung nicht zu erwarten sind. Jede Übertreibung ist gerade auf diesem Gebiet von Übel, kann sogar zu Besessenheitszuständen führen. Die ganze Sache kann so geheimgehalten werden, daß außer den Familienmitgliedern niemand etwas davon erfährt, daß jeglicher Rederei und Gerüchtemacherei von vornherein ein Riegel vorgeschoben ist. Die daran Beteiligten müssen nur den Mund halten.

Es gibt natürlich auch in Deutschland Möglichkeiten, ein gutes Hellseh- oder Trancemedium hinzuzuziehen, wenn man es sich nicht verdrießen läßt, nach privaten spiritualistischen Zirkeln zu suchen, von denen es auch bei uns einige gibt. Eine Kleinanzeige in einer der regelmäßig erscheinenden esoterischen und grenzwissenschaftlichen Zeitschriften ist ein gangbarer Weg. Aber das sollte man nur dann tun, wenn mit der obenbeschriebenen Methode des Tisch- und Glasrückens die Serie von Spukbelästigungen aus irgendwelchen Gründen nicht beendet werden kann, was nur selten vorkommen dürfte. Auch ist grundsätzlich zu empfehlen, sich mit der von erfahrenen Forschern auf diesem Gebiet veröffentlichten Fachliteratur etwas zu beschäftigen, weil man daraus auch andere erprobte Verhaltensweisen bei Spuk lernen kann.

Der Lebenskünstler weiß, daß er ein „Bürger zweier Welten“ ist, daß ein Grundwissen über die Einflußmöglichkeiten des sogenannten Jenseits auf die irdische Ebene vorhanden sein muß, wenn man nicht auf Erden und nach dem leiblichen Tode in Situationen geraten will, denen man hilflos ausgesetzt ist. Wenn man mit Sicherheit weiß, daß man über kurz oder lang in ein anderes unbekanntes Land übersiedeln muß, dann ist es vernünftig, über die Verhältnisse in diesem Land sich rechtzeitig alle erreichbaren Informationen zu beschaffen. Das andere Land, in das wir eines Tages alle „auswandern" müssen, ist die Astralsphäre mit ihren vielen Stufen und Unterabteilungen, und wohl dem, der schon während seiner Erdentage bei jenen, die darüber einiges wissen, Erkundigungen eingezogen hat. Er vermeidet dadurch zumindest, daß er nach dem Ableben seines grobstofflichen Leibes selber zu einem Besessenheits- oder Spukgeist wird.

13. Kapitel

Ein Lebenskünstler ist gesund

Ohne Zweifel eine kühne Behauptung! Aber an der Wahrheit des volkstümlichen Spruches „Gesundheit ist nicht alles, aber ohne Gesundheit ist alles nichts“ ist ebensowenig zu zweifeln.
Es sind in den Jahren nach Kriegsende allein in deutscher Sprache viele Bücher, Broschüren und Zeitschriftenartikel über *Geistheilung* erschienen. Manchmal wird sogar das Wort *Wunderheilungen* gebraucht, um anzudeuten, daß es sich um Heilungen handelt, die über die derzeitigen Möglichkeiten der Schulmedizin hinausgehen. Es gibt überall in den Ländern der westlichen Welt große Kirchen, Glaubensgemeinschaften und esoterische Gruppen, bei denen Geist- und Glaubensheilungen eine beherrschende Rolle spielen. Die von offizieller wissenschaftlicher und schulmedizinischer Seite anerkannten und dokumentarisch belegbaren Fälle, in denen biologisch-medizinisch unerklärbare Soforthеilungen schwerster Erkrankungen beobachtet und registriert wurden, sind längst nicht mehr zu zählen. Diese Fälle sind nicht an bestimmte Religionen und Glaubensbekenntnisse gebunden, sondern gingen und gehen vor sich in *allen* Religionen der Erde, angefangen bei den un- oder halbzivilisierten Stämmen in abgelegenen Gebirgen oder Urwäldern bis hin zu den modernsten Kliniken, den mit Dutzenden von Apparaten ausgestatteten „Reparaturwerkstätten für menschliche Körper“. Es muß sich also um Kräfte und

Methoden handeln, die *allen* Menschenwesen in gleicher Weise und Stärke zur Verfügung stehen: um *PSI-Kräfte*.

Meine Absicht ist es, in diesem Kapitel das Wichtigste dessen zusammenzufassen, was im Laufe der letzten Jahrzehnte auf diesem Gebiet entdeckt, erprobt und für wirksam befunden worden ist. Dieses Unterfangen ist gar nicht so schwierig, wie es zunächst erscheinen mag, denn es handelt sich bei all diesen Geist- oder Wunderheilungen um die Auswirkungen der gleichen Kraft bzw. Intelligenz, die nur in verschiedenen Formen auftritt.

Nehmen wir als erstes die auch von vielen Schulmedizinern vertretene Meinung zur Kenntnis, die besagt, daß über 90 Prozent aller Krankheiten und körperlichen Schäden psychische Ursachen haben. Manche Ärzte gehen bezüglich des Prozentsatzes noch höher. Aufgrund dieser Erkenntnisse hat sich die *Psychosomatik* entwickeln können, deren Erfolge auch von den konservativsten Schulmedizinern heute nicht mehr bestritten werden können. Es handelt sich um Heilverfahren, bei denen die Einflußnahme auf die menschliche Seele (Psyche = Seele, Soma = der Körper) im Vordergrund steht. Man weiß heute mit Sicherheit, daß auch die Unfallhäufigkeit und Infektionsanfälligkeit gewisser Leute mit psychischen Faktoren eng zusammenhängt.

Wir wollen uns hier aber nicht mit der rein wissenschaftlich-schulmedizinischen Psychosomatik beschäftigen, sondern mit der *reinen* und ursprünglichen Geist- und Glaubensheilung, deren Prinzipien bekannt waren und angewandt wurden, seit es Menschen auf diesem Planeten gibt. Sie beruhen auf der uralten Erkenntnis, daß jede Heilung letztlich eine *Selbstheilung* ist, also ein Vorgang, der zwar von außen (von einem Arzt, einem Psychologen oder Gebetsheiler) eingeleitet werden kann, sich aber immer im Innern des Kranken, in seinem Bewußtsein vollzieht.

Und da sind wir schon wieder bei dem Begriff Bewußtsein, der in diesem Buch eine führende Rolle spielt. Erinnern wir uns an die bereits getroffene Feststellung, daß unsere gesamte Umwelt mit all ihren Erscheinungen letztlich nichts anderes ist und sein kann, als „Vorgänge in unserem Bewußtsein". Unser fleischlicher Körper gehört zu diesen Umwelt-Gegebenheiten. Wenn nun eine der esoterischen Grundwahrheiten lautet: *„Der Mensch ist, was er denkt, was in seinem Bewußtsein enthalten ist"*, dann ergibt sich daraus folgerichtig, daß auch der körperliche Gesundheits- bzw. Krankheitszustand von der Bewußtseinsverfassung des Menschen abhängt. Anders ausgedrückt: ein Mensch, der sich Gesundheitdenken und -fühlen zur Gewohnheit gemacht hat, kann nur gesund sein, da Krankheitsvorstellungen in seinem Bewußtsein keinen Platz mehr haben.

Diese Bewußtseinshaltung hat allerdings eine gewisse religiös-philosophische Erkenntnishöhe zur Voraussetzung, worauf ich hier, da das so außerordentlich wichtig ist, etwas näher eingehen will. Schon von Kind an wird uns von unserer gesamten Umgebung nahezu ununterbrochen suggeriert, daß Krankheit – also Nicht-Gesundheit – ein ganz natürlicher, sozusagen gottgegebener Bestandteil des menschlichen Lebens sei. Seit der Zeit, da wir als Kleinkinder zu sprechen und zu verstehen anfingen, hörten wir, daß Papa oder Mama sich nicht wohl fühlten, im Bett liegen müssen und daß der Onkel Doktor kommen muß. Auch wurde uns immer wieder gesagt, daß wir das oder jenes nicht essen, trinken oder tun dürften, weil wir sonst krank würden. Kein Wunder, daß wir nach und nach das Kranksein als naturgegebenen Bestandteil des Lebens auffaßten und als Kinder oder Jugendliche gar nicht mehr auf die Idee kommen konnten, daß der einzige naturgegebene Zustand des Wesens Mensch die *vollkommene Gesundheit* ist.

Eine typische Erscheinungsform dieser Massensuggestion ist die Tatsache, daß einen die Leute verblüfft, ja entsetzt anschauen, wenn man ihnen sagt, daß man (was als freier Beruf möglich ist) keinerlei Krankenversicherung hat und nicht daran denkt, dafür auch nur einen Pfennig auszugeben. Dann hört man: „Ja – aber wenn etwas passiert, wenn Sie einen Unfall haben oder sich eine Infektion zuziehen ... oder – oder – oder ..."

Worauf ich zu entgegnen pflege: „Entweder ist meine esoterische Erkenntnis und Überzeugung richtig, daß ständige Gesundheit der Normalzustand des Menschen ist und von seiner Bewußtseinshaltung abhängt –, dann brauche ich keine Krankenversicherung und keine Ärzte; oder meine Einstellung ist falsch, dann werde ich diesen meinen Irrtum einsehen und meine religiös-philosophische Meinung revidieren müssen." Nun, bis jetzt habe ich meine diesbezügliche Ansicht – mit meinen immerhin 66 Jahren – nicht zu revidieren brauchen, habe noch nie einen Arzt oder einen Krankenhausaufenthalt nötig gehabt.

Meine bewußtseinsmäßige Grundhaltung ist eine ganz einfache: Die Schöpfung, das heißt das gesamte Universum mit all seinen Inhalten war und ist *in und an sich vollkommen.* Die Schöpfungsintelligenz – nennen wir sie Gott oder das Absolute – hat nichts Unvollkommenes aus sich hervorgehen lassen, hat die von ihm geschaffenen, mit Bewußtsein und Willensfreiheit begabten Wesen nicht dazu verurteilt, ununterbrochen unter Krankheiten, Armut, Enttäuschungen und Schicksalsschlägen leiden zu müssen. Im göttlichen Allbewußtsein gibt es keine Unvollkommenheiten, also keine Krankheiten, Schmerzen, Elends- und Verzweiflungszustände, somit auch nicht im Leben eines Menschen, der sich über diese Urtatsache klargeworden ist und weiß, wie er es anzufangen hat, das göttliche Allgesundheits-Bewußtsein

in sein persönliches Menschenbewußtsein hereinzulassen, sich ihm zu öffnen.
Ich muß mich immer wieder darüber wundern, daß die Zeitgenossen, die sich überzeugte und bekennende Christen nennen, so große Schwierigkeiten haben, sich diese so einfache Grunderkenntnis zu eigen zu machen und in ihrem eigenen Leben das zu praktizieren, was ihnen im Neuen Testament von Jesus als absolut sicher verheißen worden ist: „Und alles, was ihr erbittet im Gebet, so ihr glaubt, werdet ihr's empfangen“ (Matth. 21; 22); oder „. . . er bitte aber im Glauben und zweifle nicht, denn wer da zweifelt, der ist gleich wie die Meereswoge, die vom Wind getrieben und gewebt wird.“ (Jac. 1; 6). Die meisten Christen unserer Tage aber zweifeln an der Allmacht und Allgegenwart Gottes und sagen, daß sie zwar an Gott glauben, nichtsdestoweniger jedoch – für alle Eventualitäten – es vorziehen, sich nebenher auf die Kunst menschlicher Ärzte und auf die Police einer guten Kranken- und Lebensversicherung zu verlassen. „Denn man kann nie wissen . . .“ Daß sie damit ihrem Gott gegenüber ein Mißtrauensvotum aussprechen, wird ihnen meist gar nicht bewußt.
In Diskussionen mit vielen „gläubigen Christen“ bekomme ich immer wieder zu hören: „Gewiß, ich glaube durchaus an die Möglichkeiten der Geistheilung, aber nur, wenn es sich um nervliche und seelische Erkrankungen handelt, um sogenannte Gemütsleiden oder Funktionsstörungen, die zweifellos mittels positiver Glaubenssuggestionen günstig zu beeinflussen sind, nicht aber in Fällen von Brüchen, Knochen- und Organdeformationen, schweren Gewebezerstörungen und dergleichen.“ Diese und ähnliche Einwände bekommt man auch von Ärzten zu hören, die sich ansonsten positiv über die psychosomatischen Heilmethoden äußern.

Ich greife in solchen Fällen zu einem Packen von Zeitungsausschnitten, Original-Heilungsberichten und -bekundungen, die dokumentarisch belegen, daß Geist- und Glaubensheilungen nicht begrenzt und auf gewisse Gebiete eingeengt werden können, daß das Wort „unmöglich" und „unheilbar" aus dem Vokabular des wissenden und erkennenden Esoterikers radikal gestrichen werden muß.
Fälle, in denen die Kranken oder Verletzten quasi schon „dem Totengräber auf der Schippe saßen", sind in kürzester Zeit, oft in Sekunden geheilt worden. Ich will hier darauf verzichten, solche Beispiele zu bringen, denn ihrer sind in der Literatur über Geistheilung Legion.
Immer wieder stoße ich auf den Einwand: „Gewiß, in vielen Fällen mag das so gewesen sein, aber das sind eben Ausnahmefälle, wo gar keine oder nur geringe karmische Belastungen vorlagen. Bei allen Kranken aber geht das nicht; denn wenn das ginge, brauchten wir ja überhaupt keine Ärzte und Krankenhäuser mehr. Aber die hat es immer gegeben, solange Menschen auf der Erde leben. Ich es nicht eine Art Gotteslästerung, auf die Spitze getriebener menschlicher Hochmut, sich herzustellen und zu behaupten, es gäbe einfach keine Krankheiten?"
Meine Antwort: „Niemand behauptet, daß es auf dieser Erde keine Krankheiten gibt. Die Geist- und Wunderheiler aller Zeiten – es hat sie neben den Ärzten auch immer gegeben – behaupten lediglich, daß Krankheiten nicht zum normalen menschlichen Leben gehören, sondern eine Folge des aus der göttlichen Allbewußtheit herausgefallenen, sich abgesondert habenden menschlichen Bewußtseins sind. Die Worte Sünde und Sündhaftigkeit, die gerade in den christlichen Lehren eine so große Rolle spielen, sind tatsächlich aus dem Grundbegriff „sich absondern" hergeleitet. Wird also der Trennungsprozeß zwischen menschlichem und göttli-

chem Bewußtsein – ein Produkt des erlaubten Mißbrauchs des freien Willens – wieder aufgehoben, *muß* automatisch der ursprüngliche Zustand der Gesundheit und des Wohlergehens in allen Dingen wieder eintreten. Denn der Mensch hat nun einmal als Geschöpf Gottes auch einen (relativ) freien Willen, der es ihm ermöglicht, sein Lebensfahrzeug (den Körper) entweder vor- oder rückwärts zu fahren, genau wie er es mit seinem Auto auch kann. „*Eine Freiheit, die nicht mißbraucht werden kann, wäre keine Freiheit, wäre absolute sklavische Gebundenheit.*" Und da wir Menschen nach dem Bilde Gottes gemacht sind, ein Teil von ihm sind, haben wir auch so viel freien Willen, daß wir zu etwas ja oder nein sagen können.

Und was das Argument anbetrifft, daß es immer, solange es Menschen auf Erden gibt, auch Ärzte und Krankenhäuser gegeben habe, so stimmt das nur im Hinblick auf die von uns überschaubaren rund sechstausend Jahre. Wie die Menschen vorher gelebt haben, ob sie auch wie heute ständig von Krankheiten und Übeln aller Art gequält wurden, wissen wir nicht. Viele aus sehr alten Zeiten stammende Sagen und Mythen lassen erkennen, daß dermaleinst grundlegend andere Verhältnisse geherrscht haben müssen.

Wenn der in früheren Kapiteln von mir zitierte Professor Hermann Oberth recht hat und unsere Erde tatsächlich den Status eines Schulungs-, Erziehungs- und Bewährungsplaneten hat, dann könnte es durchaus sein, daß die Wiederherstellung des Anschlusses an die Gottesbewußtheit zu unseren irdischen Hauptaufgaben gehört. Ich möchte hier den bereits zitierten Ausspruch eines Philosophen wiederholen, der sagte: „Wenn Millionen oder aber Millionen von Menschen jahrhunderte- oder gar jahrtausendelang einen Irrtum für Wahrheit halten, dann wird trotzdem aus diesem Irrtum noch keine Wahrheit."

Das Grundprinzip der universellen Vollkommenheit ist von jedem kontrollierbar, der den Mut hat, es an sich selbst zu erproben. Wir sollten also diejenigen fragen, die als Geist- und Glaubensheiler unter uns wirken, sowie diejenigen, die durch sie von schwersten Krankheiten befreit worden sind. Andere Leute sind für die Beantwortung der gestellten Frage nicht zuständig, selbst wenn sie Ordinarien medizinischer Fakultäten wären.

Der Einwand mit dem selbstgeschaffenen Karma, das sich unter Umständen in Form von Krankheiten aller Art bemerkbar mache, ist leicht auszuräumen durch die schlichte Erkenntnis, daß die göttliche Allmacht und Allintelligenz *über* dem von ihr geschaffenen Ursache-Wirkungsgesetz steht. Der Gesetzgeber macht und überwacht die Gesetze, nicht umgedreht! Solange der Mensch im Zustand der Bewußtseinsabsonderung verharrt, bleibt er dem Karmagesetz und seiner dreidimensionalen, raum- und zeitgebundenen menschlichen Struktur unterworfen. Erst wenn er sein kleines persönliches Ich wieder in das allumfassende *ICH BIN* eingliedert, es mit diesem zum Verschmelzen bringt, wird sein begrenztes Menschentum durch den Status der Gotteskindschaft abgelöst.

Genau das – nicht mehr und nicht weniger – sagen alle Geist- und Glaubensheiler, seien sie Christen oder Angehörige anderer Religionen. Sie verlangen von den Kranken, die sich mit der Bitte um Kontakt- oder Fernheilung an sie wenden, daß sie den Entschluß aufbringen, sich kopfüber, bedenken- und vorbehaltlos in die Arme der göttlichen Vollkommenheit zu stürzen. Sie sagen: „*Nehmt die Gottheit beim Wort, dann wird es sich herausstellen, ob die heiligen Schriften aller Zeiten und Völker, ob die Lehren der großen Erleuchteten und Mystiker aus haltlosen Versprechungen und Lügen bestehen oder nicht.*“

Etwas anderes kann ich in diesem Buch zum Thema Gesundheit auch nicht sagen, kann höchstens darauf hinweisen, daß ich mit meinen immerhin 66 Jahren noch nie krank war, obwohl ich die zwei Weltkriege miterlebte und mehr als sechs Jahre Soldat war. Ich hatte seinerzeit als junger Mensch die Dinge nicht so klar erkannt, wie es heute der Fall ist, aber ich hatte mich, schon von Kind an, mit diesen religiös-philosophischen Problemen beschäftigt und dadurch mein Unterbewußtsein entsprechend programmiert, so daß es sich stets nach außen projizieren konnte.
Ich sage das aus einem besonderen Grund. Wie oft kamen schwerkranke Menschen zu mir, die mich um Rat und Hilfe baten. Mein erster Rat bestand immer in dem Hinweis, daß jede Heilung im Grunde genommen eine *Selbstheilung* ist, daß also keinem Kranken geholfen werden könne, der von vornherein die Möglichkeit einer Heilung bezweifelt. (Jesus: „Dein Glaube hat dir geholfen.") Anschließend habe ich meinen Besuchern dann dargelegt, was ich in diesem Kapitel niedergeschrieben habe. Mehr kann ich nicht tun, mehr kann auch irgendein anderer Geist- und Glaubensheiler nicht tun.
Wenn ich merkte, daß meine Besucher keine religiöse Grundhaltung hatten oder sich gar als Ungläubige und hartgesottene Skeptiker bezeichneten, sagte ich ihnen, daß Frömmigkeit im kirchlichen Sinne nicht erforderlich ist, um die nötige innere Bewußtseinsumstellung herbeizuführen. Es genügt völlig, sich zu jener Lebenshaltung zu bekennen, auf die sowohl in der Bibel wie auch in den Schriften anderer Religionen und Weisheitslehrer hingewiesen wird: „*Verhalte dich deiner Umwelt gegenüber so, wie du wünschst, daß sie sich dir gegenüber verhalten möge*"; oder: „*Was du willst, daß dir die anderen tun sollen, das tue du ihnen zuvor.*"

Mehr wird von niemandem verlangt, und es gibt wohl kaum einen Menschen, der an der Richtigkeit und Brauchbarkeit dieses so einfachen Lebensmottos zu zweifeln wagt. Die Beherzigung und Praktizierung dieser Lebensmaxime schließt ein, daß wir niemals *bewußt* und *absichtlich* einen anderen schädigen, kränken, verletzen oder übervorteilen. Wenn wir das unsererseits nicht tun, wird und kann es uns auch von seiten der Außenwelt nicht widerfahren. Da die Außenwelt eine Projektion unseres Bewußtseins ist, eine Art *Echophänomen*, werden zu uns nur die Sinnessignale zurückkommen können, die wir vorher ausgestrahlt haben. *Denken und fühlen wir immer nur Gesundheit, Harmonie, Güte, heitere Gelassenheit, Verständnis- und Hilfsbereitschaft, können nach universellem Gesetz auch nur diese Dinge uns wieder entgegentreten.*

Ich meine, daß diese Grunderkenntnis auch ein erklärter Atheist und Freidenker haben kann. Wenn die Wirkungen der göttlichen PSI-Kräfte – um diesen Ausdruck hier wieder einmal zu gebrauchen – nur den Tiefgläubigen und Frommen einer Religion vorbehalten wären, dürfte es keine kranken Priester, Mönche oder Nonnen geben. Es gibt sie aber. Glaube in unserem esoterischen Sinne ist eben mehr als bloßes Fürwahrhalten von etwas, was uns von irgend jemandem gesagt oder gepredigt worden ist. *Der rechte Glaube ist die hundertprozentige Überzeugung, daß die das Universum schaffende und erhaltende Urkraft und -intelligenz ihrem Wesen nach gut ist und jede Bitte erfüllt, die in Übereinstimmung ist mit den ebenfalls guten Gesetzen.* Und um diese Gesetze im menschlichen Leben richtig anzuwenden, genügt die Praktizierung des obigen Lebensmottos, nicht allein in Gestalt äußerer Handlungen, sondern vor allem im Gewohnheitsdenken und -fühlen. Vergessen wir nie: *Was der Mensch denkt und fühlt, das ist bzw. wird er!*

Und dieses Gutdenken und -fühlen müssen wir Menschen, die solange falsch programmiert worden sind, erst wieder durch Übung lernen.
Ich entsinne mich eines Gespräches zwischen zwei bekannten Professoren anläßlich eines „Okkulttäter"-Prozesses in Braunschweig. Der eine, ein stocknüchterner, streng marxistisch ausgerichteter Materialist, meinte lächelnd: „Im Anfang alles Wissens steht der Zweifel!", worauf der andere, ein weißhaariger alter Esoteriker und Okkultforscher versetzte: „. . . und am Ende alles Wissens steht der Glaube."
Ich möchte hier auf einen weiteren Einwand hinsichtlich der Geistheilung eingehen, den man immer wieder zu hören bekommt. Die meisten Kranken, die um Geistheilung nachsuchen, sind des festen Glaubens, daß auch eine erfolgreiche Geistheilung eine gewisse Zeit benötige, da ja die Krankheitsstoffe ausgeschieden und zerstörte Organe und Gewebe durch neue Zellen ersetzt werden müßten, was eben eine gewisse Zeitspanne in Anspruch nehme. In der Tat gibt es erfolgreiche Geist- und Glaubensheilungen, die sich über Monate und Jahre hinziehen. Das ändert aber nichts an der Tatsache, daß Geistheilungen im eigentlichen Sinne des Wortes *Sofortheilungen* sind. Denn im Absoluten, um dessen Wirkungen es sich hier ja handelt, gibt es weder Zeit noch Raum. *Die göttliche absolute Vollkommenheit ist immer hier und jetzt gegenwärtig, im Atom ebenso wie im Spiralnebel in Millionen von Lichtjahren Entfernung. Diese Erkenntnis sollte der Lebenskünstler in sein Bewußtsein hereinnehmen und so oft wie möglich daran denken.*
Schließlich noch ein paar Worte über die Reformernährung, die ja heute in aller Welt eine so große Rolle spielt. Es gibt, wie die Leser selbst wissen, eine ganze Reihe von Ernährungslehren, -systemen, -richtungen und -philosophien, die sich oft beträchtlich voneinander unterscheiden. Aber diese

Verschiedenheiten sind gar nicht so wichtig. Entscheidend ist der Entschluß der Betreffenden, ihrem Körper nach Möglichkeit nur die Stoffe zuzuführen, die er braucht und die ihn nicht belasten bzw. vergiften. Das ist vollkommen in Ordnung. Es ist unbestreitbar, daß eine Ernährungsumstellung bei kranken Menschen mithelfen kann, den gesamten Organismus zu reinigen und ihn nach und nach zu kräftigen und gesund werden zu lassen.
Nur ist es nicht so, daß man, wie einige Ernährungsfanatiker zu glauben scheinen, sich das Himmelreich „*eressen*" könne. Zweifellos trägt eine konsequente vegetarische Ernährung dazu bei, den Menschen allgemein sensibler und für die feineren astralen und mentalen Schwingungen empfänglicher zu machen. Deshalb sind die meisten fernöstlichen Yogimeister und Gurus strenge Vegetarier und fordern diese Ernährungsweise auch von ihren Schülern. Aber, wie ich schon in einem früheren Kapitel sagte, hat eine zu starke und zu rasche Sensibilisierung des Körpers und seiner Sinnesapparatur Folgen, die für einen mitten im harten Berufskampf stehenden Europäer nicht immer erwünscht sind. Wenn er sich von vornherein über die Auswirkungen einer rein vegetarischen oder Rohkosternährung nach strikten reformerischen Richtlinien im klaren ist, ist alles in bester Ordnung. Er wird sich dann auch nicht über seine zunehmende Empfindlichkeit allen Einflüssen der Außenwelt gegenüber beschweren, sondern wird damit fertig werden. Alles hat eben in diesem Universum der Polarität seine zwei Seiten.
Mir ist im Laufe der Jahrzehnte klar geworden, nachdem ich unzählige Vegetarier und Ernährungsreformer kennengelernt habe, daß es weniger darauf ankommt, *was* ein Mensch ißt, sondern mehr *wie* er ißt. Die Herrschaft des Geistes über die Materie – in diesem Falle über die Verdauungs- und

Assimilierungsfähigkeit des Körpers – bestätigt sich auch hier. Mit anderen Worten: *die geistig-seelische Einstellung während der Nahrungsaufnahme ist wichtiger als die Art der Ernährung.*

Wer die richtige erkenntnismäßige Grundhaltung dem Leben und seinem Urquell gegenüber hat, für den sind die Ernährungsprobleme, wie sie von reformbiologischer und medizinischer Seite aus betrachtet werden, gar nicht so wichtig, zumindest nicht so sehr, daß er seine Ernährungsweise zum Hauptinhalt seines Denkens und Trachtens macht, zu einer Art Erlösungsreligion. Der Esoteriker weiß, daß jede Zelle seines Körpers eine gewisse instinktive Intelligenz besitzt und aus dem sie umspielenden Blutstrom das herausfiltert, was sie zu ihrer Erhaltung braucht. Alles andere wird von ihr abgestoßen und ausgeschieden.

Das ist der Grund, weshalb esoterische Lebensreformer den Rat geben, beim Essen und Trinken das Hauptgewicht auf die Imaginations- und Empfindungskraft zu legen. Anders ausgedrückt: *man sollte sich bei der Nahrungsaufnahme auf das Kauen und auf den Einbau neuen, energiegeladenen Stoffes in den Körperhaushalt konzentrieren, nach Möglichkeit unter Ausschaltung aller anderen Gedanken. Man sollte also das Essen und Trinken zu einer Art „andächtigem Kraftaufnahmeritual" machen und die mit instinktiver Intelligenz ausgestatteten Zellen des Körpers auffordern, die ihnen mit der Nahrung übergebenen neuen Energien aufzunehmen, das Nichtbenutzte weiterzuleiten und dafür zu sorgen, daß jede Zelle und jedes Organ in ausreichendem Maße mit einwandfreiem Baumaterial versorgt wird.* Geschieht das, ohne daß die Gedanken zu sehr abirren, kann man sich darauf verlassen, daß die Verdauungs- und Assimilierungsfunktionen der Aufforderung des ihnen übergeordneten Bewußtseins gehorchen, nur aus der Nahrung entziehen, was sie benötigen und alles andere ausscheiden, es also nicht als Schlacken irgendwo ablagern.

Es gibt die sogenannte *Fletcher-Ernährungslehre*, die auf gründlichem Durchkauen jedes Bissens im Munde bis zu dessen völliger Durchspeichelung beruht und, wie gesagt, zugleich auf der Hinlenkung der gezielten Aufmerksamkeit auf den Kau- und Schluckvorgang. Leider ist diese Methode seit der Jahrhundertwende ziemlich in Vergessenheit geraten. An ihre Stelle sind ziemlich komplizierte Ernährungssysteme getreten, die auf chemisch-biologischen Erkenntnissen beruhen, die geistig-seelischen Aspekte der Nahrungsaufnahme aber weitgehend unberücksichtigt lassen. Diese modernen Systeme haben zweifellos manches für sich, aber sie sind in der Regel nicht nur umständlich, sondern auch kostspieliger. Und da es heute so viele sich zum Teil widersprechende Ernährungsmethoden gibt, ist es gar nicht so einfach, das für einen Menschen passende System zu finden, denn nicht jedes ist für jedermann ohne weiteres geeignet.

Wer dieses *„konzentrierte, vollbewußte Ritual-Essen“* einmal eine Weile ausprobiert, wird finden, daß schon nach wenigen Wochen alle Verdauungs- und Ausscheidungsschwierigkeiten verschwinden und er außerdem nur die Hälfte oder gar nur ein Drittel der bisherigen Nahrungsmenge benötigt.

Im Anfang ist es, wie Horace Fletcher († 1919) gefunden hat, empfehlenswert, die Kaubewegungen zu zählen und dabei die feinsten Geschmacks- und Geruchsnuancen zu erspüren, die beim gewohnten hastigen Essen gar nicht empfunden werden. Auf diese Weise kann man tatsächlich ein einfaches Stück Brot oder irgendeine Frucht zur Delikatesse machen, weil man eben bis zur letzten Geschmacksfeinheit auszukosten imstande ist. Nach der hin und wieder zu hörenden

Anweisung, jeden Bissen dreiunddreißigmal zu kauen, sollte man sich lieber nicht richten, denn sie dogmatisiert die Sache in unzulässiger Weise. Man kaue so lange und so intensiv, bis man das Gefühl hat, daß jetzt der Speisebrei im Munde fertig zum Herunterschlucken ist. Daß man dabei nicht lesen und sich auch nach Möglichkeit mit seinen Tischnachbarn nicht unterhalten sollte, ist klar. Je konzentrierter das Ganze vor sich geht, je stärker Bewußtsein und Gefühl am Kau- und Schluckvorgang beteiligt sind, um so besser.

Ich gebe zu, daß es bei den heutigen Streßsituationen, unter denen jeder Berufstätige mehr oder weniger zu leiden hat, nicht ganz einfach ist, die Fletcher-Methode zu praktizieren. Die Esserei in Betriebskantinen oder überfüllten Speiselokalen ist der Konzentration auf den Nahrungsaufnahmevorgang alles andere als förderlich. Aber man sollte sich trotzdem ernsthaft darum bemühen und danach streben, diese geistig-seelisch fundierte Eßmethode nach und nach zur Gewohnheit zu machen.

Ich kann dem Leser wiederum aus eigener Erfahrung versichern, daß die Wirkungen erstaunlich sein werden, daß nach einiger Zeit eine generelle Reinigung des ganzen Körpers erfolgt und viele Krankheiten und Beschwerden, auch solche schwerwiegender Art, abklingen und schließlich ganz verschwinden. Man bekommt dann instinktiv ein Gefühl dafür, was man essen sollte und was der Körper verlangt; und es kann durchaus sein, daß der eine oder andere eine rein vegetarische Ernährung bevorzugt. Aber man ist in bezug auf die Ernährung völlig frei von irgendwelchen dogmatischen Diät-, Kalorien- und Vitamintabellen geworden.

Es steht fest, daß die Nahrung nicht nur jene Stoffe enthält, die biochemisch erfaßbar sind, sondern darüber hinaus auch feinstoffliche Essenzen, zum Beispiel das von den Indern als allgemeine Lebenskraft bezeichnete *Prana.* Und dieses Prana ist es, das bei konzentrierter Nahrungsaufnahme dem Körper zugeführt und automatisch dorthin geleitet wird, wo es der Organismus benötigt.

Wer von den Angehörigen der Kriegsgeneration nach der Kapitulation längere Zeit in Gefangenschaft war, der weiß aus eigener Erfahrung, wie außerordentlich wichtig die geistig-seelische Verfassung war, mit der das karge Süppchen oder die paar Bissen Brot dem Körper zugeführt wurden. Viele Gefangene waren der Meinung, daß sie verhungern müßten, wenn sie drei oder vier Tage nichts zu essen bekämen. Und in der Tat sind aus den Camps, in denen ich selbst einige Wochen verbringen mußte, täglich ein paar Verhungerte weggebracht worden. Erst als ich meiner Gruppe erklärte, daß ein junger und gesunder Mensch ohne Gefahr bis zu vier Wochen fasten könne, wenn er nur Trinkwasser hat, wurde es etwas besser. Ich erzählte von den Fastensanatorien, wo unter der Aufsicht von Ärzten wochenlang für teures Geld gehungert wird. Ich erzählte ihnen von Therese von Konnersreuth, von der Maria Furtner vom Chiemsee, von östlichen und westlichen Adepten und Heiligen, die praktisch ohne feste Nahrung jahrelang lebten, dabei alt wurden und gesund blieben. Ich beschrieb ihnen die Methode der Lebenskraft- bzw. Prana-Aufnahme mittels des vollbewußten Atmens und lehrte sie, durch intensives, aufmerksames Durchkauen jedes Bissens aus dem wenigen alles herauszuholen, was an Energien darin enthalten ist. Der Erfolg war, daß von meiner Gruppe nicht ein einziger zusammenklappte, sondern alle bei der Entlassung einigermaßen fit waren. Das war für mich ein erneuter Beweis dafür, daß die geistig-seelische Einstellung bei der Nahrungsaufnahme wichtiger ist als die Menge und deren Kalorien- und Vitamingehalt.

Nun – keiner von uns weiß, ob wir nicht eines Tages wieder gezwungen sind, mit einer Mindestmenge an fester Nahrung auszukommen oder gar eine Weile regelrecht hungern müssen. Der Lebenskünstler, der auch darüber Bescheid weiß, wird sich davon nicht erschüttern lassen, wird nur dafür sorgen, daß er ein ausreichendes Quantum Wasser bekommt, ohne das der menschliche Körper nicht längere Zeit funktionsfähig bleibt.

Zusammengefaßt: *Gesundheit und Leistungsfähigkeit sind in viel höherem Maße von der geistig-seelischen Verfassung des Menschen abhängig, als im allgemeinen geglaubt wird. Die mittels konzentrierter Imagination und Aufmerksamkeit aufgenommene universelle Lebenskraft enthält alles, was ein Lebewesen braucht.*

Wenn esoterisch eingestellte Anthropologen und Biologen sagen, daß die Zellerneuerung und damit die Lebenserhaltung ein zeitlich an sich nicht begrenzbarer Vorgang ist und daß der Mensch (vorläufig nur theoretisch) 130 und noch mehr Jahre in voller Kraft und Gesundheit leben könnte, ja, daß, wie in der Bibel zu lesen ist, eines Tages sogar der leibliche Tod besiegt sein wird, so enthalten diese Hypothesen bestimmt eine Wahrheit.

Wer sich von den Lesern dieses Buches für die Ufologie interessiert und die wichtigsten einschlägigen Schriften studiert hat, der wird sich erinnern, daß einige der (angeblich) außerirdischen Wesen von sich behauptet haben, viele hundert Jahre alt zu sein und Krankheiten nicht zu kennen. Eine Reihe der im Alten Testament erwähnten Urväter und Patriarchen sollen bis zu achthundert Jahren und noch älter geworden sein (Methusalem zum Beispiel). Es könnte durchaus sein, daß man dereinst die Kunst oder Technik der direkten Nahrungsaufnahme aus dem feinstofflichen Kosmos beherrschte, eine Kunst, die nach und nach verlorengegangen ist. In dieser Hinsicht wäre also die Menschheit im Laufe der letzten Jahrtausende degeneriert. Aber da die Evolution gemäß dem universellen Polaritätsprinzip immer aufsteigende und absteigende Phasen hat, also Wellenberge und Wellentäler, wird auch die allgemeine Unwissenheit in bezug auf diese Dinge nach und nach wieder verschwinden und einer anderen, mehr geistigen Lebensauffassung Platz machen. Wie in einigen Jahrhunderten oder gar Jahrtausenden die Verhältnisse auf Erden aussehen werden, wissen wir nicht, kann sich auch die kühnste menschliche Phantasie nicht ausdenken. *Es kann lediglich mit an Sicherheit grenzender Wahrscheinlichkeit vorausgesagt werden, daß dann die geistig-seelischen Faktoren das Dasein auf diesem Planeten bestimmen werden, daß die heute noch herrschende vorwiegend materialistische Lebensauffassung verschwunden sein wird.* Anzeichen für eine Änderung in dieser Richtung sind heute schon erkennbar.

Es gehört zur angewandten Lebenskunst, das heute schon zu wissen und diese zukunftsträchtige Umstellung nach Möglichkeit in sich selbst zu vollziehen.

14. Kapitel

Ein Lebenskünstler hat immer alles, was er braucht

Ein typisches Merkmal der Mentalität unserer Zeitgenossen ist die *Angst* –, die Angst vor Vermögens- und Positionsverlust, vor Armut und Krankheit, vor Enttäuschungen in der Liebe und generell vor sogenannten Schicksalsschlägen. Wenn man eine demoskopische Befragung durchführen würde, um zu erfahren, was der Durchschnittsmensch unter dem Begriff „Lebenskünstler" versteht, würde wahrscheinlich der höchste Prozentsatz der Befragten äußern, daß er darunter einen Menschen versteht, der reich und gesund ist und nur das zu tun und zu lassen braucht, was ihm angenehm ist. Einige werden auch individuelle Freiheit, Ansehen in der Öffentlichkeit und eine gewisse Befehlsgewalt über andere mit erwähnen.

In der Tat wäre eine derartige Definition des Lebenskünstlertums gar nicht so falsch. Aber es müßte unbedingt hinzugefügt werden, *daß ein echter Lebenskünstler keine Angst kennt.* Ein griechischer Philosoph hat geschrieben: „*Ein Mensch, der völlig ohne Ängste und Voreingenommenheiten ist, dem liegt das Universum zu Füßen.*"

Ich sagte schon in einem früheren Kapitel, daß das ganze menschliche Leben, so wie es zur Zeit ist, eine Aufeinanderfolge von abenteuerlichen, unvorhersehbaren und oft absurden Geschehnissen ist und daß es infolge des Grundcharakters unseres Planeten keine risikolose Sicherheit im menschlich-irdischen Dasein gibt. Der Lebenskünstler wird also von den Daseinsbedingungen, in die er nun einmal hineingestellt ist, nichts erwarten, was zu geben sie außerstande sind. Er bejaht die wechselhafte Abenteuerlichkeit alles Lebens auf Erden und klammert sich nicht krampfhaft an Dinge, die ihm garantiert eines Tages genommen werden, spätestens im Moment seines Abtretens von diesem Planeten.

Das im vorigen Kapitel bezüglich der Gesundheit Gesagte gilt im übertragenen Sinne genauso für die äußeren Besitzverhältnisse und die Stellung eines Menschen im Rahmen der Gesellschaft und des Volkes, wozu er gehört. Der echte Lebenskünstler, also derjenige, der beim großen Welttheater auch mal hinter die Kulissen und dem Regisseur ins Drehbuch geschaut hat, kennt keine Angst vor Armut, Stellungsverlust und Schicksalskatastrophen. *Er ist davon überzeugt, daß sein innerstes Ich, das Hohe Selbst (das Gottesfünklein des Meisters ECKHART) teilhat am unermeßlichen Reichtum der absoluten Schöpferkraft und -intelligenz und daß er diesen Reichtum, der ihm von Anfang seiner Existenz an gehört, nur bewußt und dankbar entgegenzunehmen braucht.*

Nun hat der Begriff Reichtum im Esoterischen natürlich einen etwas anderen Sinn als im menschlichen Alltag, wo er meist mit dem Besitz von Geld und Gut identifiziert wird. Wir wissen aber alle, daß großer Reichtum im materiellen Sinne für die Betreffenden eine kolossale Belastung sein kann, ja, daß er einen Menschen geradezu unglücklich machen kann. Deshalb bevorzugen wir die Definition: *Reichtum ist, immer das zu haben, was man benötigt und sich im Rahmen des Vernünftigen wünscht.* Es ist klar, daß dazu auch Geld und Gut gehören. Aber das Geld- und Besitzbedürfnis ist individuell verschieden und richtet sich ganz nach den materiellen Lebensansprüchen des Betreffenden. Ein Esoteriker, der ein reiches und für ihn hochinteressantes und abwechslungsvolles Innenleben hat, wird weniger äußere Bedürfnisse haben als ein Exoteriker, für den die Außenwelt mit ihren vermeintlichen „realen“ Inhalten alles ist. Nichtsdestoweniger wird ein Lebenskünstler kein weltabgewandter Eremit und Verächter der Materie sein, sondern sein Innen- und Außenleben im Gleichgewicht zu halten versuchen. Er denkt nicht daran, mit Millionen wie ein Playboy um sich zu werfen, selbst wenn er es könnte, aber auch nicht daran, als Bettler durch die Straßen zu ziehen wie ein indischer Saddhu. *Er hat vielmehr, wie in der Überschrift zu diesem Kapitel gesagt, immer das, was er benötigt, und ist sich dessen vollkommen sicher.*

Seine Sicherheit beruht auf der Erkenntnis, daß jeder klare und zur Gewohnheit gewordene Gedanke das Bestreben hat, sich in der Außenwelt zu verwirklichen. Das ist eine esoterische Binsenwahrheit, die letztlich *allen* geistigen Übungen zugrunde liegt. Und da der Mensch – und zwar *jeder* Mensch – aus dem Unterbewußtsein heraus lebt, kommt es darauf an, das nicht selbst kritik- und entscheidungsfähige Unterbewußtsein so zu programmieren, daß es nach dem Von-innen-nach-außen-Projektionsgesetz das schafft, was der wachbewußte Wille in Verbindung mit der Vorstellungskraft ihm eingibt. *Wenn also das Wachbewußtsein von der auf erkenntniskritischem Wege gewonnenen Sicherheit erfüllt ist, daß es immer das haben bzw. schaffen wird, was es braucht, kann das gehorsame Unterbewußtsein gar nicht anders, als für die Realisierung dieses Dauergedankens in der Außenwelt zu sorgen.* Das setzt aber voraus, daß dieses Sicherheitsdenken und -fühlen nicht mit Kleinmut und Zweifeln vermischt ist und dadurch geschwächt wird.

Wie lebenswichtig diese gedankliche und gefühlsmäßige Grundhaltung ist, wird uns klar, wenn wir uns jene beiden Menschentypen vor Augen halten, die man allgemein als

„Glückspilze“ bzw. „Pechvögel“ bezeichnet. Der notorische Glückspilz ist laut üblichem Sprachgebrauch ein Mensch, der, wenn man ihm einen Batzen Dreck in die Hände gibt, daraus über kurz oder lang Gold macht. Ein Pechvogel dagegen ist einer, der einen ihm übergebenen Goldbarren in Dreck verwandelt, dem also alles mißlingt, was er unternimmt.

Wenn wir uns einmal die Mühe machen, an die Männer und Frauen zurückzudenken, die wir im Laufe unseres Lebens kennengelernt haben, werden wir feststellen, daß es die beiden Typen „Glückspilz und Pechvogel“ tatsächlich gibt. Die letzteren sind geneigt, ihr Pech auf äußere Verhältnisse bzw. auf karmische Belastungen zurückzuführen, niemals aber die Ursache ihres Versagens und all ihrer Schwierigkeiten in sich selber zu suchen. Diese Pechvögel und Unglücksraben haben in der Regel keine Ahnung von dem Gesetz, nach dem die Außenwelt eine Projektion unseres eigenen Unterbewußtseins ist. Meistens sind sie auch diesbezüglichen Belehrungen unzugänglich. Auch ein Glückspilz muß nicht unbedingt vollbewußt dieses Wissen haben, sondern es genügt, daß irgendwann – meist in der Kindheit – ihm gesagt und suggeriert worden ist, daß ihm alles, was er unternimmt, gelingen wird, daß er sich auf sein Glück unbedingt verlassen kann.

Friedrich der Grosse war offenbar einer von denen, die dieses Lebens- und Erfolgsgesetz kannten, denn von ihm wird erzählt, daß er oft auf die Bewerbungsschreiben von Offizieren und höheren Beamten schrieb: „Hat er Glück?“

Dieses Glückhaben hat mit beruflicher und fachlicher Tüchtigkeit nicht unmittelbar zu tun. Es gab und gibt intellektuelle Genies, die auf ihrem Fachgebiet unübertrefflich sind, denen aber nichtsdestoweniger das „unberechenbare Schicksal“ einen bösen Streich nach dem andern spielt, sie einfach nicht durch- und hochkommen läßt. Ihr Unterbewußtsein ist aus irgendwelchen Gründen so negativ programmiert, daß sich alle vermeintlich objektiven Ereignisse in ihrer Umwelt gegen sie zu wenden scheinen. Sie werden von einer Krankheit oder Arbeitsunfähigkeit nach der anderen heimgesucht, und zwar gewöhnlich dann, wenn es gerade darauf ankommt, gesund und fit zu sein. Wenn irgendwo auf ihrem Weg eine Bananenschale liegt, treten sie garantiert darauf, stürzen und brechen sich die Knochen; und das, obwohl Hunderte anderer Leute denselben Weg gegangen sind, ohne auf der Bananenschale auszurutschen.

Die Betriebspsychologen und Personalabteilungsleiter großer Firmen haben erkannt, daß es in der Belegschaft Leute gibt, denen mit überdurchschnittlicher Häufigkeit „etwas fehlt“, die „ohne ihre Schuld“ einen Unfall nach dem andern haben und dadurch zu einer Belastung für den Betrieb werden. Und das Tragische dabei ist, daß die betreffenden Unglücksraben an ihre „Bestimmung zum Prügelknaben des Schicksals“ schließlich selber glauben und darüber baß erstaunt sind, wenn ihnen wirklich mal ein Vorhaben ohne dramatische Querschläge gelingt.

Wir wissen jetzt, woran das liegt. Ihr Unterbewußtsein, aus dem heraus jeder Mensch und überhaupt jedes Wesen lebt, ist negativ bzw. pessimistisch programmiert und kann nach dem erwähnten universellen Gesetz in der objektiven Außenwelt nur die entsprechenden Auswirkungen haben. Für solche Menschen ist es von entscheidender Bedeutung, daß sie sich dazu aufraffen, wenigstens einige der besten „Lebenserfolgsbücher“ zu lesen, von denen es in deutscher Sprache genügend gibt. Darin wird ihnen an vielen überzeugenden Beispielen klargemacht, daß und warum die Ursache der „Tücken des Schicksals“ nicht in ihrer Umwelt und bei anderen Personen zu suchen sind, sondern ausschließlich in ihnen selbst. Besonders die Neugeist-Literatur zeigt und beweist ihnen, wie man es anzufangen hat, sein eigenes Unterbewußtsein umzuprogrammieren. Das vorliegende Buch hat sich ebenfalls dieses Ziel gesetzt, verzichtet aber auf die Anführung vieler einschlägiger Beispiele, die in anderen Büchern enthalten sind, sondern beschränkt sich bewußt darauf, die dem menschlichen Schicksal zugrunde liegenden Prinzipien und Gesetze darzulegen, aus denen sich die praktische Anwendung im Alltagsleben ganz von selbst ergibt.

Nur ein einziges, besonders typisches und zugleich recht kurioses Beispiel soll hier angeführt werden. In den internationalen Kreisen der Glücksspieler weiß man von dem aus Korea stammenden Gewinn-Magier CHARLES BRIGG-KARRER, der in den USA lebte und wahrhaft unglaubliche Glücksspielgewinne kassierte. Der italienische Parapsychologe LEO TALAMONTI schreibt in seinem Buch „Die Welt des Okkulten" unter anderem folgendes über ihn: „Wo immer BRIGG-KARRER ging, fügten sich Spielkarten, Rennpferde, Lotteriezahlen und Roulettkugeln seinen unwiderstehlichen Wünschen. Und es gab in den Vereinigten Staaten eine Zeit, in der es die Versicherungsgesellschaften ablehnten, das „Risiko BRIGG-KARRER" zu decken: und der einzige Ausweg war schließlich der, daß man einen Vertrag mit ihm schloß und ihm regelmäßige finanzielle Zuwendungen zusicherte, damit er den Spielhäusern fernblieb. BRIGG-KARRER hielt sich an diese sonderbare Abmachung, jedoch nur ungern, denn es widerstrebte ihm, reich zu werden, ohne sich seinen Reichtum „selbst zu verdienen".

Er soll seiner Witwe ein durch Glücksspiele aller Art gewonnenes Vermögen von 18,5 Millionen Dollar hinterlassen haben. TALAMONTI schließt seinen Bericht über diesen außergewöhnlichen Glückspilz mit den Sätzen: „Man hört gelegentlich immer wieder einmal von Menschen wie BRIGG-KARRER und weiß, daß sie in den Karteien der Spielkasinos geführt werden, wo man ihre Besuche nicht sonderlich schätzt. *Sie haben kein System, sie haben lediglich die Gewißheit, daß sie gewinnen, und dazu gehört ein grenzenloser Optimismus, ein grenzenloses Selbstvertrauen.*"

TALAMONTI hat das ganz richtig erkannt, ist nur nicht tief genug eingedrungen, hat nicht deutlich genug dargelegt, daß es sich bei BRIGG-KARRER (und anderen Gewinn-Magiern) um eine Unterbewußtseinsprogrammierung handelt, die so stark und zweifelsfrei ist, daß von ihr die Abläufe in der Außenwelt mit nahezu 100%iger Sicherheit dirigiert werden. Und darauf kommt es allein an.

Das Beispiel BRIGG-KARRER betrifft speziell Glücksspielgewinne, doch ist das bei ihm in Erscheinung getretene Gesetz auf *alle* Lebenssituationen und Lebensabläufe übertragbar. Schließlich hat auch das gesamte Berufs- und Erwerbsleben eines Menschen irgendwie Glücksspielcharakter. Nichts im menschlichen Leben ist, wie schon früher bemerkt, mit Sicherheit mathematisch und logisch-verstandesmäßig vorausberechenbar, wie uns unter anderem die falschen Wettervorhersagen, die fehlgegangenen Prophezeiungen und Prognosen wirtschaftlichen, politischen und militärischen Inhalts immer wieder vor Augen führen. *Aber auf ein richtig programmiertes und an dieses Programm gewöhntes Unterbewußtsein ist unbedingt Verlaß, weil es mit PSI-Energien arbeitet, die der menschlichen Einmaleins-Logik turmhoch überlegen sind.* BRIGG-KARRER hatte kein System, sondern verließ sich ausschließlich auf seinen „inneren Riecher", der nie versagte.

Nehmen wir uns an Hand des vorstehend Gesagten einmal

selbst unter die Lupe und vergegenwärtigen wir uns die paar Minuten, in denen wir einen Lotto- oder Tototipschein ausfüllen. Jeder weiß, daß rein mathematisch die Chancen, sechs oder elf Richtige zu tippen, äußerst gering sind. Und dieser (logisch durchaus berechtigte) Zweifel an unserer Gewinnmöglichkeit hat sich im Laufe der Zeit so fest in unser Unterbewußtsein eingefressen, daß es uns so gut wie unmöglich geworden ist, uns von dieser Autosuggestion der Aussichtslosigkeit freizumachen, auch wenn unser Wachbewußtsein lautstark das Gegenteil behauptet. *Das Unterbewußtsein ist stärker.*

Versuchen wir einmal, gedanklich zu rekonstruieren, wie dieser BRIGG-KARRER zu jenem schier unfehlbaren Spielgewinner hat werden können. Wahrscheinlich hat es sich nicht genauso abgespielt, dürfte aber im Prinzip so oder so ähnlich gewesen sein. Vielleicht hat er als Kind auf einem Rummelplatz an einer Würfel- oder Glücksradbude mal etwas gewonnen, möglicherweise den ersten Preis. Seine Eltern, Verwandten und Freunde haben ihn daraufhin einen Glückspilz genannt und ihm versichert, daß er vom Schicksal dazu ausersehen sei, immer zu gewinnen. Im Fernen Osten hat man zur „Gunst der Götter“ eine andere Einstellung als im Westen. Das Unterbewußtsein eines Kindes ist sowohl in positiver wie in negativer Hinsicht sehr leicht zu beeinflussen. Daraufhin hat sich der kleine Charles eingebildet (in sein Unterbewußtsein „hineingebildet“), daß er immerzu nur gewinnen könne und werde, daß ein Verlieren für ihn gar nicht möglich sei. Und diese innere, sich nach und nach immer mehr festigende Bewußtseinshaltung wurde dann für sein ganzes ferneres Leben bestimmend. Es ist durchaus möglich, daß auch in seinem Horoskop Planetenstellungen vorhanden sind, die ebenfalls auf Gewinne im Spiel hindeuten, aber solche Konstellationen haben viele

Menschen, ohne auch nur im entferntesten jenes sagenhafte Spielglück zu haben wie Brigg-Karrer.
Es ist auch kein Geheimnis, daß bei großen Sportwettkämpfen der Glücksfaktor eine oft entscheidende Rolle spielt. Was nützt es einem Spitzensportler, wenn er jahrelang intensiv trainiert hat und dann bei der Olympiade, einem Länderkampf oder sonst einer wichtigen Meisterschaft eine Erkältung, Muskelprellung, Verstauchung oder irgendein anderes hemmendes Wehwehchen hat? Die Sportzeitschriften sind dann schnell bei der Hand, einen solchen Menschen als Pechvogel zu bezeichnen, womit dann oft die sportliche Laufbahn des Betreffenden zu Ende ist, denn eine „öffentliche Taufe als Pechvogel" setzt sich nur zu leicht im Unterbewußtsein fest und wird dort zu einer unübersteigbaren Barriere. Wie natürlich auch ein durchschnittlich begabter Sportler als „notorischer Glückspilz" hochgelobt und hochgejubelt werden kann. *Der Mensch ist nun mal ein äußerst suggestibles Wesen.*
Daraus läßt sich der Schluß ziehen, daß es beim Erklimmen der Lebenserfolgsleiter nicht allein auf das fachliche Wissen und Können ankommt, sondern mindestens ebenso auf den „*Glauben an sich selbst*", auf die innere zweifelsfreie Gewißheit, daß alles gut gehen wird und daß ernsthafte Hemmnisse und Widerstände gar nicht auftreten können. Und diese Einstellung und Bewußtseinshaltung ist am besten zu erreichen durch die schon erwähnte Vollkommenheits-Meditation. Derselbe Glaube, der laut Neuem Testament für die Vollbringung von Wunderheilungen durch Jesus erforderlich war (man könnte sagen unerläßlich), ist auch auf *alle* anderen Lebenssituationen anwendbar.
Es ist offensichtlich so, daß Glaube nicht gleich Glaube ist. Dieses Wort gehört in allen Sprachen zu den am meisten falsch verstandenen und mißdeuteten. Der Volksmund sagt:

„Glauben heißt nichts wissen." Und genau da liegt der sprichwörtliche Hund begraben. Der Glaube im Sinne eines Brigg-Karrer und anderer phänomenaler Gewinner, Sieger und Erfolgsmenschen ist eben *kein bloßes Fürwahrhalten von etwas, was man nicht weiß, sondern die felsenfeste Gewißheit, daß es gar nicht anders sein kann.*
Wer die kurze Vollkommenheitsmeditation regelmäßig tagsüber in minuten- oder sekundenlangen Arbeitspausen macht und die Erkenntnisvoraussetzungen dazu in sich verwirklicht hat, der wird mit Erstaunen die Feststellung machen, daß bei ihm immer weniger Dinge querlaufen, daß sich die Ereignisse immer besser und leichter an- und ineinanderfügen. Er braucht mit seinem persönlichen Willen gar nicht aktiv einzugreifen. Es geht alles „wie geschmiert".
Hier möchte ich aber noch einen sehr wichtigen Aspekt erwähnen, der häufig von Menschen aus Unwissenheit gemacht wird, die ansonsten mit dem oben Gesagten voll einverstanden sind. Man darf seinem Unterbewußtsein, durch das die göttlich-universellen PSI-Kräfte arbeiten, *nur die erstrebte Zielvorstellung suggerieren, nicht aber die Art und Weise, wie dieses Ziel erreicht werden soll.* Konkret gesprochen: wenn sich ein nach dem Sprachgebrauch armer Mensch das Ziel setzt, wohlhabend oder gar reich zu werden, darf er nicht von vornherein der Allmacht und Allintelligenz des Absoluten vorschreiben, daß er nur im Lotto, in der Lotterie oder auf irgendeine ganz bestimmte Art und Weise, die er sich vorstellt, zu Geld und Gut kommen will. Die übermenschlichen Intelligenzen und Energien, die hier mobilisiert werden, lassen sich von dem kleinen, eng begrenzten Persönlichkeitsbewußtsein des Menschen nicht die einzuschlagenden Wege vorschreiben. *Man muß ihnen völlig freie Hand lassen, wie sie das vorgestellte Endziel erreichen.*

Gerade in diesem Punkt liegen viele Erfolgslehrbücher falsch, da sie empfehlen, sich plastisch und so naturalisitsch wie möglich nicht nur das erstrebte Endziel (Gesundheit, geschäftlichen Erfolg, Reichtum, sportliche Siege usw.) vorzustellen, sondern auch die dahin führenden Mittel und Methoden. Besonders amerikanische Erfolgsbücher empfehlen ihren Lesern, so oft wie möglich (auch nachts vor dem Einschlafen) zu imaginieren, wie sie am nächsten Tag erfolgreiche und gewinnbringende Verhandlungen mit Geschäftspartnern, Vorgesetzten usw. führen. Auf diese Weise wird natürlich das Unterbewußtsein entsprechend vorprogrammiert, und nach dem Gesetz „jeder Gedanke hat das Bestreben, sich in die äußere Wirklichkeit umzusetzen", wird früher oder später das unentwegt Vorausgedachte tatsächlich eintreten. Das ist an sich durchaus richtig, nur sind sich offenbar die Autoren dieser Bücher nicht darüber klar, daß sie damit die Wirkungsmöglichkeiten der allmächtigen universellen PSI-Kräfte von vornherein begrenzen bzw. in bestimmte äußere Geschehensabläufe zwingen wollen.
Es gibt sehr viele Möglichkeiten, zu Geld und Gut zu kommen, durch Glücksspiel ebenso wie durch gelungene geschäftliche Transaktionen, Aktien- und Grundstücksspekulationen, durch Erbschaften, Beförderungen im Amt, durch Geschenke usw. Es ist einfach töricht, der unendlichen Intelligenz kleine Rinnsale zu graben und ihr vorzuschreiben, daß sie nur durch diese einzuströmen habe. Sie tut natürlich auch das, eben weil es sich um ein universelles Gesetz handelt, aber die erzielbaren Erfolge sind dann auch nur so klein und schmal wie die in der Imagination gegrabenen Zuflußrinnen. *Der wissende Esoteriker läßt der göttlichen Allmacht und Allintelligenz absolute Freiheit, denkt nur im voraus an die Erreichung des ersehnten Endzieles. Die Wege dahin sind nicht seine Sache.*

Auch ein Kranker sollte nicht den Fehler machen, sich nur von einer ganz bestimmten Diät oder Behandlungsmethode einen Heilerfolg zu versprechen. Entscheidend für ihn ist die Wiederherstellung seiner Gesundheit, was er am einfachsten erreichen kann, indem er die Energien der göttlichen Allgesundheit in sich einströmen und wirken läßt. Wie der damit eingeleitete Heilungsprozeß im einzelnen verläuft, ob eine Sofortheilung erfolgt oder die Genesung sich über einen gewissen Zeitraum erstreckt, ist unwesentlich. „*Danke für das, was du haben und erreichen willst und zweifle nicht daran, daß es dir gegeben wird, dann wirst du es erhalten.*" Das Wie ist gleichgültig.

Der erwähnte BRIGG-KARRER hat ja auch nicht nur in einer Art von Glücksspielen Erfolg gehabt, sondern in *allen*, hat auch sonst ein an Glücksfällen anderer Art reiches Leben geführt.

Dasselbe trifft auch zu auf das Gebet im allgemeinen. Es gibt regelrechte „*Gebetsmagier*", die mit ihren inbrünstigen Anrufungen Gottes wahrhaft unglaubliche Dinge erreicht haben. Ein besonders überzeugendes Beispiel dafür ist das Leben und Wirken des deutschstämmigen, in England tätigen Waisenhausgründers und -leiters MÜLLER, dem der esoterische Schriftsteller W. O. ROESERMÜLLER in seiner Broschüre „Dreißig Millionen erbetet ohne zu betteln" ein literarisches Denkmal gesetzt hat.

Diese Gebetsmagier sind übrigens in *allen* Religionen viel häufiger anzutreffen als Leute, die mittels der modern gewordenen Autosuggestionsmethoden durchschlagende Erfolge erzielen. Das liegt ganz einfach daran, daß beim Gebet um die Erreichung der Zielvorstellung gebetet wird, daß der Gottheit nicht die von ihr einzuschlagenden Wege und Methoden vorgeschrieben werden.

Zum Schluß noch ein paar Worte über die Massenunglücke

und Kollektivkatastrophen, bei denen gleichzeitig viele Menschen vom Tode ereilt oder an Gesundheit und Besitz schwer geschädigt werden. Ich denke hier an Schiffskatastrophen, Flugzeugabstürze, Kriege, blutige Revolutionen, Erdbeben, Überschwemmungen und dergleichen. Leute, denen das Gesetz „Wie du denkst, das wirst du und das widerfährt dir" nicht in ihre materialistische Weltanschauung paßt, machen den Esoterikern den Vorwurf, daß hier ihre Behauptung nicht stimmen könne. Keiner der Betroffenen habe ja eine dieser Massenkatastrophen „herbeigedacht". Also könne die These von der Herrschaft des Denkens über die Materie und die Geschehnisse der Umwelt zumindest in diesen Fällen nicht stimmen.

Auf diesen Einwand gibt Dr. Masaharu Taniguchi, der Gründer und Leiter der japanischen Neugeistbewegung, eine Antwort. Er hält das Gesetz von der schicksalsgestaltenden Macht des Denkens und Glaubens für *unverbrüchlich* und bringt in seinen über dreißig Büchern (wovon vier ins Deutsche übersetzt worden sind) eine Menge von Beispielen, die seine Feststellung untermauern.

Er bedient sich dabei eines Gleichnisses aus der Physik, das der leichteren Verständlichkeit halber in die dem Menschen begreifbare Raum-Zeit-Kausalitäts-Dimension übertragen ist. Er sagt nämlich, daß die menschliche Denk- und Vorstellungskraft in etwa einer Radiosendestation entspricht. Die ausgestrahlten Energien beschreiben einen Kreisbogen und kommen zum Sender zurück, jedoch verstärkt durch gleichartige Energien und Schwingungen, die der „Sendestrahl" unterwegs berührt und sozusagen „mitgenommen" hat. Hier wirkt sich das kosmische Gesetz „Gleiches zu Gleichem" aus. Wessen Sendestation also Liebe, Güte, Verständnisbereitschaft, Toleranz, Friede und Schönheit ausstrahlt, zu dem kommen die gleichen Schwingungen *verstärkt* zurück, was bedeutet, daß er automatisch immer liebevoller, gütiger, friedlicher und harmonischer wird.

Dasselbe Gesetz ist natürlich auch wirksam, wenn Gedanken und Gefühle des Hasses, der Vergeltung, der Furcht und Katastrophenerwartung ausgestrahlt werden. Halten diese negativen Sendungen lange genug an, ballen sie sich schließlich regelrecht zusammen und entladen sich eines Tages in einer dem Denkmodell entsprechenden Form. Der oder die Betreffenden geraten dann, ohne daß sie direkt an einen Flugzeugabsturz, ein Erdbeben oder dergleichen gedacht haben, in eine solche Katastrophe mitten hinein. Die Gedankentendenz, ihr Charakter und ihre Grundrichtung sind entscheidend, nicht die einzelnen bildhaften oder gefühlsmäßigen Vorstellungen.

Wer sich aber angewöhnt hat, nur positive Schwingungen des Friedens, der Harmonie, der Liebe und Gerechtigkeit auszustrahlen, der wird auf oft sehr seltsame Weise daran gehindert, ein zum Untergang oder Absturz bestimmtes Schiff, Flugzeug, Auto usw. zu besteigen. Entweder sind es äußere Umstände, die den Betreffenden vor dem Betreten eines Unglücksfahrzeuges bewahren, oder es macht sich ein starkes inneres Warnungsgefühl bemerkbar, das sagt bzw. schreit: „Ja nicht diese Maschine, dieses Schiff, dieses Auto oder diesen Zug betreten!“

Ein Fall dieser Art, der sich kurz vor Weihnachten 1972 auf dem Flugplatz von Teneriffa ereignete, ist dokumentarisch durch lange Zeitungsinterviews so gut belegt, daß an seiner Tatsächlichkeit nicht gezweifelt werden kann. Eine größere Gruppe bayerischer Besitzer von Autobus-Unternehmen saß in einer der großen spanischen Düsenmaschinen, die sie nach Beendigung einer gemeinsamen Urlaubsrundreise nach München zurückbringen sollte. Die meisten saßen schon in der Maschine, als eine Frau auf der Gangway plötzlich stehenblieb und zu ihrem Mann sagte: „Mit dieser Maschine fliegen wir nicht; da bringen mich keine zehn Pferde hinein!“ Ihr Mann, dem der Auftritt im Hinblick auf seine Kollegen unangenehm war, beschwor seine Frau, sich doch von ihrer logisch völlig unbegründeten Flugangst freizumachen und sich nicht dem Gelächter der anderen auszusetzen. Aber davon wollte die Frau nichts hören. Sie ließ auch ihren Mann nicht einsteigen. Der gab schließlich um des lieben Friedens willen nach, zumal etwas später eine weitere Maschine nach München starten sollte. Diese beiden Leute waren meines Wissens die einzigen Überlebenden der Flugzeugkatastrophe von Teneriffa, denn die Maschine stürzte kurz nach dem Abheben von der Rollbahn ab und zerschellte am Boden. Offizielle Ursache: menschliches Versagen der Piloten.

Dieser Fall, der damals weltweit diskutiert wurde, könnte mühelos durch Hunderte, ja Tausende von Parallelfällen ergänzt werden, allein durch Beispiele aus den beiden Weltkriegen.

Wer infolge seiner guten und richtigen Denk- und Gefühlsgewohnheiten in Übereinstimmung mit dem göttlichen Vollkommenheitsbewußtsein steht, wird auch vor Massenkatastrophen auf irgendeine Weise behütet werden, vorausgesetzt natürlich, daß seine ihm zugemessene irdische Lebenszeit nicht gerade abgelaufen ist. Oft geschieht das „Eingreifen“ in einer Weise, die deutlich das Werk höherer unsichtbarer Intelligenzen erkennen läßt.

Daraus ergibt sich vice versa die Folgerung, daß diejenigen, die bei Kollektivkatastrophen umkommen, lange vorher falsch gedacht und gefühlt haben müssen. Sie haben durch ihre gehegten und gepflegten Ängste, Befürchtungen und Katastrophenerwartungen die dann tatsächlich eingetretenen

Ereignisse quasi „magnetisch herangezogen". Wäre das bei ihnen nicht der Fall gewesen, wäre irgendwie dafür gesorgt worden, daß sie das zur Zerstörung bestimmte Fahrzeug nicht erreicht hätten oder nicht in die jeweilige todbringende Situation geraten wären. Das Wie ist in jedem Falle anders.

Es gibt auch viele Fälle, in denen Personen, die an einer Katastrophe unmittelbar beteiligt waren, allen Wahrscheinlichkeiten zum Trotz diese überlebten, oft mit geringfügigen Verletzungen oder völlig unverletzt, während alle anderen tot waren. Der Christ spricht dann vom Eingreifen des Schutzengels, die Gazetten reden von einem Wunder.

Fazit: *Auch Kriege, Erdbeben und sonstige Großkatastrophen können einem Menschen, der das erwähnte Gesetz kennt und danach denkt und handelt, nichts anhaben. Die allmächtigen göttlichen PSI-Kräfte können einen Menschen, der unter ihrem Schutz steht, bildlich gesprochen aus den tiefsten Tiefen der Hölle ohne einen blauen Fleck herausholen, sofern sie ihn aus irgendwelchen vielleicht erzieherischen Gründen überhaupt erst hineingeraten lassen.*

Auch inbrünstige, mit starken Emotionen geladene Stoßgebete in höchster Not haben schon Wunder bewirkt, da die göttliche Allintelligenz und Allmacht *immer bereit ist,* helfend einzugreifen, wenn an sie fest geglaubt und ihrer Allmacht keine Grenzen durch Vorbehalte und Wenn-Einschränkungen gesetzt werden.

Die oft zu hörende Bemerkung: „Diese Leute haben eben Glück gehabt!" ist barer Unsinn. So etwas kann nur ein erklärter Materialist sagen, für den das ganze Leben nur aus einer Kette von Zufällen besteht. Der Esoteriker aber weiß, daß es Zufälle im wortüblichen Sinne gar nicht gibt und geben kann, weil andernfalls das gesamte Universum in einen chaotischen Zustand verfallen müßte. Geben wir aber

dem Wort den Sinn, daß einem Menschen das „zufällt“, was ihm gehört und gemäß ist, dann ist die Sache richtig.
Der angehende Lebenskünstler wird also, wenn er dem in diesem Buch Gesagten grundsätzlich zuzustimmen vermag und sich auf seine Weise auf den Erkenntnispfad begeben hat, auf seine „innere Stimme“ achten und deren Ratschläge befolgen, wie es die Frau vor dem Flugzeug auf Teneriffa auch getan hat.
Allenfalls könnte der Ausdruck „innere Stimme“ zu Mißdeutungen Anlaß geben, da es sich nämlich nicht um eine Stimme mit artikulierter Sprache handelt, sondern um einen *„inneren Gewißheitsimpuls“*, der manchmal die Form von Zwangshandlungen annehmen kann. Viele Menschen sind ja in materiellen und logischen Denkschemata so stark verhaftet, daß sie regelrechte Holzhammer-Impulse brauchen, um in Gefahrensituationen zum richtigen Reagieren gebracht zu werden. Eine leise innere Stimme würden sie glatt überhören.
Der Lebenskünstler lauscht auf diese innere Stimme, da er weiß, daß er sich auf sie verlassen kann, daß sie ihn nie belügen wird.
Also: keine Angst! – sich vor nichts und niemandem fürchten! Ein Mensch zusammen mit der göttlichen absoluten Vollkommenheit ist immer in der Übermacht.

15. Kapitel

Weiße, graue und schwarze Magie
„Philosophisches" Gespräch mit einem Schwarzmagier

Der Begriff Magie ist innerhalb der Esoterik und Geisteswissenschaften einer jener Begriffe, über die am häufigsten falsche Vorstellungen herrschen. Was ich gerade in dieser Hinsicht im Laufe der Jahrzehnte erlebt habe, geht, wie der Volksmund zu sagen pflegt, „auf keine Kuhhaut". Ich habe nicht gezählt, wie oft Männer und Frauen bei mir waren, die sich „magisch verfolgt" fühlten und mich baten, ihnen im Kampf gegen ihre unsichtbaren Feinde beizustehen.
Ich habe mir deshalb vorgenommen, in diesem Buch klar und unverblümt auch über jene Dinge zu sprechen, über die so viele falsche, ja direkt unsinnige Behauptungen im Umlauf sind. Das erfordert zunächst eine möglichst genaue Definition dessen, was unter den Begriffen Magie und Magier zu verstehen bzw. nicht zu verstehen ist.
Wer zum Beispiel des Glaubens sein sollte, daß das sogenannte Sechste und Siebente Buch Moses (es gibt sogar ein achtes bis zwölftes) und andere mittelalterliche Zauber- und Kunstbücher etwas mit echter Magie zu tun hätten, ist auf dem Holzweg. Es ist möglich, daß vor Jahrhunderten die Urschriften dieser Bücher für eine gewisse Gruppe von Bauernmagiern die Bedeutung einer „Glaubensstütze" und einer Gebrauchsanweisung gehabt haben, aber die heute unter diesem Titel erhältlichen Bücher sind nichts weiter als ein entstelltes und meist unverständliches Kauderwelsch

abergläubischer Bruchstücke mündlicher Überlieferungen, die für die Menschen unserer Tage wertlos sind.
Der Vollständigkeit und Korrektheit halber soll hinzugefügt werden, daß es handgeschriebene, nur im Familienbesitz weitervererbte magische Rezept- bzw. Erfahrungssammelbücher gibt, die neben viel sinnlosem Geschwätz auch einige Wahrheiten enthalten und im Rahmen der sogenannten Bauernmagie auch heute noch eine kuriose Rolle spielen. Besonders bei den Bergvölkern Europas, die noch keinen engeren Kontakt mit der modernen technisch-wissenschaftlichen Zivilisation geschlossen haben, sind gewiße magische Praktiken noch immer im Schwange und mitunter sogar wirksam. Das liegt aber weniger am Inhalt der betreffenden Bücher oder Aufzeichnungen, sondern mehr an der geistig-seelischen Grundhaltung derjenigen, die felsenfest an die Wirksamkeit dieser Hexerei-Rezepte glauben. Denn gerade bei allem, was unter dem Begriff Magie zusammengefaßt werden kann, spielen Imagination und unerschütterliche Erfolgsgewißheit eine ausschlaggebende Rolle.
Wir wollen uns aber hier nicht mit diesen Resten altertümlicher bzw. mittelalterlicher Dorfmagie abgeben, sondern mit den magischen Praktiken unserer Tage, mit denen konfrontiert zu werden auch im letzten Viertel des zwanzigsten Jahrhunderts keineswegs ausgeschlossen ist.
Magie ist, auf ihre eigentliche Urbedeutung zurückgeführt, nichts anderes als das Wissen um die Wirksamkeit geistiger, seelischer und metaphysischer (feinstofflicher) PSI-Energien und deren praktische Anwendung im Alltagsleben zur Erreichung ganz bestimmter Zwecke, und zwar in *aktiver, zielgerichteter* Weise. Der Magier im engeren Sinne des Wortes *will etwas,* setzt ganz bewußt seine konzentrierte Vorstellungskraft ein unter gleichzeitiger Intensivierung und ständiger Übung seines Wach- und Unterbewußtseins.

Daß mittels Suggestionen und Telepathie (Gedankenübertragung und -beeinflussung) ein menschliches Individualbewußtsein auf ein anderes einzuwirken vermag, wird heute auch von der Schulpsychologie nicht mehr bestritten. Deshalb spielt gerade die Telepathie in Verbindung mit einer Steigerung der vollbewußten Imaginationskraft in der gesamten Magie eine Schlüsselrolle. Darüber später mehr.

In der *Mystik* dagegen tritt das persönliche Wollen zum Zwecke der Erreichung bestimmter materieller Ziele fast völlig zurück. Das Wesen der Mystik ist, das begrenzte Persönlichkeitsbewußtsein im Rahmen der irdischen Gegebenheiten freiwillig aufzugeben zugunsten eines höheren, umfassenderen Bewußtseins, dessen Einwirkungen und Impulsen man sich öffnet, um sich, wie die großen Mystiker aller Zeiten sagten, zum dienenden Werkzeug des göttlichen Allbewußtseins bzw. der Weltseele zu machen. Der echte Mystiker kümmert sich also nur am Rande oder überhaupt nicht um irdische Belange, um materiellen Besitz oder sonstige vergängliche Werte, sondern versucht, mittels Konzentration, Meditation und Kontemplation (Versenkung) sich dem göttlichen Absoluten zu nähern.

Auch der Magier benutzt diese seit Jahrtausenden bekannten Methoden der Bewußtseinserweiterung, -schärfung und -erhöhung, nur eben mehr im irdisch-menschlichen Sinne. Das ist die Ursache, weshalb unter Esoterikern Magie und Mystik oft als Gegensatzbegriffe aufgefaßt werden, obwohl beide eigentlich das gleiche Fundament haben, nämlich das dem Menschen zur Verfügung stehende Wach- und Unterbewußtsein. Letztlich sind *weiße* Magie und Mystik nur zwei verschiedene Wege zum gleichen Endziel. Man könnte auch sagen: *Mystik ist deduktiv, Magie induktiv.*

Wie aus der Überschrift dieses Kapitels hervorgeht, kann man von einer weißen, grauen und schwarzen Magie sprechen, nicht aber von einer weißen, grauen und schwarzen Mystik. Untersuchen wir einmal, was man unter diesen drei Arten der Magie versteht. Die Grundkräfte sind dieselben, hängen immer eng mit dem Bewußtseinsprinzip zusammen. Das heißt in diesem Falle mit der Absichts- und Aufmerksamkeitsrichtung, die das Wachbewußtsein des betreffenden Magiers nimmt. Anders ausgedrückt: *das Motiv,* das einer magischen Handlung zugrunde liegt, ist entscheidend, um welche Farbschattierung zwischen Weiß und Schwarz es sich handelt.

Als *Weißmagier* bezeichnet man einen Menschen, der die geistig-seelischen, metaphysischen und metapsychischen Kräfte benutzt, um seine Umwelt, die auf ihn zu hören freiwillig bereit ist, aufzuklären, zu beraten und allen Menschen in jeder Hinsicht nach bestem Wissen und Können zu helfen. Das Motiv, das das Denken, Fühlen und Handeln eines Weißmagiers allein bestimmt, ist immer *altruistisch* (auf das Gemeinwohl ausgerichtet), niemals egozentrisch oder gar egoistisch. Er betrachtet sich, ähnlich dem Mystiker, als ein Werkzeug des universell Guten, und hält es für seine Pflicht, als Heiler, Lebensberater, Astrologe oder sonstwie auch auf dem irdischen Plan als Vertreter des positiven Pols der Schöpfung *aktiv* tätig zu sein.

Der *Graumagier* (manchmal auch Gelbmagier genannt), bedient sich, wie gesagt, derselben Grundenergien, nur nicht in rein altruistischer Weise. Er benutzt sie auch zu egoistischen Zwecken, um zum Beispiel im beruflichen und gesellschaftlichen Leben Erfolg zu haben. Jeder Mensch, der sich auf irgendeinem Gebiet des Lebens durchsetzen und eine leitende, verantwortliche Position bekleiden will, muß bis zu einem gewissen Grad ichbezogen denken. Er muß sich einer konkurrierenden, oft gehässigen und neidischen Umgebung gegenüber behaupten und in der Lage sein,

zurückzuschlagen, wenn er angegriffen wird. Er muß, besonders als politischer, wirtschaftlicher und militärischer Führer, sich der psycho-magischen Menschenbeeinflussung bedienen, als Geschäftsmann zum Beispiel einer geschickten, auf persönlichen Gewinn zielenden Werbung.
Kaum jemand wird bezweifeln, daß die Reklame und sonstigen Massenbeeinflussungsmethoden im Wirtschaftsleben und in der Politik, zum Teil auch in Kunst und Wissenschaft, nicht gerade von den ethischen Prinzipien der Wahrheitsliebe, Ehrlichkeit, Anständigkeit und altruistischen Hilfsbereitschaft getragen werden.
Die allgemeine Maxime „der Zweck heiligt das Mittel" ist weit davon entfernt, als unmoralisch angesehen zu werden. Unsere gesamte westliche Gesellschafts- und Wirtschaftsordnung ist auf dem Prinzip des Gewinnstrebens sowie der „Leistung und Gegenleistung" aufgebaut, bewertet den Menschen nach seiner berechenbaren Brauchbarkeit und Nützlichkeit im Erwerbsleben, nicht nach seinen geistig-seelischen Qualitäten und seiner Bewußtseins- und Erkenntnishöhe, nach seinem inneren Reifegrad. Zur Zeit ist das in unserer irdischen Schulungs-, Erziehungs- und Bewährungsanstalt nun mal so und wird bis auf weiteres wohl auch so bleiben. Und diese auf einen gemäßigten, allgemein anerkannten egoistischen Materialismus und einer demgemäßen Machtverteilung eingestellte Geistesverfassung kann man durchaus als *graumagisch* bezeichnen, denn sie hat natürlich auch ihre guten Seiten. Schließlich gibt selbst der profitgierigste Großindustrielle und Multimillionär vielen Menschen Arbeit und Brot und hält die Warenproduktion und den Güteraustausch in Schwung. Der Graumagier tanzt also quasi immer auf der dünnen Grenzlinie zwischen Egoismus und Altruismus entlang, zwischen ethisch und moralisch vertretbar und nicht mehr vertretbar.

Wenn wir uns nur einmal die gängigen suggestiven Werbemethoden und -mittel ansehen, die oft an die niedrigsten menschlichen Besitz- und Begierdeninstinkte des kaufenden Publikums appellieren, wird einem klar, daß es sich um die praktische Anwendung magischer Beeinflussung- bzw. PSI-Energien handelt. Es gibt sogar einige Bücher, die sich speziell mit dem Thema „Magie in der Wirtschaft“ befassen.

Wer die ideologischen Bewußtseins-Umbildungsmethoden der sogenannten volksdemokratischen Staaten im Osten näher betrachtet und ein wenig hinter die öffentliche Fassade zu schauen vermag, wird feststellen, daß dort ganz bewußt (genau wie seinerzeit bei HITLER) *massenmagische*, man könnte sogar sagen *massenhypnotische* Methoden angewandt werden. Denn Magie ist nun mal beabsichtigtes und zielgerichtetes Beeinflussen anderer Bewußtseinseinheiten, also anderer Menschen, ohne daß diese es merken. Diese Tatsache macht die graue und natürlich noch mehr die schwarze Magie so gefährlich.

Was nun die dritte Form, die ausgesprochen *schwarze Magie* anbetrifft, so ist es nach dem oben Gesagten eigentlich klar, daß es sich dabei um die Anwendung geistig-seelischer, metaphysischer und metapsychischer Kräfte für rein egoistische Zwecke, zur Erreichung souveräner Macht über andere Wesen handelt, oft verbunden mit einer sadistischen Grundhaltung, die sich über alle anerkannten ethischen, moralischen und sittlichen Normen hinwegsetzt. Ein echter Schwarzmagier findet Freude und Befriedigung in der Unterdrückung und Versklavung, ja am Quälen ihm ausgelieferter Menschen. Ein solcher Mensch – es gibt da viele Grade und Schattierungen – ist meist intellektuell auf der Höhe, was schon deshalb Voraussetzung ist, weil er die Arten und Anwendungsmöglichkeiten der PSI- bzw. ASW-

Kräfte genau kennen muß. Ein intellektuell minderbemittelter Zeitgenosse oder gar ein primitiver, ungebildeter kann niemals ein Schwarzmagier im eigentlichen Sinne des Wortes sein, höchstens ein schlichter Dorfhexer im Stile des Sechsten und Siebenten Buches Moses. Mit letzteren wollen wir uns hier aber nicht befassen, wollen nur im nächsten Kapitel kurz aufzeigen, wie man sich gegen eventuelle Angriffe solcher Leute schützen kann.
Fest steht, daß es – im Gegensatz zu den Graumagiern – nur relativ wenige echte Schwarzmagier gibt. Sie sind, wie man in esoterischen Kreisen weiß, ebenso selten wie echte spirituelle Adepten, Erleuchtete und Heilige. Aber sie sind außerordentlich gefährlich, weil sie – wie auch die weißmagischen Meister – nur aus dem Hintergrund heraus wirken und deshalb unerkannt bleiben und für den spirituell Unwissenden nicht faßbar sind. Sie arbeiten auch meistens nicht allein, sondern innerhalb von Gruppen Gleichgesinnter, weil sie wissen, daß Gedanken- und Gefühlsrichtstrahlen geistig-seelisch gleich schwingender Menschen sich nicht nur summieren, sondern multiplizieren lassen. Die Schwarzmagier unserer Tage arbeiten – von wenigen Ausnahmen abgesehen – nicht mit komplizierten Ritualen, symbolbestickten Gewändern, magischen Schwertern, Dolchen, Stäben, Räucherpfannen und allen möglichen geheimnisvollen Utensilien. Wenn man hin und wieder hört, daß in magisch-okkulten Logen noch nach alten Ritualen streng zeremoniell gearbeitet wird, so geschieht das hauptsächlich deswegen, um die imaginativen und emotionalen Kräfte der Logenmitglieder zu stimulieren und deren Konzentration und Richtstrahlen-Intensität zu steigern. Das erleichtert die Erreichung bestimmter mentaler und astraler Wirkungen, ist aber rein sachlich gesehen nicht erforderlich.
Alle Magier, die weißen, grauen und schwarzen, arbeiten mit

den gleichen mentalen und astralen PSI-Energien, unterscheiden sich, wie schon gesagt, nur durch ihre Beweggründe (Motive) und Zielsetzungen. Ein Magier weiß, daß der Durchschnittsmensch ein äußerst sensibles, das heißt sehr leicht zu beeinflussendes und zu dirigierendes Wesen ist, besonders dann, wenn die Beeinflussung und Steuerung über das Unterbewußtsein erfolgt. *Sämtliche magischen Lehren und Praktiken beruhen auf der Grunderkenntnis, daß die Bewußtheiten der einzelnen Menschen eng zusammenhängen und aufeinander einwirken, da sie alle Teile bzw. Aspekte eines größeren, umfassenderen Bewußtseins sind, aus dem heraus alle Wesen leben.* Wem es also gelingt, über dieses Grundbewußtsein, das auch das kollektiv Unbewußte genannt werden kann, die einem Gedanken, einem Gefühl, einer Vorstellung und Handlung vorangehenden Auslösungsimpulse eines anderen Menschen in den Griff zu bekommen, der kann mit dem Betreffenden praktisch machen, was er will. Die jeweiligen Opfer merken gar nicht, daß sie wie die Marionetten hin und her geschoben werden, sind des festen Glaubens, daß die Gedanken und Gefühle ihre eigenen sind und daß sie über einen völlig freien Willen verfügen.

Der Durchschnittsmensch unserer Tage ist ausgesprochen stolz auf seine vermeintliche Willens- und Entscheidungsfreiheit und lehnt es in der Regel sogar ab, über das Wesen und den Grad seiner persönlichen Selbstbestimmungskraft gründlich nachzudenken. Der Philosoph ARTHUR SCHOPENHAUER hatte völlig recht, als er sagte: „Der Mensch kann zwar tun und lassen, was er will, er kann aber nicht wollen, was er will.“ Und genau das ist der Punkt, den sich der Magier zunutze macht, um über die Bewußtseins-Auslösungsimpulse seine Opfer zu beherrschen. Diese meinen, aus eigener Willensfreiheit heraus etwas zu denken, zu fühlen und dementsprechend zu handeln, haben keine Ahnung, daß sie eine Art Marionetten sind, auf deren seelischer Klaviatur ein anderer spielt.

Wir brauchen gar nicht die eigentlichen grau- und schwarzmagischen Praktiken genauer zu untersuchen, um zu erkennen, welch ungeheuer große Rolle die Individual- und Massensuggestion in unserem Leben spielt. In der gesamten Politik, in Wirtschaft, Wissenschaft, Kunst und sogar im Militärwesen spielt die Suggestion eine grundlegende Rolle. Und wer über die erforderlichen Beeinflussungs- und Informationsmittel, wie Presse, Rundfunk, Fernsehen, Buchproduktion usw. verfügt, hat es besonders leicht, die Denk- und Gefühlskräfte der Hörer, Zuschauer und Leser in eine bestimmte Richtung zu dirigieren. Deshalb ist es von so großer Bedeutung, welche Art von Menschen an den Führungspositionen der Massenmedien sitzen und ob diese Leute über die geistig-seelischen Gesetze und deren Anwendungsmöglichkeiten Bescheid wissen oder selber zu jenen Unwissenden gehören, die von ihnen unbekannten und unsichtbaren menschlichen bzw. übermenschlichen Intelligenzen gesteuert werden.

Die Zukunft der ganzen Menschheit ist in hohem Maße davon abhängig, ob sie weiß und anerkennt, daß alles Geschehen auf Erden von den mentalen und astralen übersinnlichen Schwingungs- und Bewußtseinsbereichen her beeinflußt und dirigiert wird und daß sie die nötigen Konsequenzen daraus zieht. Wenn schon einige Philosophen des Altertums feststellten, daß die meisten Menschen nicht selber leben, sondern *gelebt werden*, so ist diese Feststellung heute noch ebenso wahr.

Um das bisher in diesem Kapitel Gesagte erkenntnisphilosophisch und auch psychologisch noch etwas zu vertiefen, will ich nachstehend das Wichtigste eines viele Stunden langen Gesprächs wiedergeben, das ich mit einem Schwarzmagier geführt habe. Durch meinen Jahrzehnte hindurch ausgeübten Beruf als freier Schriftsteller, Redakteur und Veranstalter größerer esoterischer Kongresse hatte ich mehrfach Gelegenheit, mit Magiern verschiedener Schattierungen zusammenzutreffen und mit ihnen ausführlich zu sprechen.

Mitunter war bei meinen Gesprächspartnern die Absicht erkennbar, mich für einen Beitritt zu ihrer Loge zu gewinnen, weshalb sie mir gegenüber deutlicher werden mußten, als sie es sonst anderen Personen gegenüber tun.

Die ausgesprochenen Schwarzmagier, die ihr Wissen und Können dazu benutzen, sich viel Geld, Besitz und hohe Machtpositionen zu beschaffen, haben natürlich für ihr Tun auch eine „philosophische" Begründung und Rechtfertigung, die in den Ohren eines Menschen, der nicht tiefer zu sehen vermag, sogar recht einleuchtend klingt.

Der rein egoistisch und materialistisch eingestellte Magier sagt, daß unser Universum seine Existenz nur der bestehenden Polaritätsspannung zwischen Plus und Minus verdankt, dem Gegensatz zwischen Gut und Böse, altruistisch und egoistisch, Licht und Finsternis, Herren- und Sklaventum, Gesundheit und Krankheit usw. Ein Pol sei ebenso wichtig wie der andere. Es müsse also auch menschliche Vertreter der „Harmonieseite des Guten und Lichten" geben und gleichzeitig solche der negativen Gegenseite; ein Pol allein für sich sei nicht existenzfähig. Der zwar sehr beschränkte, aber immerhin vorhandene freie Wille des Menschen setze ihn instand, sich für eine der beiden Seiten zu entscheiden. Und jeder Blick in die Welt- und Menschheitsgeschichte zeige, daß der negative, disharmonische und zerstörende Pol immer der stärkere gewesen sei. Man habe also die Wahl, sich zu dem einen oder anderen zu bekennen, entweder zu

den Zuchthaussträflingen zu gehören oder zu den Aufsehern, Wärtern oder gar zur Direktion. Nach GOETHE:
Du mußt herrschen und gewinnen,
Oder dienen und verlieren,
Leiden oder triumphieren,
Amboß oder Hammer sein.
Die guten, zart besaiteten, mitleidigen und von selbstverleugnenden Helfer- und Opferwillen erfüllten Menschen seien im harten, ja brutalen Lebenskampf meist die Unterlegenen. Der Kampf Aug um Auge, Zahn um Zahn, zu dem sich der alttestamentarische Gott Jehova oder Zebaoth offen bekenne, sei auch heute noch der Lebensstil der meisten Völker und Einzelmenschen. Deshalb sei es ein Gebot elementarer Klugheit, sich dem „Herrn dieser Welt" anzuschließen, anstatt jenem CHRISTUS, der rät, jemandem, der einem einen Streich auf die rechte Backe gibt, freiwillig auch noch die linke darzubieten. Wer die Tatsachen der etwa 6000 Jahre überschaubaren Weltgeschichte ganz sachlich und unvoreingenommen einzuschätzen wisse und die Folgerungen daraus zu ziehen vermöge, der könne doch eigentlich gar nicht anders, als sich für Luzifer (den „Lichtträger") zu entscheiden, wenn er sich nicht nach Niederlagen, Demütigungen und Geißelungen schließlich ans Kreuz nageln lassen will. Entweder – oder . . .
Obwohl mir diese Argumentation – auch Gangsterphilosophie genannt – längst bekannt war, hörte ich sie mir an und stellte folgende Fragen: „Sind Sie der Ansicht, daß unser menschliches Leben, das in mancher Hinsicht einem Zuchthausdasein gleichkommt, uns berechtigt, von ihm aus auf die Existenzbedingungen aller anderen, insbesondere der höheren Daseinsebenen zu schließen, in die wir mit Sicherheit nach unserem leiblichen Tod eintreten werden? Meinen Sie wirklich, daß der Schöpfer des Universums mit seinen

Myriaden mehr oder weniger bewußter Wesenheiten diese nur in die Existenz geworfen hat, um sich wie ein Sadist an den Leiden und Qualen seiner Kreaturen zu erfreuen? Meinen Sie wirklich, daß alle großen Erleuchteten und Mystiker, die das Absolute erlebten und uns darüber berichteten, einer Illusion zum Opfer fielen, als sie die allem Sein zugrunde liegende Intelligenz als *liebevoll und gerecht* bezeichneten? Sollten sie uns bewußt oder unbewußt belogen haben? Ziehen Sie ernstlich den Schluß, daß alle übermenschlichen bzw. übersinnlichen Daseinspläne im Kosmos, von deren Existenz heute nahezu alle Astronomen, Biologen und Naturwissenschaftler überzeugt sind, den gleichen Zuchthauscharakter haben wie unser Planet Erde?
Wenn ich Ihre Argumentation höre, muß ich an jene Schulkinder denken, die ihre Eltern, Erzieher und Lehrer als ihre persönlichen Feinde betrachten, weil sie von ihnen Leistungen und Einsichten erwarten und verlangen, die einem Kind verständlicherweise unangenehm sind. Erst später im Leben werden die Kinder ganz von selbst dahinter kommen, daß die Probleme, Mühen und Plagen, die ihnen als Schulkinder auferlegt wurden, gut und richtig gewesen sind. Ein Schwarzmagier Ihres Stils ähnelt einem solchen unvernünftigen Schulkind, dem es Freude macht, seinen Lehrern und Erziehern einen Streich nach dem andern zu spielen und das Schulreglement von vornherein als schlecht und vernichtungswürdig zu bezeichnen. Irgendwie ähnelt Ihr Schwarzmagier jenen Anarchisten, Mafialeuten und Terroristen aus Prinzip, die wie Mephisto im Faust meinen: ‚Alles, was entsteht, ist wert, daß es zugrunde geht‘, die erkenntnisphilosophisch so unbedarft sind, daß sie sich die Frage nach dem eigentlichen höheren Wert, Zweck und Ziel der Schöpfung oberhalb und außerhalb des Bereiches der Polaritätsspannung gar nicht erst stellen.“

Darauf der Schwarzmagier: „Wir sind keine Philosophen im üblichen Sinne, sondern nüchterne Realisten und Materialisten, die das erkennen, *was ist*, die sich nicht um ‚ungelegte Eier' kümmern, nicht um das, was sein könnte oder vielleicht irgendwann einmal sein wird. Wir lassen uns nicht, wie gläubige Christen, Mohammedaner oder Brahmanen, auf irgendwelche himmlischen oder paradiesischen Jenseitszustände vertrösten, über die es doch nur vage Vermutungen gibt, sondern haben es nur mit *Tatsachen* zu tun. Und die sind *eindeutig!* Der Stärkere, Rücksichtslosere, Klügere und Brutalere war und ist immer Sieger. Wenn ein mit modernsten Waffen ausgerüsteter Panzer und ein Gott um Schutz flehender Beter sich gegenüberstehen, wird die Panzerbesatzung die stärkere sein. Das ist kein Wunschtraum, keine Illusion, sondern immer und überall feststellbare Tatsache. Die Kriege und Massenvernichtungsaktionen nicht nur unseres Jahrhunderts, sondern auch die seit Tausenden von Jahren beweisen das. Der besser Gerüstete, der über große Geldmittel und unbeschränkte Befehlsgewalt verfügt, ist immer der Überlegene. *Jeder* Mensch ist käuflich, nur ist der eine billiger, der andere teurer. Wollen Sie das etwa bestreiten?"

Darauf ich: „Wir Esoteriker beschäftigen uns, im Gegensatz zu Ihnen, nicht nur mit den oberflächlichen, vergänglichen Erscheinungen des Alltags – von Ihnen ‚harte Tatsachen' genannt –, über deren illusionären Charakter wir uns klar sind. Das sind alles nur mentale, im menschlichen Bewußtsein stattfindende Vorgänge. Wir schauen hinter die Kulissen des Welttheaters und erkennen, daß die tragikomischen Vorgänge im Rampenlicht, die dort ausgefochtenen Siege und Niederlagen aus der höheren Sicht des Weltenregisseurs im Grunde genommen unwichtig sind. Es handelt sich schließlich eben nur um Filmszenen auf dem Bildschirm unseres persönlichen Bewußtseins, keineswegs um materielle Tatsachen in Ihrem Sinne. Als Magier sollten Sie eigentlich wissen, daß jede längere Zeit gehegte Vorstellung, ganz gleich welcher Art, automatisch das Bestreben hat, sich in die äußere Wirklichkeit umzusetzen, daß die gesamte Außenwelt im Grunde nur ein mental-astrales Echophänomen ist.

Wer wie Ihr Schwarzmagier glaubt, sich durch Anwendung materieller Machtmittel und durch Einsatz von PSI-Kräften zu rein egoistischen Zwecken persönliche Zufriedenheit, Wunsch- und Triebbefriedigung oder gar Glückseligkeit verschaffen zu können, jagt einer Illusion nach. Was und wie der Mensch denkt, das ist bzw. wird er. Das ist ein unverbrüchliches universelles Gesetz. Anders ausgedrückt: *eure magischen Erfolge mittels materieller oder telepathisch erzielter Menschenbeeinflussung müssen sich letztlich gegen euch selbst richten. Ich habe in meinen Schriften und Vorträgen immer wieder gesagt, daß ein praktizierender gewissenloser Schwarzmagier der größte Dummkopf ist, den man sich denken kann, da er infolge seiner Unkenntnis der universellen Gesetze oder deren bewußter Mißachtung selbst den Ast absägt, auf dem er sitzt.* Was und wie ein Mensch denkt, fühlt und handelt, das wird schließlich zu seinem eigenen Bewußtseinsinhalt, muß nach dem unverbrüchlichen Karmagesetz von Ursache und Wirkung *wie ein Bumerang zu ihm zurückkehren.* Alles im Universum bewegt sich – wie auch Einstein richtig erkannt hat – in Kreislinien und kommt schließlich zu seinem Ausgangspunkt zurück.

Wir Esoteriker wissen genau wie Sie, daß mittels der PSI- und ASW-Kräfte sowohl machtpolitische Erfolge im großen wie auch finanzielle und berufliche Erfolge im kleinen zu erzielen sind. Wir wissen auch, daß es den Anschein hat, als habe auf dieser unserer Erde der Satan mit seinen Heerscharen und willigen Werkzeugen die Regierungsgewalt in Händen.

Wir wissen aber zugleich ebenso, daß dies nur eine vorübergehende Episode im Zuge der Bewußtseinsevolution ist, die nur dazu da ist, der menschlichen Individualität Gelegenheit zu geben, an Widerständen und Fehlern zu lernen und ihre Urteils- und Unterscheidungskräfte zu üben. Wer wie Sie den Weg in die Negativität, in die bewußte Absonderung und Gegnerschaft zum Allgeist einschlägt, der sollte sich darüber klar sein, daß er sich damit zu einem evolutiven Störungs- bzw. Hemmungsfaktor macht und die Folgen seines Denkens und Tuns auf jeden Fall selber zu tragen hat. Druck erzeugt Gegendruck, Haß erzeugt noch größeren Haß, Gewalt immer noch mehr Gewalt.

Wir haben es hier mit einem weiteren universellen Gesetz zu tun, das innerhalb des Polaritätsbereiches wirksam ist, nämlich mit dem *Gesetz des Aufschaukelns,* das in einer Art ‚Explosionskatastrophe' enden muß. Ihr alle macht den Fehler, daß Ihr nicht über die paar irdischen Lebensjahre hinaus denkt und meint, der gewissenloseste Verbrecher und brutalste Egoist und Sadist falle nach seinem leiblichen Tod in dasselbe große Nichts wie der Gute, der Heilige. Dem ist aber nicht so. Die eigentliche Individualität des Menschen, von der die irdische Persönlichkeit nur eine vorübergehende Erscheinung bzw. Mentalprojektion ist, ist *ewig, unzerstörbar* und kann mit ihrem zwar beschränkten, aber immerhin vorhandenen Anteil an göttlicher Willensfreiheit selbst bestimmen, ob sie sich in Richtung der Übereinstimmung mit dem Schöpfungsplan der Allintelligenz entwickeln oder in Opposition dazu treten will. Ein Schwarzmagier tut das letztere. Eine Frage: Haben Sie schon mal gesehen, wie ein

echter Schwarzmagier stirbt, wie er sich auf dem Totenbett verhält?"
„Nein."
„Aber ich. Es ist grauenhaft, anzusehen, wie ein solcher Mensch sich krampfhaft an seine irdische, leibliche Existenz mit allen Fasern seines Hirns und Herzens klammert, in der er die Rolle des Siegers und rücksichtslosen Herrschers gespielt hat. Wenn Sie das jetzt nicht glauben, dann werden Sie es glauben müssen, wenn für Sie Ihr letztes Stündlein geschlagen hat. Daß ohne Ausnahme alle Religionen der Erde verkünden, der Mensch solle danach streben, gut, hilfsbereit, uneigennützig, gerecht, tolerant und liebevoll seinem Nächsten gegenüber zu sein, entspringt nicht einem bloßen Wunschtraum, sondern ist eine Grundwahrheit, die mit dem Wesen des allumfassenden und allintelligenten Weltgeistes in Einklang steht."
Der Schwarzmagier: „Was, wie ich schon sagte, nichts an der Tatsache ändert, daß alle Religionen und Philosophen der Erde es bis jetzt nicht fertiggebracht haben, auch nur einigermaßen erträgliche Zustände herzustellen. Für uns ist das maßgebend, was ist, nicht das, was vielleicht einmal in ferner Zukunft sein könnte – oder auch nicht. Wir sind bereit, die volle Verantwortung für das zu übernehmen, was wir tun, schieben sie nicht irgendeiner imaginären ‚höheren Intelligenz' in die Schuhe. Wer nicht zu uns gehören will oder kann, weil er in seiner Kindheit oder Jugend im kirchlichen Sinne programmiert worden ist, der soll es bleiben lassen und soll sein Kreuz auf sich nehmen. Viel Vergnügen!
Natürlich kann man sich selbst suggerieren, daß Schwarz in Wirklichkeit Weiß sei, daß Armut, Krankheit, Verzweiflung, Triebzwang und Schicksalsschläge aller Art liebevolle Erziehungsmethoden eines allgütigen und allwissenden Got-

tes seien. Es gibt aber auch genug Menschen, die das für ein frommes Ammenmärchen halten und sogar beweisen können, daß das genaue Gegenteil der Fall ist. Gewährsleute für die Richtigkeit der letzteren Ansicht wären zum Beispiel die Millionen Opfer der mittelalterlichen Inquisition und Ketzerverfolgungen, die in Auschwitz und anderen Vernichtungslagern umgebrachten Juden und Regimegegner und all die menschlichen und sogar tierischen Wesen, deren Leben nur aus unerträglichem Schmerz und aus hoffnungsloser Verzweiflung besteht. Diese *Beweise*, die die ganze Menschheitsgeschichte umfassen und einfach nicht wegzuleugnen sind, wiegen schwerer als all die Illusionen von einem liebenden, gnädigen und gerechten Gott, in dessen und seines Sohnes Namen zum Beispiel Millionen und aber Millionen ‚heidnische' Völker auf grausamste Weise ausgerottet worden sind. Wenn Sie das nicht wahrhaben, sondern unbedingt ‚wegglauben' wollen, tun Sie es von uns aus ruhig. Verlangen Sie aber nicht, daß wir uns freiwillig irgendwelcher angeblicher göttlicher Gesetze wegen zum irdischen Schlachtvieh degradieren lassen. Wir haben unsere eigenen Gesetze, haben durch sie die Herrschaft dieser Welt in der Hand und keineswegs die Absicht, sie Leuten zu überlassen, die zu feige sind, vollverantwortlich die Macht zu übernehmen und auszuüben, die sich lieber auf ein imaginäres Himmelreich der Liebe und Gerechtigkeit vertrösten lassen. Wenn Sie wüßten, wer die wirkliche souveräne Macht auf dieser Welt besitzt und sie rigoros ausübt, wären Sie kein Esoteriker und Philosoph, sondern würden sich uns als nüchternen Tatsachenmenschen anschließen. Unsere Macht ist nicht zuletzt darauf gegründet, daß außer uns selbst nur ganz wenige wissen, wer die Menschheit im globalen Umfang regiert. Und wir haben die Macht, dafür zu sorgen, daß Leute, die uns echt gefährlich werden können, ausgeschaltet oder liquidiert werden. So sieht die Sache aus – nicht anders. Wobei ich hinzufügen möchte, daß auch wir über ‚unsichtbare Heerscharen', über ‚feinstoffliche Mitarbeiter' verfügen, die allerdings nicht in unerreichbaren Himmelsfernen Halleluja singen, sondern an irdischen Vorgängen sehr interessiert sind."

Ich: „Wenn ich Sie so reden höre, muß ich unwillkürlich an die ‚Herrenvolk-Ideologie' der NS-Zeit denken, die auch vollverantwortlich nach eigenen Gesetzen die Macht auf dieser Welt zu übernehmen gedachte und sich dabei auch okkulter Mächte bediente. Nun – ich kann Sie nicht daran hindern, Ihre harten Tatsachenbeweise für die letzte Wahrheit zu halten. Es gibt nun mal zwei Arten von Menschen: erstens diejenigen, die, um zur Wahrheits- und Wirklichkeitserkenntnis zu gelangen, den Weg der bitteren Erfahrung gehen, diesen aufgrund ihrer intuitiven und erkenntnisphilosophischen Blindheit gehen müssen. Dazu gehört die große Masse, zu der ihr Schwarzmagier gehört, auch wenn ihr es noch so energisch bestreitet.

Ich bin sogar überzeugt, daß viele unserer Zeitgenossen sich Ihnen anschließen und Ihre Argumente als richtig anerkennen würden, wenn Sie ihnen ein entsprechendes Angebot machen und sie zur aktiven Mitarbeit auffordern würden. Es ist wahrlich kein Geheimnis, daß unser derzeitiges Gesellschafts- und Wirtschaftssystem – nicht nur das des Westens – einen egoistischen schwarz- bzw. graumagischen Grundcharakter hat und daß diejenigen, die offiziell die Regierungsgewalt ausüben, meist nicht wissen, daß sie mittels unsichtbarer und weitgehend noch unbekannter PSI-Kräfte auf dem Wege über die Bewußtseins-Fernbeeinflussung dirigiert werden. Nur einige wenige wissen wirklich Bescheid und gehören selbst zu Ihrem ‚Club'.

Aber das wird sich im Laufe der nächsten Jahrzehnte und im

kommenden Jahrtausend ändern. Was sind schon tausend Jahre im Vergleich zur kosmischen Zeitrechnung, die andere Uhren und Kalender hat als wir. Auch unter uns Esoterikern gibt es nur relativ wenige, die wissen, daß und warum unser Planet Erde seit vielen Jahrtausenden die Aufgabe hat, als eine Art Hilfsschule für zurückgebliebene und schwererziehbare Seelen zu dienen. Ich habe jedenfalls festgestellt – und das ist eine Tatsache, die jeder nachprüfen kann –, daß alle vermeintlich erfolgreichen Grau- und Schwarzmagier trotz ihres immensen Reichtums und ihrer Machtpositionen recht unglückliche, innerlich zerrissene und gehetzte Menschen sind, an denen sich das alte Dichterwort bewahrheitet. ‚Das eben ist der Fluch der bösen Tat, daß sie, fortzeugend, Böses muß gebären.' Wer sich einmal um höchst irdischer und vergänglicher Vorteile willen in den schwarzmagischen, um nicht zu sagen teuflischen Circulus vitiosus hat hineinreißen lassen, hat nur geringe Chancen, in dieser Inkarnation wieder herauszukommen. Die Schwarzmagier behandeln ihre eigenen Gefolgsleute, die aus irgendwelchen Gründen auf einmal nicht mehr mitmachen wollen, noch brutaler als die Unwissenden, da ein Abtrünniger, der die geheimen Praktiken zu verraten imstande ist, eine akute Gefahr bedeutet, die rigoros ausgemerzt werden muß.
Die zweite Art von Menschen sind diejenigen, die man philosophische Erkenntnistypen nennen könnte. Sie brauchen nicht erst ein paarmal an einer glühenden Herdplatte sich die Finger zu verbrennen, um einzusehen, daß es besser ist, ein solches Experiment zu unterlassen. Wer die echte Erkenntnis- und Unterscheidungsfähigkeit in sich durch Beobachten, Nachdenken und Meditieren entwickelt hat, wird den Illusionscharakter äußerer Erfolge bald durchschaut haben und gar nicht mehr daran denken, nach solchen rasch vergänglichen und daher unwesentlichen Trugbildern

zu haschen. Ihm geht es nur um das Wesentliche, das Ewige, unwandelbare Absolute, das allem Sein zugrunde liegt. Er erkennt, daß im Prinzip kein Unterschied besteht zwischen einem vierjährigen Buben, der seine ihm zu Weihnachten geschenkte Aufzieh-Lokomotive oder das Blechauto kaputtmacht, um zu sehen, was drin ist und die Räder dreht, und einem erwachsenen Naturwissenschaftler, der Materie bis in ihre letzten Partikel zerlegen und analysieren will, um dahinterzukommen, wie die Geschichte funktioniert. Bei beiden ist die Neugierde die Haupttriebfeder. Freilich – wer damit zufrieden ist, wie ein Kind mit materiellen Bauklötzchen oder mit Puppen zu spielen und mit Geld und materiellen Gütern Türmchen zu errichten, der zeigt damit, daß er noch eine kindliche, unreife und verspielte Seele hat. Er wird wohl noch ein paarmal auf diesem Planeten wiedergeboren werden müssen, um das Klassenziel, das ‚geistige Abitur' zu erreichen, ehe er in höhere Regionen aufsteigen kann. Wir wissen, wie stolz und selbstsicher Ihr Schwarzmagier angesichts eurer Erfolge seid, können euch aber gerade deshalb nur bemitleiden. ‚Gegen Dummheit kämpfen Götter selbst vergebens'."

Mein Gesprächspartner lächelte und machte eine geringschätzige Handbewegung. „Wir lassen euch Esoteriker und Erkenntnisphilosophen ruhig in eurem Elfenbeinturm sitzen und mit Ideen spielen anstatt mit Bauklötzchen. Die Welt, in der wir leben, besteht aus materiellen Bauklötzchen. Eure Phantasiegebilde sind uns zu luftig. Ich fühle mich jedenfalls in meiner Haut als Bauklötzchen-Architekt und Bauleiter durchaus wohl und genieße meinen Reichtum und alle damit verbundenen Annehmlichkeiten bedenkenlos. Ich lebe aus dem Jetzt und für das Jetzt, was ja laut euren Erkenntnisphilosophen die einzige reale Wirklichkeit ist. Alles weitere wird sich zeigen. Bange machen gilt nicht.

Sie haben recht: viele unserer Zeitgenossen würden sich nur zu gern uns anschließen, doch wir sind in dieser Hinsicht äußerst wählerisch. Abgesehen von den untersten ausführenden Organen und unwissenden Werkzeugen sind wir nur interessiert an Menschen, die bereits eine Machtposition irgendwelcher Art innehaben und die das sind, was Sie einen nüchternen und überzeugten Realisten und Materialisten nennen. Wir befassen uns nicht mit Kleinigkeiten, verfolgen und belästigen zum Beispiel nicht, wie manchmal gesagt wird, ältere Damen oder sonstige völlig unbedeutende Leutchen. Interessiert sind wir nur an Personen, die in bezug auf die PSI-Kräfte sich ein umfangreiches Wissen erarbeitet haben oder geborene Medien, Hellseher oder Magier sind. Solche Naturtalente gibt es und hat es immer gegeben. Sie dürfen nicht vergessen, daß es großes Vergnügen und Spaß macht, im menschlichen Marionettentheater die Fäden zu halten und das Geschehen im Rampenlicht willkürlich dirigieren zu können."
Darauf ich: „Mag sein, daß euch das Spaß macht. Ihr vergeßt eben nur, daß es eine euch übergeordnete Instanz gibt, an deren Fäden ihr selber hängt. Es ist das universelle Gesetz der Evolution vom Unvollkommenen zum Vollkommenen, vom Egoismus zum Altruismus, vom Schmerz und Leid zur Glückseligkeit, vom Bipolaren zum Apolaren, von der Abgesondertheit (Sündhaftigkeit) zur All-Einheit. Ein echter Esoteriker und Erkenntnisphilosoph befaßt sich auch nicht mit Kleinigkeiten, nur versteht er unter diesem Begriff etwas anderes als ihr. Wir verachten und bekämpfen keineswegs grundsätzlich die Güter und Annehmlichkeiten dieses irdischen Planes, messen ihnen aber keine größere Bedeutung zu als die, die ihnen wirklich zukommt. Zufriedenheit, Freude, Harmonie und Glück sind Bewußtseinszustände, die von äußerem Besitz weitgehend unabhängig sind. Wir

denken nicht daran, uns mehr als unbedingt nötig von dem so vergänglichen Ballast aufbürden zu lassen, dessen Sklave man sehr leicht werden kann. Die alten griechischen Philosophen hatten nicht ganz unrecht, als sie lehrten, daß persönliche Freiheit mit Bedürfnislosigkeit eng zusammenhängt.

Der Schöpfer und Erhalter des Universums ist der *reine Geist*, und dessen Absichten und Ziele auch mit der irdischen Menschheit zu verstehen, zu fördern oder sie wenigstens nicht zu hemmen, ist das, was wir Esoteriker als das Wichtigste betrachten. Dazu brauchen wir keine Eremiten und Asketen zu sein, nur Menschen, die die Fähigkeit entwickelt haben, immer und überall das Wesentliche vom Unwesentlichen zu unterscheiden."

Mein Gesprächspartner: „Halten Sie es für ausgeschlossen, daß nicht doch das ganze Leben ein sinn- und zweckloses Spielchen sein könnte? Denn überall um uns sehen wir Gewinner und Verlierer, Gesunde und Kranke, Reiche und Arme usw. Kann man es denn einem Menschen verübeln, wenn er sich bewußt auf die Seite der Gewinner stellt, auf die doch recht wandelbaren Moral- und Ehrbegriffe verzichtet und sich selbst eine ihm passende Moral und Ethik macht? Wer das für falsch und widergöttlich hält, dem möchte ich empfehlen, sich mit der Entwicklungsgeschichte des Christentums etwas gründlicher zu befassen. Dann wird ihm ein ganzer Kronleuchter aufgehen, wie man zu sagen pflegt. Vor allem lese er einmal das Alte Testament von vorn bis hinten und möglichst die sogenannten Apokryphen noch dazu. Auch die Aussprüche JESU, die nicht von den Kanzeln gepredigt werden, zum Beispiel LUKAS, Kapitel 19, Vers 27."

Darauf ich abschließend: „Gehen Sie Ihren Weg, tun Sie das, was Sie glauben, tun zu müssen. Verwechseln Sie vor allem nicht einen Esoteriker mit einem frommen Kirchenchristen. Es kommt bestimmt auch für Sie die Stunde, da Sie erkennen werden, daß die Schöpfung und die sie erhaltende Allintelligenz und Allmacht mehr ist als das, was sich uns zeit- und raumgebundenen Erdenmenschen als Kampf zwischen den polaren Gegensätzen darstellt. Letztlich kommt alles auf die spirituelle Reife einer Menschenseele an. Man kann von einem ABC-Schützen nicht verlangen, daß er eine algebraische Gleichung mit mehreren Unbekannten löst. Er rechnet mit Murmeln oder Äpfeln, um verstehen zu lernen, daß und warum 2 und 2 vier ist. Spielen Sie nach Ihrem System weiter am Roulettetisch des Lebens und stecken Sie Ihre Gewinne in die Tasche. Eines Tages wird „das letzte Spiel" angesagt und auch der Kassenschalter geschlossen. Die Gewinn- oder Verlustsumme der Bilanz Ihres jetzigen Lebens wird aus den Posten jener Werte bestehen, die nicht von Rost und Moder gefressen werden können, nämlich aus Erkenntnissen und Einsichten in das Wirken Ihres höheren Ichs, das Ihrer Persönlichkeit zugrunde liegt und ihr zugleich übergeordnet ist. Dabei handelt es sich um Erfahrungen, die sich als Charakterqualitäten niedergeschlagen haben und die durchaus etwas mit Moral und Ethik zu tun haben, allerdings in einem höheren Sinne als dem jeweils gerade auf Erden herrschenden, der zugegebenermaßen von äußeren Rassen- und Milieugegebenheiten abhängig ist. Wenn Sie das nicht wahrhaben wollen, ist das Ihre Sache."

Wir unterhielten uns, wie gesagt, stundenlang über diese Dinge, wobei mein Gesprächspartner für jedes meiner Argumente ein durchaus rational begründbares Gegenargument vorbrachte. Das ist ja das Gefährliche an dieser Art von „handfester Philosophie", daß der Verhaltensgrundsatz „Wer zuerst schießt und besser trifft, lebt länger" dem Durchschnittsmenschen unserer Tage ohne weiteres einleuchtet, zumal die Ereignisse um ihn herum die Richtigkeit dieser Behauptung zu bestätigen scheinen. Es ist sehr schwer, oft sogar unmöglich, solchen Leuten wie meinem Gesprächspartner begreiflich zu machen, daß man alles Geschehen auf Erden auch von einer höheren spirituellen Warte aus betrachten kann und daß sich von dort aus die Dinge anders ausnehmen als von der menschlich-allzumenschlichen Froschperspektive aus.

Nach diesen mehr prinzipiellen und philosophischen Erörterungen im nächsten Kapitel einiges Konkrete über die Praktiken, deren sich unter anderem die Schwarzmagier unserer Tage bedienen. Das Wissen darum gewährt von vornherein einen gewissen Schutz, denn gerade auf diesem Gebiet ist die meist völlige Unwissenheit der Opfer die Ursache ihrer Unterlegenheit.

16. Kapitel

Wie Grau- und Schwarzmagier praktisch arbeiten Ausklang

Vorab die Feststellung, daß *alle* magischen Praktiken, die diese Bezeichnung verdienen, letztlich Bewußtseinsbeeinflussungen sind, und zwar solche, die das jeweilige Opfer normalerweise nicht merkt. Selbst in Fällen, da ein davon Betroffener spürt, daß mit ihm seelisch etwas nicht in Ordnung ist, vermag er infolge seiner Unwissenheit nicht zu erkennen, was wirklich mit ihm los ist.

Damit der Leser besser versteht, worum es sich handelt, nachstehend ein Auszug aus den geheimen Übungsinstruktionen einer schwarzmagischen Loge. Es liegt auf der Hand, daß nur wenige Außenstehende und Nichtmitglieder von diesen Praktiken eine Ahnung haben. Da aber, wie schon der Rabbi Ben Akiba dereinst sagte, „alles schon dagewesen ist und es nichts wirklich Neues unter der Sonne gibt“, so sind auch diese Methoden der unmerklichen Bewußtseinssteuerung anderer Wesen schon seit ältesten Zeiten bekannt und können, wie alles im bipolaren Universum, für gute und aufbauende wie auch für böse und zerstörerische Zwecke benutzt werden. Die grundlegenden PSI-Energien sind immer die gleichen.

Dem Anwärter für die Mitgliedschaft einer schwarzmagischen Loge ist folgende Grundübung vorgeschrieben: Er muß in seiner Wohnung einen Hund oder eine Katze halten, mit denen er Gedankenexperimente zu machen hat. Er muß sich, das Tier in Sichtweite, bequem in einen Sessel setzen und versuchen, sein Ich-Bewußtsein in das des Tieres zu versetzen, in dieses gleichsam „hineinzukriechen“, sich mit ihm zu identifizieren. Er muß sich vorstellen, daß er selbst zu diesem Tier geworden ist, daß dessen Sinne und dessen gesamtes Körper- und Muskelgefühl ihm gehört und von ihm willkürlich gesteuert wird.

So kurios diese Anweisung zunächst klingen mag, kann doch vorausgeschickt werden, daß derartige Bewußtseinsversetzungen durchaus möglich sind. Es ist klar, daß der angestrebte Erfolg sich nicht von heute auf morgen einstellen kann, sondern daß dazu viele Monate, manchmal sogar Jahre intensiven Übens gehören. Den Neulingen wird vorgeschrieben, täglich mindestens eine Stunde, besser noch länger zu üben, bis es gelingt, das tierische Bewußtsein vorübergehend zu verdrängen und den Körper des Hundes bzw. der Katze voll in Besitz zu nehmen.

Vielleicht hat der Leser dieses Buches schon einmal gehört oder gelesen, daß es in Afrika bei den Eingeborenen magische Bünde gibt, die sich Löwen- oder Leopardenmenschen nennen und die Kunst beherrschen sollen, sich nach gewissen Vorbereitungen in Löwen oder Leoparden zu verwandeln. Als solche, aber mit menschlichem Bewußtsein, durchstreifen sie dann nachts die Gegend, überfallen und zerreißen andere Tiere und hin und wieder sogar Menschen. Gegen Morgen erfolgt dann die Rückverwandlung in den Menschen. Diese Löwen- oder Leopardenmagier sind sehr gefürchtet, denn sie verfügen über eine mehr als tierische Intelligenz und eine besondere Angriffslust und Grausamkeit.

Es gibt auch in Europa eine ganze Reihe sogenannter Werwolf-Geschichten, in denen erzählt wird, wie sich Hexer und Hexen in Wölfe verwandeln und als solche großes Unheil anrichten.

Ähnliches wird auch von den Eingeborenen Süd- und Mittelamerikas berichtet. Auch in den deutschen Märchen und Sagen ist immer wieder von der Verwandlung von Menschen in Tiere die Rede. Wer sich einmal gründlicher mit jenen Dingen beschäftigt hat, die zu dem heiklen Gebiet der Bauern- und Dorfmagie gehören, wird sich erinnern, daß allen Ernstes behauptet wurde, daß gewisse Hexen und Hexenmeister in der Lage seien, sich in Tiere (schwarze Hunde und Katzen, Kröten, Schlangen usw.) zu verwandeln und in dieser Gestalt allerlei Schadenszauber zu vollbringen.

Ich sage das nur, um deutlich zu machen, daß sich die modernen Schwarzmagier unter anderem auch dieser uralten Praktiken der Bewußtseinsversetzung bedienen, um auf diese Weise über das Unterbewußtsein ihrer Opfer diese wie willenlose Marionetten steuern zu können. Ein unentwegtes und beharrliches Üben ist für den angehenden Schwarzmagier unbedingte Voraussetzung, so lange, bis er es geschafft hat und er es den Leitern der Loge gegenüber praktisch unter Beweis stellen kann.

Bei diesen Übungen spielt die Tatsache eine ausschlaggebende Rolle, daß das menschliche Wach- und Selbstbewußtsein dem tierischen Bewußtsein naturgemäß überlegen ist, daß ein Tier nicht imstande ist, sich gegen diese Inbesitznahme seines Bewußtseins zu wehren.

In den ausgesprochen schwarzmagischen Logen werden an die Anwärter zur Mitgliedschaft sehr harte Anforderungen gestellt, die zu erfüllen ein stählerner Wille in Verbindung mit einer zielbewußten Geduld und Zähigkeit nötig ist. Das ist der Grund, weshalb Schwarzmagier im eigentlichen Sinne des Wortes so selten sind. Es handelt sich hier um alles andere als um ein vergnügliches Spielchen.

Es sei hier bemerkt, daß die besonders in den letzten Jahren bekanntgewordenen Praktiken des Mental- und Astralwanderns auf dem gleichen Prinzip der Bewußtseinsversetzung beruhen, nur dreht es sich hier darum, das volle Wachbewußtsein auf den feinstofflichen Körper (Astral- oder Mentalkörper) zu übertragen, nicht auf den eines Tieres. Schließlich und endlich sind ja all die fernöstlichen Konzentrations-, Meditations- und Kontemplationspraktiken nichts anderes als Versuche, das engbegrenzte persönliche Bewußtsein in höhere und umfassendere Bewußtheitszustände zu versetzen.

Hat der Schüler der Magie den Anfangsgrad, die Übernahme und Beherrschung eines tierischen Bewußtseins, an genügend vielen Versuchsobjekten erprobt und darin die nötige Fertigkeit erlangt, muß er dazu übergehen, sein Können an den Menschen seiner Umgebung zu vervollkommnen. Das ist gar nicht so schwer bei Menschen beiderlei Geschlechts, die man als stark sensibel bzw. sensitiv bezeichnet oder als labil, willensschwach und besonders leicht beeinflußbar.

Im allgemeinen sind unsere Zeitgenossen der Überzeugung, daß ihr Denken und Fühlen und die sich daraus ergebenden Reaktionen ihre ureigenste Sache seien, haben keine Ahnung davon, daß die Vorgänge in ihrem Unterbewußtsein und daraufhin auch in ihrem Wachbewußtsein von anderen Intelligenzen außerhalb ihres Körpers gesteuert werden können.

Normalerweise braucht ein Schwarzmagier Jahre unentwegter Übung, um in dieser Sache den erstrebten Vollkommenheitsgrad zu erreichen, doch gibt es natürlich, wie auf allen Lebensgebieten, auch ausgesprochen *magische Naturtalente*, die schon nach einigen Wochen oder Monaten in der Lage sind, auf Tiere oder Menschen ihre Bewußtseinsimpulse zu übertragen. Eins dieser Naturtalente scheint der Pole Wolf Messing gewesen zu sein, über den die beiden amerikanischen Journalistinnen OSTRANDER und SCHROEDER in ihrem zu einem Bestseller gewordenen Buch „PSI“ auf mehreren Seiten berichten. Allerdings hat sich auch dieses magische Naturtalent im Anfang gewissen telepathischen Übungen unterziehen müssen.

Wenn das stimmt, was in dem Buch erzählt wird, war dieser WOLF MESSING ein wahres Fernsuggestions-Genie. Sogar STALIN scheint ihm nicht gewachsen gewesen zu sein, denn MESSING war der einzige Hellseher und Telepath, wie er sich nannte, der viele Jahre hindurch, selbst während des Krieges, frei in der gesamten Sowjetunion herumreisen und öffentliche Experimentalvorträge halten durfte. Er hat STALIN mehrfach bewiesen, daß seine rein telepathische, also ohne gesprochene Worte ausgestrahlte Beeinflussungskraft auf andere Menschen schier unglaublich war. Nicht nur, daß er mittels Gedankenbefehlen aus einer Warschauer Gestapo-Dienststelle fliehen konnte; er war auch imstande, unter Vorlegung eines leeren Stückes Papier sich bei einer Moskauer Bank (in Begleitung zweier GPU-Beamter) hunderttausend Rubel auszahlen zu lassen. Er konnte auch die Gehirne der Beamten der Moskauer GPU-Zentrale so vernebeln, daß diese ihn trotz eines ausdrücklichen Befehls STALINS nicht im Dienstgebäude festzuhalten vermochten. Ein weiteres seiner magisch-telepathischen Meisterstückchen war, als er ohne jede Schwierigkeit in STALINS Datscha (Landhaus) eindrang, das, von einem dreifachen Kordon von bewaffneten Sicherheitsbeamten nach außen hermetisch abgeriegelt war. Als STALIN den plötzlich in seinem Arbeitszimmer erschienen WOLF MESSING fragte, wie er denn dieses „Wunder“ vollbracht habe, soll MESSING gesagt haben: „Ich habe den Wachen und dem Personal suggeriert: *‚Ich bin Berija! – Ich bin Berija!‘*“ BERIJA, der damalige Chef des sowjetischen Staatssicherheitsdienstes, war einer der wenigen, die jederzeit, von den Wachen unkontrolliert, direkt zu STALIN ins Haus gehen durften.

WOLF MESSING war vor dem Krieg in Berlin im „Wintergarten" als Fakir aufgetreten, gab Vorstellungen in Wien, lernte EINSTEIN, SIEGMUND FREUD und GANDHI persönlich kennen und bereiste viele Länder in fast allen Erdteilen, in deren Hauptstädten er als Telepath auftrat.

WOLF MESSING war nun allerdings kein Schwarzmagier, denn als solcher wäre er nicht in dieser Weise in die Öffentlichkeit getreten. Echte Schwarzmagier arbeiten immer unerkannt aus dem Dunkeln heraus, müssen alles daransetzen, nie als das erkannt zu werden, was sie wirklich sind. Sie befassen sich auch, wie mein Gesprächspartner ja zugab, nicht mit Kleinigkeiten, sondern mit der großen Politik und dem ganz großen Geschäft.

Nichtsdestoweniger gibt es natürlich auch Schwarzmagier geringeren Formats, die ihre Fähigkeit der telepathischen Menschensteuerung dazu benutzen, ihren Sexualtrieb, ihre egoistische Freude an der Menschenbeherrschung, ihre Besitzgier usw. auf diese Weise zu befriedigen. Sie sind deshalb so gefährlich, weil sie meist ganz spontan arbeiten und nie persönlich in Erscheinung treten, sondern zur Durchführung von Betrügereien, Diebstählen und sonstigen Verbrechen andere Personen vorschieben, die, wenn sie von der Polizei gefaßt werden, bei den Verhören schulterzukkend erklären: *„Ich habe keine Ahnung, warum ich das getan habe. ‚Es' kam mit unwiderstehlicher Gewalt über mich; ich mußte es einfach tun."* Die Kriminalpsychologen in aller Welt werden immer wieder mit Fällen konfrontiert, wo bisher völlig normale und unbescholtene Personen plötzlich Verbrechen begingen, für die jede Veranlassung und jedes Motiv fehlte. Polizei und Justiz sind dann in den meisten Fällen ratlos und überantworten die Täter den

Psychiatern, von denen auch nur wenige über die eigentlichen Hintergründe der Tat Bescheid wissen.
Hier muß ich allerdings eine Einschränkung machen. Nicht jeder Verbrecher, der eine Untat im Zustand einer mehr oder weniger starken Bewußtseinstrübung begeht, ist das Opfer eines praktizierenden Schwarzmagiers. Es gibt nämlich, auch wenn es von den Schulmedizinern, Psychologen und Psychiatern bestritten wird, tatsächlich das Phänomen der Besessenheit durch nichtinkarnierte Geistwesen. Eine solche gänzliche oder teilweise Besessenheit ist mit einem Bewußtseinsverlust der betreffenden Person oder zumindest mit einer starken Bewußtseinsbeeinflussung durch die Besessenheitsintelligenzen verbunden und wird, wie ich in einem früheren Kapitel schon darlegte, oft als Schizophrenieschub bezeichnet. Grau- und Schwarzmagier gibt es ja nicht nur unter uns noch verkörperten Menschen, sondern auch in den noch erdnahen Astralbereichen, von wo aus sie unter gewissen Umständen in die Aura bzw. in das Bewußtsein eines stark medialen, labilen und sensitiven Menschen einzudringen in der Lage sind. Verbrechen und Untaten aller Art, die in den Augen eines normalen Menschen wie auch der Polizei und Justiz unerklärlich sind, sind häufiger auf Besessenheiten zurückzuführen als auf das Wirken von Schwarzmagiern. Die letzteren beschäftigen sich – das sei noch einmal betont – in der Regel nicht mit „kleinen Fischen", quälen nicht mediale Personen jahrelang Tag und Nacht mit „inneren Stimmen" und dergleichen, weil so etwas ja „nichts einbringt". Schwarzmagier haben „Besseres" zu tun.
Einem Esoteriker, der einigermaßen Bescheid weiß, ist längst klargeworden, daß auch der kalte bzw. lauwarme Krieg zwischen den großen Machtblöcken in den Jahren seit dem Zweiten Weltkrieg sich immer mehr von den materiel-

len Schlachtfeldern auf die inneren, feinstofflichen oder psychischen Ebenen verlagert hat. Man weiß hüben und drüben genau, daß derjenige die Weltherrschaft haben wird, dem es gelingt, die PSI- und ASW-Kräfte so in den Griff zu bekommen, daß er die Bewußtseine (man entschuldige dieses grammatikwidrige Wort) der Massen nach Belieben beeinflussen und programmieren kann.

Der Schriftsteller Jean Baptiste Delacour hat in seinem Buch „Die Kunst des Hellsehens und Gedankenlesens" ein ganzes Kapitel dieser der Öffentlichkeit verborgenen psychischen Kriegführung gewidmet. Er zitiert unter anderem den amerikanischen Parapsychologen David Hoy, der sagte: „Ich fand während meiner jahrelangen öffentlichen Tätigkeit auf paranormalem Gebiet die einwandfreie Bestätigung dafür, daß *jeder* Mensch die nötige geistige Empfänglichkeit aufbringen kann, um telepathische Eindrücke zu senden und zu empfangen. Die von mir diesbezüglich durchgeführten Versuche erlauben überdies die Schlußfolgerung, daß es jedem Angehörigen beider Geschlechter möglich ist, es durch entsprechende Übung in der Gedankenübertragung zur Meisterschaft zu bringen."

Und Jean Baptiste Delacour schreibt zu diesem Thema des weiteren: „Der Weg zu Sendeanlagen für Gedanken wurde von einigen Parapsychologen und Technologen im Ostblock bereits durch Experimente beschritten, die sich mit der Möglichkeit befassen, Gedankenwellen auf eine ähnliche Weise wie Funkwellen zu verstärken. – Die Sowjets entwickelten bei ihren parapsychologischen Experimenten als erste systematisch den telepathischen ‚Interzeptor' (Abfänger), dessen Aufgabe es ist, telepathisch übermittelte Botschaften abzufangen, sich in den telepathischen Sendeverkehr einzuschalten und unter Umständen auch als ‚Störsender' zu wirken. – Es liegen bereits genug Hinweise darauf vor, daß es tatsächlich möglich ist, Gedankenwellen technisch zu übertragen und beliebig zu verstärken. Auch technische Geräte zur Gedankenkontrolle sind, wie gesagt, bereits in der Entwicklung. Das Endziel dieser Entwicklung ist zweifellos die technische Gedankenkontrolle jedes beliebigen Menschen und sogar auch die ständige technische Fernkontrolle der Gedanken bestimmter Personen. Die Absichten von Staatsmännern und Kriegsministern werden sich eines Tages vielleicht tatsächlich von vornherein enthüllen und damit womöglich weitgehend vereiteln lassen. – Damit würden Geheimnisse zu existieren aufhören. Was das für alle Lebensgebiete bedeutet, ist ungeheuerlich. Besonders für den geschäftlichen Konkurrenzkampf und das Gewinnstreben sowie für die militärische Rivalität unter den Staaten könnten die Folgen unabsehbar sein. – *Darum wurde schon wiederholt die Meinung geäußert, es lasse sich ohne Übertreibung sagen, daß der Beherrscher der Welt diejenige Supermacht sein wird, die zuerst die Telepathie und vor allem die technische Telepathie zur höchsten Vollkommenheit entwickelt haben wird.* Die Bedeutung der Telepathie für Geheimdienste, Geheimpolizei (Gedankenkontrolle) und Kampfverbände liegt auf der Hand."

Nun – was in den parapsychologischen Laboratorien der Sowjets, die ausschließlich mit Staatsgeldern und im Staatsauftrag arbeiten, und auch in den Laboratorien anderer Großmächte wirklich vor sich geht, weiß außer den unmittelbar daran Beteiligten niemand, denn diese Forschungen und Experimente sind natürlich „Staatsgeheimnisse ersten Ranges". Es lassen sich lediglich aus gewissen Beobachtungen Schlüsse ziehen, die darauf hindeuten, daß Delacour im Grundsätzlichen recht behalten wird.

Wer die politischen und militärischen Vorgänge rund um unsern Erdball verfolgt und zwischen den Zeilen und den

Worten zu lesen und zu hören versteht, wird sich wahrscheinlich hin und wieder die Frage stellen, wie es kommt, daß führende Politiker, Wirtschaftler und Wissenschaftler Handlungen begehen bzw. Reaktionen zeigen, die nicht nur der breiten Öffentlichkeit, sondern auch dem engeren Mitarbeiterkreis unverständlich sind und vom Standpunkt der Vernunft und der Logik aus absurd erscheinen. Es wird dem Leser keine Mühe machen, allein aus den Ereignissen der letzten Jahre einige Fälle unerklärlicher Kurzschluß- oder Fehlhandlungen von Spitzenpolitikern und Großunternehmern herauszufiltern, die zumindest den Verdacht aufkommen lassen, daß hier das Bewußtsein der Betreffenden irgendwie in eine falsche Richtung gelenkt wurde. (Allein die Lebensgeschichte Hitlers ist reich an solchen absurden Fehlentscheidungen.)

In bezug auf die Beeinflussung und die psychische Steuerung der Massen ist es dasselbe. Sieht man sich an, was überall auf der Welt an politischen Erdrutschen, Putschen und Revolutionen vor sich geht, warum und wie demonstriert, Attentate verübt, terrorisiert, gemordet und geraubt wird, wie der elementaren Vernunft und aller Menschlichkeit glatt ins Gesicht geschlagen wird, dann muß man sich fragen: Sind denn diese Leute alle verrückt geworden? Fast ist es, als würden immer mehr Menschen regelrecht „vom Teufel besessen", als gelten ihnen die immerhin organisch gewachsenen moralischen, ethischen und sittlichen Normen des Gemeinschaftslebens überhaupt nichts mehr, als sei alles in Aufruhr, als sei der Wille zur „totalen Zerstörung des Bestehenden um jeden Preis" zur Lebensmaxime größerer Menschengruppen geworden.

Man könnte natürlich sagen, wie man es auch in esoterischen Kreisen oft hört, daß das eben die Geburtswehen des neuen Wassermann-Zeitalters seien, daß das Alte stürzen müsse, um Neuem und Besserem Platz zu machen. Daran ist sicher etwas Wahres. Wenn wir aber zugleich annehmen, daß Jean Baptiste Delacour und andere unabhängige Parapsychologen mit ihren Hypothesen hinsichtlich der magischen Bewußtseins-Fernbeeinflussung im Prinzip richtig liegen, dann wird manches bisher Unerklärliche verständlicher und durchsichtiger.

Man braucht sich nur einmal vorzustellen, welche gewaltigen geballten PSI-Energien mobilisiert und zielgerichtet ausgestrahlt werden können, wenn Dutzende oder gar Hunderte von naturbegabten Aktivtelepathen (Sendern), die jahrelang gedrillt worden sind, zu einer einzigen Sendekapazität zusammengefaßt und auf eine bestimmte führende Person des gegnerischen Lagers angesetzt werden. Das käme einer fernmagischen Überrumpelung oder Vergewaltigung gleich, gegen die das betreffende Opfer so gut wie machtlos ist. Daß diese im Staatsauftrag arbeitenden und entsprechend ideologisch vorprogrammierten menschlichen Telepathiesender hochbezahlt werden und unter strengstem Schweigeeid stehen, dürfte selbstverständlich sein.

Ich glaube, daß es nicht nötig ist, noch deutlicher zu werden.

Ob man derartige PSI-Aktionen schwarz- oder graumagisch nennen will, kommt auf den Standpunkt an, den der Beurteilende jeweils einnimmt. Was für den einen schwarz ist, ist für den anderen weiß. Unter patriotischen Schlagworten und Weltrettungsparolen kann man selbst die übelsten Absichten verbergen.

Ein Esoteriker sollte auf jeden Fall wissen, daß es sich hier nicht um Märchen oder um ein „Den-Teufel-an-die-Wand-Malen“ handelt, sondern um Tatsachen. Es ist nicht von ungefähr, daß im Osten wie im Westen die (wie sie heißen) parapsychologischen Forschungslaboratorien wie Pilze aus der Erde schießen und man davon spricht, daß eine wahre „Okkultwelle“ unseren Planeten umkreist. Das wäre an sich recht und gut, wäre sogar zu begrüßen, wenn es eben nicht die schwarzmagische Schattenseite gäbe, deren Inspiratoren, Regisseure und Akteure Ziele verfolgen, die mit dem Streben nach Harmonie, individueller Freiheit, Toleranz, Gerechtigkeit und ähnlichen religiös-philosophischen Grundbegriffen nichts mehr zu tun haben. Fast könnte man meinen, der biblische „Herr dieser Welt“ stehe unmittelbar vor der totalen Machtübernahme und sei bereit, unseren ganzen Planeten „abzuräumen“, wenn er erkennen sollte, daß die weißmagischen Gegenkräfte doch stärker sind, als er sich das gedacht hat.

Feststeht: die Kämpfe, die als Kriege, Revolutionen oder als Rüstungswettlauf äußerlich sichtbar werden, sind unbedeutend im Vergleich zu jenen mörderischen Schlachten auf psychischem, geistigem bzw. unsichtbar-feinstofflichem Gebiet. Wer hier Sieger wird, der dürfte die Weltherrschaft übernehmen, zumindest vorübergehend. Denn wir dürfen nie vergessen, daß die Menschheit als Ganzes unter der Überwachung geistig-kosmischer Intelligenzen steht, die zwar aus Erziehungsgründen eine zeitweilige Überlegenheit der negativen Kräfte und ihrer menschlichen Vertreter zulassen, die aber garantiert dafür sorgen werden, daß deren Bäume nicht in den Himmel wachsen. Das Gesetz der Evolution von unten nach oben, vom Egoismus zum Altruismus, von der Sklaverei zu echter Freiheit ist stärker als alles menschliche Tun und Trachten.

Zum Schluß dieses Kapitels noch eine Antwort auf die Frage, wie sich der angehende Lebenskünstler diesen Dingen gegenüber verhalten soll. Diese Frage ergibt sich aus dem Obengesagten von selbst. Wie kann man sich gegen psychische Beeinflussungen seitens irgendwelcher Schwarzmagier

oder überhaupt gegen Eingriffe in das eigene Bewußtsein wirkungsvoll schützen? Gibt es dagegen überhaupt Abwehrmöglichkeiten?
Da wäre zu sagen, daß das Wissen um die Tatsächlichkeit dieser Dinge schon ein Schutz ist. Die Unwissenheit der breiten Massen ist ja der Hauptansatzpunkt für alle Grau- und Schwarzmagier. Aber das theoretische Wissen allein genügt nicht.
Da die Schwarzmagier sowohl als Einzelpersonen wie in Gruppen (Logen) mit Bewußtseinsbeeinflussungen arbeiten, besteht der wirksamste Schutz dagegen in einer ständigen Beobachtung des eigenen Bewußtseins, einer Praktik, die von jeher auch bei den geistigen Yogadisziplinen eine Schlüsselrolle spielt. Wer sein eigenes Ich- bzw. Selbstbewußtsein fest in der Hand hat und nur das zu denken und zu fühlen vermag, was er selbst will, der ist von vornherein gegen sämtliche grau- und schwarzmagischen Angriffe gefeit.
Wie aber erreicht man das? Ganz einfach dadurch, daß man es sich angewöhnt, die eigenen Denkvorgänge kritisch zu beobachten, um festzustellen, welche Denkimpulse von außen, also von anderen stammen, und welche nicht. Derartige Gedankenbeobachtungen gehören zu den Grundübungen *aller* geistig-seelischen Entwicklungssysteme. Ich wiederhole hier den schon einmal zitierten Satz, daß die meisten unserer Zeitgenossen nicht selber leben und denken, sondern gelebt und gedacht *werden*. Die Werbespezialisten, Journalisten, Propagandisten und Public-Relations-Leute wissen das und nützen diese starke Suggestibilität der Menschen für ihre meist merkantilen Zwecke aus.
Wer das nicht glaubt und meint, er selber bestimme souverän darüber, welche Gedanken er in sein Bewußtsein hereinläßt und welche nicht, der mache einmal folgendes

Experiment: Er nehme eine Uhr mit Sekundenzeiger in die Hand und begleite den Zeiger mit seinem Blick. Dabei nehme er sich vor, so lange wie möglich nur ein einziges Vorstellungsbild – vielleicht eine Ziffer oder einen Buchstaben – in seinem Bewußtsein festzuhalten. Er wird feststellen, daß schon nach wenigen Sekunden sich völlig fremde, von ihm nicht gewollte Bilder herzudrängen. Je heftiger und ärgerlicher er diesen unerwünschten Gedankenfluß zurückzuweisen und zu stoppen versucht, um so aufdringlicher wird er. Es ist gerade so, als mache es einem unsichtbaren, recht neckisch veranlagten Kino-Operateur Spaß, uns ausgerechnet Bewußtseinsfilme vorzuführen, die uns weder interessieren noch irgendeine Bedeutung für uns haben.

Wenn man einmal durch ein solches Experiment dahintergekommen ist, daß es mit der Beherrschung unseres eigenen Bewußtseins nicht zum besten steht, ist der erste Schritt getan. Man muß sich dann darin üben, den uns überfallenden Gedankenstrom zu beobachten und ihn ganz ruhig und gelassen einzuteilen in ganz bewußt akzeptierte Gedanken und in fremde, unerwünschte. Man braucht dazu keinen besonderen Meditationssitz (Asana) einzunehmen, sondern kann sich tagsüber – oder auch nachts bei Schlafpausen – immer wieder innerlich die Frage stellen: „*Was denke ich im Moment? – Warum denke ich es?*“ Man wird dann finden, daß Gedanken – wie die uralten esoterischen Lehren schon immer sagten – Dinge bzw. Energien sind, die wir anzunehmen oder abzulehnen in der Lage sind. Man wird ferner feststellen, daß letzteres – nämlich das Zurückweisen – im Anfang gar nicht so einfach ist, daß aber durch häufiges Üben die Fähigkeit des „*Gedankenfilterns*“ sich steigert.

Normalerweise stammen diese aufdringlichen, uns wie lästige Mücken umschwirrenden Gedanken nicht von irgendwelchen Magiern oder geheimen Gedanken-Sendestationen, sondern es handelt sich einfach um sogenannte *Schweifegedanken,* die in den mentalen und astralen Schwingungsbereichen ziellos umherziehen und individualisierte Bewußtseinszentren suchen, innerhalb deren sie sich betätigen können. Da nun, wie schon gesagt, in diesen feinstofflichen Schwingungsebenen das Gesetz „Gleiches zu Gleichem" herrscht, kommt es auf die Art eines menschlichen Bewußtseins an, auf welche Gedankenströme er besonders rasch und leicht anspricht und auf welche nicht. (Was der Mensch denkt, das ist bzw. wird er.) Wer sich also durch ständige Übung und schließlich Gewöhnung dazu erzogen hat, nur gute, lichte, schöne, positive und aufbauende Gedanken in sich hereinzulassen, den können Gedanken gegenteiliger Natur nicht mehr beeindrucken, da ganz einfach die Schwingungsfrequenz zu verschieden ist.

Praktisch bedeutet das, daß wir uns grundsätzlich hüten sollten, im weitesten Sinne des Begriffes negative, depressive und „blutrünstige" Gedanken in unser Bewußtsein hereinzulassen. Es ist keineswegs wichtig oder gar lebensnotwendig, über alle in den letzten Tagen geschehenen Morde und Selbstmorde und Verbrechen aller Art, über Liebes- und Finanztragödien von Film- und Showstars und über die Lage auf den verschiedenen Kriegsschauplätzen genau Bescheid zu wissen und die diesbezüglichen Zeitungsmeldungen und Fernsehkommentare gierig zu verschlingen. Man kann ruhig, friedlich und „heiter und gelassen in sich selbst ruhend" seine Tage verbringen, ohne über jede Sensation, Perversität und Brutalität in allen Einzelheiten informiert zu sein.

Das gewohnheitsmäßige Lesen von Krimis und Horrorgeschichten, Science-fiction-Romanen und ähnlichen aufwühlenden Literaturprodukten wie auch das Anschauen entsprechender Sendungen auf dem Fernsehschirm sind tatsächlich in der Lage, im Laufe der Zeit ein menschliches Bewußtsein und damit den Charakter des Betreffenden regelrecht zu „versauen". Aber die meisten unserer Zeitgenossen wollen das nicht wahrhaben, sondern glauben, den Kontakt mit dem Leben und dem Zeitgeschehen zu verlieren, wenn sie nicht unentwegt „am Ball bleiben" und über jeden Dreck genauestens Bescheid wissen.

Wie heilsam und seelenreinigend es ist, sich wenigstens mal ein paar Wochen lang gegen alle üblen Informationsquellen abzuschirmen und sich nur liebevollen, schönen und harmonischen Gedanken und Gefühlen hinzugeben, wird derjenige merken, der dieses Experiment mit sich selber eine Zeitlang durchgeführt hat. Nach und nach verliert die ganze Welt um uns ihren negativen, niederziehenden und gemeinen Charakter und nimmt angenehmere, lichtere Farben an. Besonders die Urlaubszeit ist geeignet, eine solche Bewußtseinsreinigung vorzunehmen, die einer echten Entspannung gleichkommt, nach der so viele Menschen suchen, sie aber nicht finden können. Also: ruhig einmal, so lange es eben geht, auf alle Zeitungen, auf Fernsehen und Rundfunkhören verzichten, sich auch in keinerlei Gespräche über Tagesereignisse oder weltpolitische Krisen einlassen, sondern sich ganz und gar in sich selbst zurückziehen, allenfalls ein religiös oder esoterisch fundiertes Buch lesen. Sich außerdem so oft wie möglich der Betrachtung bzw. dem Erfühlen des *innersten Ich-Kernes* widmen. Der Erfolg dieser Übung wird in einer generellen Säuberung der geistig-seelischen Verfassung bestehen und in einer allgemeinen Erhöhung des Lebensgefühls. In ein derart gereinigtes Bewußtsein können keine grau- oder schwarzmagischen Sendeenergien eindringen.

Sollte aber jemand das Gefühl oder gar die Gewißheit haben, daß er von irgendwoher mit gezielten, magisch ausgestrahlten Gedankenimpulsen beharkt wird, deren er sich auf die obige Weise nicht entziehen zu können meint, dann sollte er sich auf keinen Fall in eine Angstpsychose oder Panikstimmung hineinsteigern. Er möge sich innerlich in die bereits beschriebene (und am Ende dieses Kapitels wiederholte) „Vollkommenheitsmeditation" zurückziehen und seine geistige Führung um Schutz und Hilfe bitten. Er lehne die Annahme dieser bedrückenden, mit brutaler Befehlsgewalt erfüllten Schwingungen ruhig und selbstsicher ab und appelliere an das Gesetz, daß eine erzeugte und ausgesandte, von dem gewählten menschlichen Ziel aber nicht akzeptierte Schwingung *mit voller Wucht auf ihren Urheber zurückschlägt.* Wenn der Angegriffene das in vollem Vertrauen auf die Unverbrüchlichkeit des universellen Kreislauf-, Sympathie- und Antipathie-Gesetzes tut, können ihm weder schwarzmagische Gedankenimpulse noch depressiv geladene Schweifgedanken etwas anhaben. Sie werden von seinem geistig-seelischen Schutzschild abprallen wie Holzpfeile von einer Panzerplatte. Ja keine Angst haben oder sich gar in Panikstimmung versetzen lassen! Verkörperte wie entkörperte Grau- und Schwarzmagier können nur mit jenen PSI-Energien arbeiten, über die auch ihre Opfer verfügen, sofern sie darüber Bescheid wissen und sich in voller Zuversicht an die göttlichen Lichtkräfte wenden, die zu guter Letzt in jedem Falle stärker sind als die egoistischen, persönlichkeitsgebundenen Denkenergien machtgieriger oder gar sadistischer Magier.

Um dem Leser vor Augen zu führen, daß auch andere PSI-Forscher zu gleichen oder ähnlichen Beobachtungsergebnissen und Schlußfolgerungen gekommen sind wie der Verfasser dieses Buches, nachstehend der Erlebnisbericht eines Dr. A. Giboteau, seinerzeit Oberarzt der Pariser Krankenhäuser, in dem das „magische Können" einer Frau

Berta B. beschrieben wird. Ich entnehme diesen Bericht dem 1975 neuaufgelegten Buch „Übersinnliche Erscheinungen bei Naturvölkern" des bekannten italienischen Okkultforschers und Parapsychologen Prof. Ernesto Bozzano. Dort ist zu lesen, daß Dr. Giboteau die „Zauberin" Berta kennenlernte, als sie ins Krankenhaus kam, um ihr krankes Kind zu pflegen.

Dr. Giboteau fährt in seiner Erzählung folgendermaßen fort:

„Berta erzählte mir, ihre Mutter übe die ‚Zauberkunst' aus, und man konsultiere sie, um die Zukunft zu erfahren oder die Heilung von Krankheiten zu erwirken. Berta selbst kannte einige durchaus ungewöhnliche Kniffe der ‚Zauberkunst'. Sie konnte zum Beispiel jemanden zwingen, sich zu verirren, indem sie ihn dazu brachte, rechts und links zu verwechseln (Halluzination des Ortssinnes), und ich selbst wurde davon betroffen. Sie erzählte mir, sie habe als Mädchen mit der Mutter zum Erdbeerensammeln in den Wald gehen müssen. Wenn sie dann genug hatte und sich langweilte, spielte sie der Mutter den Streich, sie die Richtung verlieren und den Heimweg einschlagen zu lassen. Bei uns auf dem Lande gilt diese Fähigkeit im allgemeinen als Zauberei . . .

Ein anderes Mal zeigte mir Berta, wie man es machen muß, um eine Person zu Fall zu bringen. Das Verfahren ist von bemerkenswerter Vernünftigkeit. Vor allem muß man die Person, die man zu Fall bringen will, kennenlernen, dann mit ihr sprechen und versuchen, sie zu beeinflussen und mit dem eigenen Denken zu erfüllen, bis sie es mit der Angst zu tun bekommt. Wenn das erreicht ist, lauert man ihr auf der Straße auf, folgt ihr und ahmt ihre Gehweise nach, wobei man sie ‚karikiert'. (Diesen Ausdruck brauchte Berta, um zu zeigen, daß man geistig von der Person Besitz ergreifen muß, um in ihr eine gewisse Schläfrigkeit hervorzurufen; ein Vorgang, der ihr geläufig war.) Hierauf stellt man sich ein Seil vor, das wenige Meter vor der Person, die man aufs Korn genommen hat, über die Straße gespannt ist. Man folgt genau den Schritten, die sie macht, und in dem Augenblick, da sie an das Seil kommt, macht man absichtlich einen Fehltritt, den die Person zu wiederholen gezwungen ist, wobei sie zu Fall kommt.

Berta rühmte sich damit, sie könne Halluzinationen übertragen, Bilder jeder Art auftauchen und sich selbst erscheinen lassen. Ich bezweifle, daß es ihr je gelang, das eigene ‚Doppel' zu projizieren; was aber die Halluzinationen anbetrifft, so gelang es ihr eines Abends, meinen Kollegen P. weiße Tauben sehen zu lassen, die ihn umflatterten. Mit mir, der ich wenig visuell bin, hatte sie weniger Erfolg.

An einem Sommerabend gegen acht Uhr erwartete ich sie bei mir und stand in der Veranda, von wo aus ich auf die Straße blickte. Ich fühlte seit einigen Minuten sehr stark ihre Gegenwart und meinte darum, da ich sie nicht erscheinen sah, sie habe sich auf der Straße aufgehalten. Plötzlich sah ich sie hinter mir wie einen weißen Widerschein auf der Wand vorbeihuschen. Der Reflex der Sonne von einem Fenster, das geöffnet oder geschlossen wird, ist dem, was ich sah, sehr ähnlich; indessen schien die Sonne nicht, auch nicht der Mond, und die Laternen waren noch nicht angezündet, da es noch hell war. Ich spürte weiterhin sehr stark ihren Einfluß. Nun vernahm ich im Zimmer zweimal einen spitzen Laut, wie das Piepsen einer Maus. Es wurde mir klar, daß das alles das Werk Bertas war, die mich zu beeinflussen suchte ...

Kurz darauf traf sie ein, und auf meine mit der nötigen Vorsicht gestellten Fragen antwortete sie mir, sie habe mir in Person auf der Veranda erscheinen wollen; hierauf habe sie

mich veranlassen wollen, Laute zu vernehmen, wie sie ihr Kind, das wenige Monate alt war, hervorbrachte.
Noch ein Erlebnis mit Berta. Dieses Mal wollte sie ein Angstgefühl auf mich übertragen. Eines Abends kam ich gegen Mitternacht heim. Als ich auf dem Treppenabsatz vor meiner Tür stand und gerade den Schlüssel in das Schlüsselloch einführen wollte, sagte ich zu mir: ‚Wie blöd! Schon wieder einer von Bertas üblichen Streichen! Sie will mich im Korridor etwas Schreckliches sehen lassen. Wirklich unangenehm!'
Ich war tatsächlich etwas nervös. Ich öffnete rasch die Tür, schloß die Augen und steckte ein Streichholz an. Nach wenigen Minuten ging ich zu Bett, löschte das Licht aus und steckte wie die Kinder den Kopf zwischen die Decken.
Am anderen Tage fragte Berta mich, ob ich im Korridor oder in meinem Zimmer ein Skelett gesehen habe und erschrocken sei. Ich brauche nicht zu sagen, daß ein Skelett das letzte ist, was mich erschrecken würde. Ich gestehe aber offen zu: ich bin keineswegs ängstlich, muß aber doch sagen, daß ich nach zweimonatiger Bekanntschaft mit Berta merkwürdig furchtsam wurde und vor Bösem, das mir zustoßen könnte, Angst bekam . . ., und ich bin überzeugt, daß meine plötzliche Feigheit das bewußte und gewollte Ergebnis von Bertas Bemühungen war, mich unter ihrem Einfluß zu halten.
Ein anderer Fall der gleichen Art. Eines Abends fuhr ich mit meinem Freund P. in das Quartier Latin zurück, nachdem wir Berta heimgebracht hatten. In der Rue Vaugirard, vor dem Gitter des Luxembourg, wurde ich plötzlich von einer ebenso außergewöhnlichen wie absurden Angst gepackt. Die Straße war hell erleuchtet, man sah keinen Fußgänger, und das Stadtviertel ist um diese Zeit (Mitternacht) absolut sicher. Die Furcht, die mich überfallen hatte, schien keinerlei

Grund zu haben, es war Furcht um der Furcht willen. Ich sagte zu meinem Freund: ‚Es ist blöd, aber ich habe fürchterliche Angst. Es muß ein Streich von Berta sein.' – Der Freund lächelte, aber bald darauf bemerkte er: ‚Merkwürdig! Jetzt packt es auch mich. Ich zittere vor Angst. Äußerst unangenehm!' – Diese Angstempfindung verblieb uns, bis wir an das Tor des Luxembourg kamen, dann verschwand sie. Wir stiegen an der Ecke der Rue Scufflet aus. Kaum waren wir ausgestiegen, als Freund P. rief: ‚Schau mal! Siehst du nicht etwas Weißes um uns herumflattern? Da! Gerade vor uns! Jetzt ist es weg!' – Ich sah nichts, aber ich verspürte sehr stark Bertas Einfluß.

Am anderen Tag traf ich sie im Krankenhaus. Kaum erblickte sie mich, als sie fragte: ‚Nun, haben Sie nichts gesehen?' – Ich bat sie, mir zu sagen, was wir hätten sehen sollen. Sie entgegnete: ‚Zuerst hat sich Ihr Kutscher verirrt. Oh, nicht Sie zwei, Sie haben davon nichts gemerkt. Ich habe Sie durch ganz abgelegene Straßen fahren lassen.'

Tatsächlich hatte unser Wagen ein verwickeltes Labyrinth von Straßen in der Gegend der Rue de Babiloine durchfahren. Ich hatte es bemerkt; ich könnte aber in dieser Beziehung nichts Bestimmtes aussagen.

Berta fuhr fort: ‚Hernach wurden Sie von Furcht ergriffen.' – ‚Wer?' fragte ich. – ‚Zuerst Sie, dann Herr P. Oh, Sie hatten Angst vor nichts Bestimmtem, grundlose Angst, aber sehr heftige Angst. Zuletzt haben Sie Tauben gesehen, die ganz nahe um Sie beide herumschwirrten.'

Bertas Einfluß äußerte sich oft in merkwürdigen Erscheinungen. So versuchte sie beispielsweise, mich daran zu hindern, den Boulevard St. Michel hinaufzugehen. Wiederholt passierte es mir in dieser Straße, daß ich plötzlich von ihrem Einfluß durchdrungen wurde, und zwar auf zweierlei Art. Manchmal packte mich eine ganz besondere Schwäche in den Beinen, die auf einmal wie gelähmt waren. Es war, als hätte ich eine viel zu schwere Last auf meinen Schultern. Kehrte ich mich um, so fühlte ich mich auf einmal leicht und behend.

Andere Male hatte ich große Schwierigkeiten, vorwärtszugehen, als ob ich gegen einen heftigen Wind anzukämpfen hätte, oder vielmehr – da sich die Empfindung auf die Füße beschränkte – gegen einen Strom, in dem ich bis zum Gürtel steckte. Ich habe mich für diese subjektiven Empfindungen, die Berta mir übertrug, sehr interessiert. Auch unter diesen Umständen kehrte sich die Wirkung um, wenn ich mich umdrehte, und der Strom zog mich mit solcher Heftigkeit auf die Seine zu, daß ich mich gewaltsam beherrschen mußte, um nicht in Laufschritt zu verfallen.

Jede dieser beschriebenen Empfindungen hatte ich drei- oder viermal durchzumachen.

Das Merkwürdige ist, daß ich es fertigbrachte, anderen die gleichen Empfindungen zu übermitteln. Als ich beispielsweise einmal mit Frau A. ein Stück Wegs zusammen ging, konnte ich sie so wirksam beeinflussen, daß sie mich anflehte, aufzuhören, damit wir kein Aufsehen erregten.

Berta rühmte sich ferner, sie könne die Gefühle und Neigungen von anderen Personen umwandeln, ihnen je nachdem Abneigung oder Zuneigung einflößen ... Einmal sah ich sie am Werke und kam zur Überzeugung, daß sie ihr Ziel erreicht habe. Es handelt sich um den Fall der Mme. B., der zu verwickelt und zu wenig beweiskräftig ist, als daß ich ihn hier vorführte. Ich will nur berichten, daß die Dame sich bei mir beklagte, Berta habe ihr einen derartigen physischen Abscheu vor ihrem Mann eingeflößt, daß es ihr übel werde, wenn er das Haus betrete, so daß sie beinahe in Ohnmacht falle. Trotzdem hätte sich ihre Liebe zu ihm in keiner Weise geändert. – Einmal mehr bewies Berta den rein experimentellen, in gewisser Weise plumpen und brutalen Charakter ihrer Fernwirkung. Sie durchdrang das intime Denken der Personen nicht und kam nicht bis auf den Grund ihrer Seele, weshalb es ihr nicht gelang, sie in ihren affektiven Gefühlen zu beeinflussen. Ihre Macht beschränkte sich auf äußere Manifestationen. Trotzdem bin ich davon überzeugt, daß es für eine beeindruckbare Person gefährlich wäre, in ihrer Nähe zu leben . . ."

Soweit der Bericht des Dr. Giboteau.

Und hierzu noch ein paar Sätze aus dem Kommentar von Prof. Ernesto Bozzano: „. . . (Diese Vorgänge) bezeugen, daß die menschliche Persönlichkeit außergewöhnliche Fähigkeiten zur Übermittlung des eigenen Wollens in die Ferne besitzt, und zwar in Gestalt halluzinatorischer Suggestionen und geistiger und moralischer Einflüsse aller Art, die zu wohltätigen, aber auch zu bösartigen Zwecken gebraucht werden können. Und da es vollkommen eitel und kindisch wäre, das Bestehen dieser Tatsachen zu beklagen, da ja niemand das in uns und außer uns Bestehende unterdrücken kann, ist die einzig vernünftige und wissenschaftliche Haltung diejenige, sie so weit wie möglich zu durchdringen und unter den Auspizien der Wissenschaft zum Nutzen der Menschheit das einzusetzen, was in den Händen der Unwissenheit zum Schaden und zur Unterdrückung der Schwachen verwendet werden könnte."

Und zum Schluß des Kapitels über „die Feuerprobe" in dem erwähnten außerordentlich wichtigen und interessanten Buch Professor Bozzanos zitiert er noch den Kahuna-Erforscher Max Freedom Long (von dem auch drei Werke in deutscher Übersetzung vorliegen), der zum Thema Magie folgendes bemerkt:

„. . . Ich behaupte, bewiesen zu haben, daß die Sache der Magie fest auf einem Tatsachengrunde ruht und daß jeder ebenso wie ich sie einer Prüfung unterziehen kann. Statt aber die Tatsachen zu untersuchen, ziehen es die Vertreter der Wissenschaft vor, sie zu verschmähen, sei es, indem sie sie auf ihre eigene Weise auslegen, sei es, indem sie sie leugnen. Ich behaupte daher, daß der Erstgeborene des akademischen Wissens, „wissenschaftliches Vorurteil" geheißen, vor dem Volke schuldig ist, vor dem Volke, das ein Recht auf wohlüberlegte und unparteiische Urteile hat . . ."

Dem hier Zitierten möchte ich noch eine persönliche Erfahrung anfügen:

Ich kenne einen sogenannten „weisen Mann", der als Geistheiler und Lebensberater für eine vorwiegend ländliche Bevölkerung arbeitet. Wenn jemand zu ihm kommt, der der Überzeugung ist, von irgendeinem unbekannten Feind schwarzmagisch angegriffen zu werden bzw. von ihm verflucht worden zu sein, und wenn der Heiler den Eindruck hat, daß es sich nicht um bloße Einbildung handelt, dann läßt er sich alle vorliegenden Fakten und Verdachtsmomente erzählen. Sodann spricht er ein Gebet, greift nach einem dolchartigen Messer, und mit den emotional stark betonten Worten „Nach dem göttlichen Gesetz ‚was du andern antust, das tust du dir selber an' schicke ich alle Schadens-, Haß- und Fluchgedanken und -gefühle im Namen des Allmächtigen zu ihrer Quelle zurück. Von diesem Augenblick an ist der hier anwesende N. N. (namentlich genannt) von allen Belästigungen und Störungen frei und wird sich in Zukunft so verhalten, daß er keinem andern Wesen Anlaß zu Haß- und Vergeltungsgefühlen und -gedanken gibt." – Mit diesen Worten stößt er das Messer in ein an der Wand befestigtes dickes Holzbrett, dabei „zurück!" dreimal laut ausrufend. Er benutzt also das universelle Bumerang-Gesetz, um seinen um Hilfe bittenden Klienten freizumachen. Und meistens hat er damit Erfolg. Andernfalls hätte er nicht seit Jahrzehnten in dieser Weise tätig sein können. Er gibt zum Schluß seinem Klienten noch eine von einem spirituell hochstehenden Priester geweihte Medaille mit, die als eine Art Schutzamulett bzw. Glaubensstütze gedacht ist. Das, was dieser Lebensberater in solchen Fällen für seine Klienten tut – in seiner Praxis kommt das relativ häufig vor –, kann auch jeder für sich selber tun, wenn er wirklich der Überzeugung ist, schwarzmagisch angegriffen zu werden. Universelle Gesetze gelten für *alle* Wesen, die über die zur Erkenntnis und praktischen Anwendung erforderliche Intelligenz verfügen.

Der betreffende Heiler und auch ich selbst haben gefunden, daß Männer und Frauen, die sich ernsthaft um esoterische Einsichten bemühen und diese auch im Alltag nach bestem Wissen und Gewissen zu leben versuchen, *gegen schwarzmagische Attacken so gut wie immun sind.* Das kann ja auch gemäß dem Gesetz der Schwingungssympathien und -antipathien gar nicht anders sein. Die jeweils höhere Schwingung, das heißt eine den jenseitigen Erkenntnis- und Daseinsebenen entsprechende Geistes- und Gemütshaltung, *muß* den materiell und egoistisch verhafteten Schwingungen grau- und schwarzmagischer Art überlegen sein. *Vertrauen und Zuversicht in das universell Wahre, Gute und Schöne ist somit der beste Schutz gegen alle niederen „Anwollungen", welchen Ursprungs diese auch sein mögen.* Ängste, Befürchtungen, Depression und Resignation dagegen öffnen solchen negativen Einflüssen Tür und Tor.

Es kommt dabei, wie schon gesagt, nicht darauf an, ob einer regelmäßig Yogaübungen macht oder nach einem festgelegten Stundenplan meditiert oder sonst irgendein psychisches Trainingsprogramm absolviert. Entscheidend ist und bleibt *die allgemeine Grundhaltung*, die mit den Worten *„heitere, zuversichtliche Gelassenheit und Geborgenheit in der allum-*

fassenden Liebe des Absoluten" am besten gekennzeichnet ist. *Eine solche innere Einstellung zu allen Dingen und Vorgängen des Lebens bis hinein in die banalsten alltäglichen Kleinigkeiten ist die Haltung, die den esoterischen Lebenskünstler von seinen gehetzten, mehr oder weniger verängstigten und unsicheren Zeitgenossen unterscheidet. Er weiß, daß die höheren Mächte und Intelligenzen, wenn sie in festem Vertrauen um Führung und Hilfe angerufen werden, sich nie verweigern, allerdings unter der Voraussetzung, daß sich der Betreffende bemüht, sich auch seinerseits zu einem gutwilligen Kanal bzw. Werkzeug dieser übergeordneten Führungskräfte zu machen.* Er weiß dann intuitiv in jeder noch so kritisch erscheinenden Lebenssituation, was er zu tun oder zu lassen hat.

Zum Schluß noch einmal die Vollkommenheitsmeditation: „*Alles ist vollkommen, hier und jetzt. Die absolute Vollkommenheit erlebt und betätigt sich in mir und durch mich als All-Liebe, Allintelligenz, Allgegenwart, Allharmonie, Gesundheit, Erfolg, Schönheit und Glückseligkeit. Dafür danke ich Dir, absolute Vollkommenheit!*"

ANHANG

Die folgenden Bücher aus dem Programm des Hermann Bauer Verlages dienen zur Ausweitung und Vertiefung des Wissens über die praktische Nutzbarmachung außersinnlicher Kräfte und Energien in allen Bereichen des menschlichen Lebens. (Zusammenstellung: *Siegfried Hermann* / Lektoratsleitung)

Franz Bardon
Der Weg zum wahren Adepten
Ein Lehrgang in 10 Stufen. Theorie und Praxis
6. Auflage, 344 Seiten, 1 mehrfarbige Kunstdrucktafel, 1 Foto des Verfassers, Ganzleinen

Franz Bardon
Die Praxis der magischen Evokation
Anleitung zur Anrufung von Wesen uns umgebender Sphären
3. Auflage, 396 Seiten, über 700 teils farbige Abbildungen, Ganzleinen

Henry G. Bieler
Richtige Ernährung – Deine beste Medizin
Wie richtige, individuell für Ihre Bedürfnisse ausgewählte Nahrung Ihre Gesundheit erhält und Ihr Leben verlängert
3. Auflage, 347 Seiten, Ganzleinen

Paul Brunton
Das Überselbst
Die Suche des Menschen nach Ewigkeit führt über Selbsterforschung und mystische Versenkung.
5. überarbeitete Auflage, 360 Seiten, Ganzleinen

Paul Brunton
Die Weisheit des Überselbst
Asiatisches Wissen um die Mentalität des Universums führt uns zur geheimsten Tiefe in uns selbst, ins Überselbst.
4. Auflage, 612 Seiten, Ganzleinen

Paul Brunton
Entdecke dich selbst
Eine praktische Anleitung zu Meditation und Yoga.
5. revidierte Auflage, 349 Seiten, kartoniert

Walter E. Butler
Die Hohe Schule der Magie
Praktische Anleitung zur Ausbildung und Nutzung supranormaler Fähigkeiten
Die praktische magische Hohe Schulung in der Darstellung des Fraters W. E. Butler erzieht den Magie-Aspiranten zur tätigen magisch-okkulten Übung und zur Selbstfindung im Geheimwissen.
347 Seiten, 4 Diagramme, gebunden

Alfred J. Cantor
Training des Unterbewußtseins
Die wunderbaren Heilkräfte des Geistes und der Seele
2. Auflage, 207 Seiten, Ganzleinen

J. V. Cerney
Akupunktur ohne Nadeln
Akupressur – die Methode der Selbsthilfe, ohne Nadeln, ohne Schmerz, nur mit Hilfe der Fingerspitzen.
7. Auflage, 286 Seiten, 157 Abbildungen, Ganzleinen

J. V. Cerney
Länger jünger leben
durch das Wunder geistiger Steuerung
315 Seiten, Ganzleinen

H. E. Douval
Praktische Anleitungen zur Bewußtseins-Erweiterung
22 Exerzitien-Reihen zur Erweiterung des Bewußtseins ohne Psychedelika, allein durch geistige Übungen.
367 Seiten, Ganzleinen

Hans Geisler (Hrsg.)
Das hat mich geheilt – das hat mir geholfen
Die einzelnen Mitteilungen und Heilungsgeschichten sind eine Zusammenfassung von Leserzuschriften, die in der ESOTERA unter der Rubrik „Nützliche Winke und Ratschläge unter Geistesfreunden – aus der Praxis für die Praxis“ veröffentlicht wurden.
3. Auflage, 340 Seiten, Ganzleinen

Georg Grimm
Buddhistische Meditationen
Ein Itinerarium ad Nibbinam, ein Reiseführer zur reinen, von allen vergänglichen und damit leidbringenden Attributen freien Absolutheit.
394 Seiten, Dünndruck, Ganzleinen

Hugo M. Gross
Biorhythmik
Das Auf und Ab unserer Lebenskraft
Einführung mit praktischer Anleitung zur Selbstherstellung eines Rhythmogramms.
4. verbesserte und vermehrte Auflage, 236 Seiten, Tabellen und Zeichnungen, Ganzleinen
(Dazu: Die „Schlüsselzahlen-Tabellen" und der „Biorhythmen-Rechenschieber")

Z'ev ben Shimon Halevi
Der kabbalistische Weg zur Bewußtseinserweckung
Der Baum des Lebens in der Schau unserer Zeit
Der „Baum des Lebens" ist eine Darstellung der Kabbala in der Sprache des 20. Jahrhunderts. Anhand von allgemeingültigen Regeln enthält das Buch praktische Beispiele für unsere eigene Zeit, wie der Baum sowohl in der physischen wie in der metaphysischen Welt wirksam wird.
240 Seiten, 20 Abbildungen, gebunden

Ernest Holmes
Die Vollkommenheitslehre
In diesem Buch wird überzeugend dargelegt, daß es nicht nur spirituelle und mentale Heilungspraktiken für körperliche Leiden aller Art gibt, sondern daß auch alle Liebes-, Ehe-, Partnerschafts-, Berufs-, Finanz- und die allgemein menschlichen Existenzprobleme für den lösbar sind, der die „Kraft aller Kräfte", die unendliche Intelligenz der absoluten Wahrheit, in sich zu mobilisieren und im Alltagsleben anzuwenden vermag.
522 Seiten, gebunden

Friedrich Jürgenson
Sprechfunk mit Verstorbenen
Eine dem Atomzeitalter gemäße Form der praktischen technisch-physikalischen Kontaktherstellung mit dem Jenseits
1. Auflage vergriffen, 2. wesentlich ergänzte und überarbeitete Auflage in Vorbereitung, ca. 320 Seiten, Ganzleinen

Max F. Long
Selbst-Suggestion und Huna-Gebet
Ein sicherer Weg zur Lebensmeisterung
Die Selbst-Suggestion und die neue Huna-Theorie über Mesmerismus und Hypnose.
141 Seiten, Ganzleinen

Richard Lucas
Die Magie der Heilkräuter
Heilkraft und Heilwirkung unserer Pflanzen und Kräuter ·
3. Auflage, 333 Seiten, Ganzleinen

Gustav Meyrink
Das grüne Gesicht
Ein okkulter Schlüsselroman.
107.–112. Tausend, 324 Seiten, Ganzleinen

R. Eugene Nichols
Der Weg zur Entfaltung der PSI-Kräfte
Die Wissenschaft der außersinnlichen Wahrnehmung
2. Auflage, 301 Seiten, Ganzleinen

Anthony Norvell
Die Zauberkraft der transzendentalen Meditation
Die Kraft positiver Meditation – Schlüssel zur Erfüllung von Wünschen und Hoffnungen – Hilfe zur Meisterung von Sorgen und Nöten – Quelle von Ruhe, Sicherheit und Glück.
2. Auflage, 284 Seiten, Ganzleinen

Wataru Ohashi
Shiatsu – Die japanische Fingerdrucktherapie
Das neue Heilverfahren zur Befreiung von Stress und zur Vitalisierung der Lebenskräfte
144 Seiten, 127 Fotos, 30 Zeichnungen, kartoniert/zellophaniert

Guy L. Playfair
Phantastische PSI-Phänomene
aus dem Land, wo Wunder alltäglich sind
Paranormale Phänomene werden hier plastisch und blumig geschildert – ein illustriertes Sachbuch mit dem Touch eines Erlebnisberichtes.
331 Seiten, 22 Abbildungen, gebunden

Harold J. Reilly / Ruth Hagy Brod
Das große Edgar-Cayce-Gesundheitsbuch
Die verblüffend wirksamen Heilweisen des berühmten amerikanischen Mediums Edgar Cayce
380 Seiten, 96 Abbildungen, Efalin

Thomas Ring
Astrologische Menschenkunde (4 Bände)
Bd. 1: Kräfte und Kräftebeziehungen
3. Auflage, 295 Seiten, 10 Abbildungen, Ganzleinen
Bd. 2: Ausdruck und Richtung der Kräfte
3. Auflage, 355 Seiten, 14 Abbildungen, Ganzleinen
Bd. 3: Kombinationslehre
4. Auflage, 549 Seiten, 43 Kosmo- und Diagramme, Ganzleinen
Bd. 4: Das lebende Modell
254 Seiten, 22 Abbildungen, Ganzleinen

K. O. Schmidt
Der geheimnisvolle Helfer in Dir
Dynamik geistiger Selbsthilfe. Ein Brevier praktischer Lebenskunst
7. Auflage, 274 Seiten, Ganzleinen

K. O. Schmidt
Neue Lebensschule
Ein Jahresplan der Lebens- und Erfolgsbemeisterung
In 52 Wochenlektionen wird der „Lebensschüler" in allen praktischen Lebensfragen unterwiesen, deren Beherrschung und Meisterung ihm eine dauerhafte Grundlage verschaffen, auf der die materielle und geistige Weiterentwicklung und Vervollkommnung aufgebaut werden kann.
3 Bände, zusammen 1180 Seiten, Ganzleinen

K. O. Schmidt
Schönheit des Alters
Die zweite Leistungswelle
Altersreife und Geistesblüte durch dynamische Selbsterneuerung und Lebensverlängerung.
3. Auflage, 275 Seiten, Ganzleinen

Willy Schrödter
Grenzwissenschaftliche Versuche für jedermann
Einige hundert Experimente, die gelingen und die jeder nachmachen kann.
4. Auflage, 305 Seiten, 42 Abbildungen, Ganzleinen

Harold Sherman
Wundervolle Kräfte in Dir
Lehrbuch zur Entwicklung und Befreiung der geistigen Kräfte im Menschen
Die Philosophie dieses Buches ist die unmittelbar in das Geschehen des Alltags zu übertragende Lehre von der gottgegebenen schöpferischen Kraft des menschlichen Geistes.
2. Auflage, 333 Seiten, Ganzleinen

Harold Sherman
Außersinnliche Kräfte
Ein sicherer Weg zu ihrer Nutzanwendung für jedermann
Ein populär geschriebenes Buch über die geheimen Kräfte in und um den Menschen.
2. Auflage, 336 Seiten, Ganzleinen

Karl Spiesberger
Unsichtbare Helferkräfte
Gedankenkraft – Gebetsmagie – Innere Führung – Schutzgeister – Göttliche Mächte
Ein Brevier für alle, die im Glauben an die im Menschen schlummernden Kräfte, an Helfermächte anderer Seinsbereiche erstarken möchten.
3. Auflage, 194 Seiten, kartoniert

G. W. Surya
Die verborgenen Heilkräfte der Pflanzen
Die geheimen Kräfte der Pflanzen bei der Verwendung zu Heilzwecken – der Ursprung der Heilkräuterkunde – die richtige Zeit des Sammelns und Pflückens – die beste Zubereitung und Verabreichung als Heilmittel.
7. Auflage, 259 Seiten, Ganzleinen

Masaharu Taniguchi
Die geistige Heilkraft in uns
Wesen, Grundsätze und Erfolge des geistigen Heilens
4. Auflage, 288 Seiten, Ganzleinen

Masaharu Taniguchi
Erziehung zum Göttlichen
durch geistige Belehrung der Menschheit
291 Seiten, Ganzleinen